스마트 쓰기펜 사용 가이드

스마트 쓰기펜 사용안내

스마트 쓰기펜으로 교재 내 아이콘을 터치하면 쉽고 간편하게 원하는 학습이 가능합니다.

※ 프랑스어 진짜학습지에 적용되는 스마트 쓰기펜과 저자 동영상 강의는 시원스쿨 진짜학습지 홈페이지에서(daily.siwonschool.com)에서 별도 구입 가능합니다.

학습 기능 아이콘

아이콘	주요 기능 설명
전체 강의	해당 과(Jour)의 저자 강의 영상 전체 재생
MP3	해당 과(Jour)의 전체 mp3 재생
저자 강의	해당 STEP의 저자 강의 영상 개별 재생
01-01	해당 STEP의 개별 mp3 재생 ※ STEP 1, STEP 3는 예문 터치 시, 각 예문별 mp3 재생 가능
말하기 연습	음성 녹음 후 원어민 음원과 발음 비교 기능
문제 해설 강의	해당 과(Jour)의 연습문제 풀이 영상 개별 재생
단어	각 단어별 개별 mp3 재생

관리 기능 아이콘

아이콘	주요 기능 설명
학습 시작	해당 과(Jour)의 학습 일자 + 시작 시간 기록
질문게시판	공부 질문 게시판에서 선생님께 1:1 문의 가능
나의 점수 / 10	맞은 개수를 직접 펜으로 쓰면, App에 점수 기록 저장
정답 보기	연습문제 정답 확인 가능
오늘의 Mission	미션 내용 녹음 및 저자 1:1 첨삭 서비스 제공 ※ 1:1 첨삭 서비스 이용권 구입 시, 이용 가능
학습 종료	해당 과(Jour)의 학습 종료 시간 기록

온라인 무료 학습 자료

1. **원어민 MP3 음원**   2. **예문 쓰기 노트 PDF**

온라인 무료 학습 자료는 시원스쿨 진짜학습지 홈페이지(daily.siwonschool.com) 접속 ➡ 학습지원 ➡ 공부 자료실에서 무료로 다운로드 받으실 수 있습니다.

프랑스어 진짜학습지 학습 가이드

프랑스어 진짜학습지는 1주일에 총 6과씩, 약 3개월 동안 학습이 가능하도록 구성되었습니다.

표준 학습 패턴

☐ 1주일 학습 패턴
1~5일차 : 학습편 동영상 강의 15분 + 학습지 공부 20분
6일차 : 복습편 문제 풀이 20분 + 동영상 강의 10분

학습편 총 60과

STEP 1 프랑스어 진짜 맛보기

간단한 예문을 통해 오늘 학습할 내용을 미리 확인할 수 있어요.

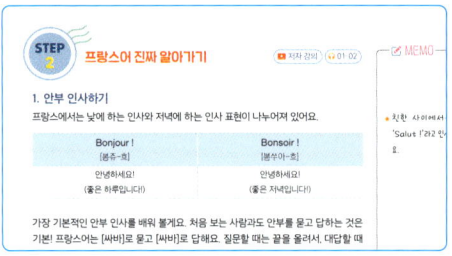

STEP 2 프랑스어 진짜 알아가기

오늘의 학습 내용을 저자 동영상 강의와 함께 확실하게 공부할 수 있어요.

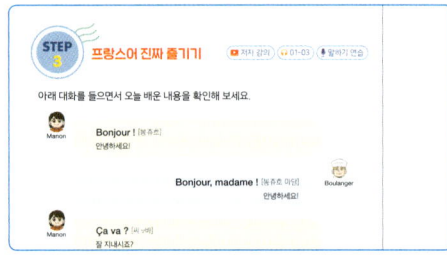

STEP 3 프랑스어 진짜 즐기기

오늘 배운 내용을 활용한 재미있는 대화문을 통해 일상 회화 실력도 키울 수 있어요.

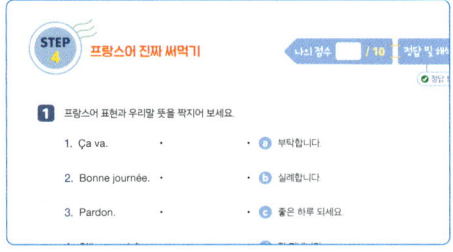

STEP 4 프랑스어 진짜 써먹기

주어진 문제를 풀어 보고, 얼마나 확실히 내 것이 되었는지 점검해 보세요.

복습편 총 12과

5일 동안 학습한 내용은 다양한 연습문제를 풀어보면서 한번 더 내 실력으로 만들 수 있어요. 헷갈리거나 틀린 문제가 있다면 관련 내용을 한 번 더 복습해 보세요.

Jour 01

안부 인사, 감사, 사과하기 　　학습 시작 ✈ 20

Bonne journée !
좋은 하루 되세요!

오늘의 학습 내용을 확인해 보세요.

 안부 인사하기　　 네/아니요 대답하기　　 감사/실례/부탁하기

▶ 전체 강의　❓ 질문게시판　🎧 MP3

STEP 1 — 프랑스어 진짜 맛보기

▶ 저자 강의　🎧 01-01　🎤 말하기 연습

MEMO
☑ 반복학습 체크체크
- MP3듣기 ○ ○
- 따라읽기 ○ ○

📖 단어
- bon 좋은
- jour 날, 하루
- soir 저녁
- revoir 다시 보다

오늘 배울 내용을 예문으로 먼저 만나 보세요.

Bonjour !
[봉쥬흐]
안녕하세요! (낮 인사)

Bonsoir !
[봉쑤아흐]
안녕하세요! (저녁 인사)

Au revoir !
[오 흐v부아흐]
안녕히 계세요!

Ça va ?
[싸 v바]
괜찮으세요?

 진짜 여행 떠나기!

숙소 엘리베이터에서 만난 낯선 프랑스인과도 인사를 해야 할까요? 그럼요! 빵집 주인, 웨이터, 가게 주인, 버스 기사님까지! 여러분과 한 공간에 있는 모든 프랑스인과 유쾌하게 인사해 주세요.

프랑스어 진짜 알아가기

1. 안부 인사하기

프랑스에서는 낮에 하는 인사와 저녁에 하는 인사 표현이 나누어져 있어요.

Bonjour ! [봉쥬-흐]	Bonsoir ! [봉쑤아-흐]
안녕하세요! (좋은 하루입니다!)	안녕하세요! (좋은 저녁입니다!)

★ 친한 사이에서는 가볍게 'Salut !'라고 인사하기도 해요.

가장 기본적인 안부 인사를 배워 볼게요. 처음 보는 사람과도 안부를 묻고 답하는 것은 기본! 프랑스어는 [싸바]로 묻고 [싸바]로 답해요. 질문할 때는 끝을 올려서, 대답할 때는 끝음을 내려서 대답합니다.

Ça va ? [싸 v바]	Ça va. [싸 v바]
잘 지내시나요? 잘 지내니?	잘 지내요. 좋아요. 괜찮아요.

헤어질 때 하는 인사 표현도 때에 따라 달라져요.

Bonne journée ! [본느 쥬흐네]	Bonne soirée ! [본느 쑤아헤]	Au revoir !★ [오 흐v부아흐]
좋은 하루 되세요!	좋은 저녁 되세요!	안녕히 계세요! 다음에 봬요!

단어
bonne 좋은(bon의 여성형)
journée 낮 시간, 하루
soirée 저녁 시간

★ 'Au revoir'는 낮과 밤 상관없이 언제든지 사용할 수 있는 만능 인사 표현이에요.

잠깐!

처음 보는 상대에게 인사말 뒤에 호칭을 붙여 인사를 나누어 보세요. 마주치는 모든 여성은 [마담], 남성은 [무슈]라고 칭해요.

여자 : Madame [마담]   부인, 마담, 아주머니
남자 : Monsieur [무슈]   ~씨, 남성분, 아저씨

2. 네/아니요 대답하기

Oui. [위]	Non. [농]	D'accord. [닥꼬흐]
네.	아니요.	알겠어요.

3. 감사/실례/부탁하기

가장 먼저 감사하는 표현부터 배워 볼게요. beaucoup를 붙여 강조할 수 있어요.

Merci.	Merci beaucoup.
[메흐씨]	[메흐씨 보꾸]
감사합니다.	정말 감사합니다.

> **MEMO**
> 단어
> beaucoup 많이

'실례합니다'라는 표현은 크게 두 가지로 이야기해요.

Pardon.	Excusez-moi.
[빠흐동]	[엑쓰뀌제 모아]
실례합니다, 죄송합니다.	

부탁을 할 때는 이렇게 표현해요.

S'il vous plaît.
[씰 v부 쁠레]
부탁합니다.

STEP 3 — 프랑스어 진짜 즐기기

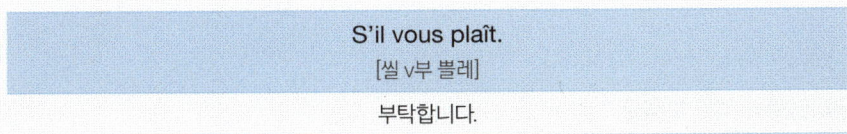

아래 대화를 들으면서 오늘 배운 내용을 확인해 보세요.

Manon: Bonjour ! [봉쥬흐]
안녕하세요!

Boulanger: Bonjour, madame ! [봉쥬흐 마담]
안녕하세요!

Manon: Ça va ? [싸 v바]
잘 지내시죠?

Boulanger: Oui. Ça va ! [위 싸 v바]
그럼요. 잘 지냅니다!

STEP 4 프랑스어 진짜 써먹기

나의 점수 ☐ / 10 정답 및 해석 p.02 ✓ 정답 보기

1 프랑스어 표현과 우리말 뜻을 짝지어 보세요.

1. Ça va.   • • a 부탁합니다.
2. Bonne journée.   • • b 실례합니다.
3. Pardon.   • • c 좋은 하루 되세요.
4. S'il vous plaît.   • • d 잘 지냅니다.

2 다음 프랑스어 표현을 우리말로 해석해 보세요.

1. Excusez-moi.   ▶ _____
2. Merci.   ▶ _____
3. Bonne soirée !   ▶ _____

3 제시된 우리말을 보고 빈칸에 알맞은 단어를 채워 보세요.

1. 안녕하세요, 부인.   ▶ Bonjour, _____.
2. 정말 감사합니다.   ▶ Merci _____.
3. 안녕히 계세요!   ▶ Au _____!

▶ 문제 해설 강의 틀리거나 헷갈리는 문제는 문제 해설 강의로 복습하세요.
🎯 오늘의 Mission 숙소 엘리베이터에서 낯선 프랑스인을 만났어요! 어떻게 인사해야 할지 말해 보세요.

학습 종료

Jour 02

이름 말하기 학습 시작 ✈ 20

Salut, je suis Manon !
안녕, 나는 마농이야!

오늘의 학습 내용을 확인해 보세요.

☝ 주격 인칭 대명사 단수형
✌ être 동사의 현재 시제 단수형
🖐 être 동사로 이름 말하기
🖐 다른 방식으로 자기소개하기

▶ 전체 강의   ❓ 질문게시판   🎧 MP3

STEP 1 — 프랑스어 진짜 맛보기

▶ 저자 강의   🎧 02-01   🎤 말하기 연습

MEMO
☑ 반복학습 체크체크
MP3듣기 ○○○
따라읽기 ○○○

오늘 배울 내용을 예문으로 먼저 만나 보세요!

Je suis Manon !
[쥬 쒸 마농]
나는 마농이라고 해!

Vous êtes Camille !
[v부 젯뜨 까미유]
당신이 까미유군요!

Je m'appelle Noah.
[쥬 마뻴 노아]
제 이름은 노아예요.

Enchanté(e) !
[엉셩떼]
만나서 반가워요!

🇫🇷 **진짜 여행 떠나기!**

프랑스에서는 자기소개를 할 때 성, 이름 중 무엇을 먼저 말할까요? 일반적으로 프랑스어는 이름을 먼저 말하고 성을 말해요. 또 파티나 모임 같은 격식을 따지지 않는 자리에서는 자기소개를 할 때 이름만 말하면 된답니다. 참 쉽죠?

STEP 2 프랑스어 진짜 알아가기

▶ 저자 강의 🎧 02-02

1. 주격 인칭 대명사 단수형

문장의 주어로 가장 많이 사용되는 세 가지 형태부터 알아봐요. 오늘은 단수 형태만 집중적으로 살펴볼 거예요.

1인칭 단수	2인칭 단수		3인칭 단수	
나	너	당신	그	그녀
Je (j')	Tu★	Vous★	Il	Elle
[쥬]	[뛰]	[v부]	[일]	[엘]

잠깐! Je 뒤에 모음이나 무음 h로 시작하는 동사가 오면 J' 형태로 축약해요! e[으] 발음은 약해서 강한 발음이 오면 축약되거든요.

2. être 동사의 현재 시제 단수형

être 동사는 '~이다', '~에 있다'를 의미하는 동사로, 영어의 be 동사와 같아요. être 동사를 사용하면 직업, 국적, 성격 등을 나타낼 수 있죠. 주어와 함께 현재 시제 단수형을 알아봐요.

être [에트흐]		
1인칭 단수	Je suis [쥬 쒸]	나는 ~이다
2인칭 단수	Tu es [뛰 에]	너는 ~이다
	Vous êtes [v부 젯뜨]	당신은 ~입니다
3인칭 단수	Il est [일 레]	그는 ~이다
	Elle est [엘 레]	그녀는 ~이다

3. être 동사로 이름 말하기

être 동사로 '(주어)는 (이름)입니다.'라는 표현을 말할 때는 아래와 같은 문장 구조를 사용해요.

인칭 대명사 + être 동사 + [이름].
주어   동사

Je suis Manon.   저는 마농입니다.
[쥬 쒸 마농]

MEMO

★ 처음 보는 상대에게 예의를 갖추어 부를 때는 vous를 사용해요.

★ Tu는 나이에 상관없이 친한 사이에 사용합니다. 청소년이나 대학생같이 젊은 층에서는 처음 보는 사람에게도 가볍게 tu라고 지칭하는 경우가 많아요!

Tu es Camille !
[뛰 에 꺄미유]

네가 꺄미유구나!

Vous êtes Lucas.
[v부 젯뜨 뤼꺄]

당신이 뤼꺄군요.

4. 다른 방식으로 자기소개하기

Je m'appelle Manon.
[쥬 마뻴 마농]

제 이름은 마농이에요.

Enchanté(e).
[엉성떼]

만나서 반가워요.

> **잠깐!**
> Enchanté는 말하는 사람의 성에 따라 남성형과 여성형을 구별해서 사용해요. 여성형은 끝에 e를 붙여 사용하는데 발음은 동일하게 [엉성떼]라고 해요.

MEMO

  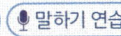

STEP 3 프랑스어 진짜 즐기기

아래 대화를 들으면서 오늘 배운 내용을 확인해 보세요.

Camille

Salut ! Je suis Camille. [쌀뤼 쥬 쒸 꺄미유]
안녕! 나는 꺄미유야.

Salut ! Je m'appelle Noah. [쌀뤼 쥬 마뻴 노아]
안녕! 내 이름은 노아야.

Noah

Camille

Enchantée, Noah. [엉성떼 노아]
만나서 반가워, 노아.

Enchanté ! [엉성떼]
만나서 반가워!

Noah

프랑스어 진짜 써먹기

나의 점수 ☐ / 10   정답 및 해석 p.02   ✅ 정답 보기

1 프랑스어 인칭 대명사와 우리말 뜻을 짝지어 보세요.

1. Je •   • ⓐ 그
2. Vous •   • ⓑ 나
3. Il •   • ⓒ 당신

2 être 동사의 현재 시제 단수형을 인칭에 맞게 써 보세요.

인칭 대명사(주어)	être 동사
Je	1.
Tu	2.
Vous	3.

3 제시된 우리말을 보고 빈칸에 알맞은 단어를 채워 보세요.

1. 내 이름은 뤼꺄야.   ▶ _____ m'appelle Lucas.

2. 당신은 아멜리군요!   ▶ _____ _____ Amélie !

3. 네가 쟝이구나.   ▶ _____ _____ Jean.

4. 만나서 반가워, 마농.   ▶ _____ , Manon.

▶ 문제 해설 강의) 틀리거나 헷갈리는 문제는 문제 해설 강의로 복습하세요.

🎯 오늘의 Mission) 인칭 대명사와 être 동사를 사용해서 자기 이름과 친구, 가족의 이름을 말해 보세요.

학습 종료 ✈

Jour 03

국적 말하기 학습 시작 🛫 20 . .

Nous sommes coréens.
우리는 한국인이에요.

오늘의 학습 내용을 확인해 보세요.

 주격 인칭 대명사 복수형

 être 동사의 현재 시제 복수형

 être 동사로 국적 말하기

▶ 전체 강의 ❓ 질문게시판 🎧 MP3

STEP 1 프랑스어 진짜 맛보기

▶ 저자 강의 🎧 03-01 🎤 말하기 연습

MEMO
☑ 반복학습 체크체크
MP3듣기 ○○○
따라읽기 ○○○

📋 단어
coréen(ne) 한국(인)의
français(e) 프랑스(인)의
anglais(e) 영국(인)의

오늘 배울 내용을 예문으로 먼저 만나 보세요.

Nous sommes coréens. 우리는 한국인이에요. (남자들)
[누 쏨므 꼬헤앙]

Elle est coréenne. 그녀는 한국인이야.
[엘 레 꼬헤엔느]

Ils sont français ! 그들은 프랑스인들이야!
[일 쏭 f프헝쎄]

Tu es anglais ! 너 영국인이구나! (남자)
[뛰 에 엉글레]

프랑스 진짜 여행 떠나기!

간혹 프랑스를 여행하다 보면 여러분의 국적을 궁금해하는 사람들을 만나기도 해요. 중국인 인지 일본인인지 묻는다면 당당하게 한국인이라고 말해 주세요! 아 참, 남쪽에서 왔다는 말까지 추가해 볼까요?

STEP 2 · 프랑스어 진짜 알아가기

▶ 저자 강의 🎧 03-02

📝 MEMO

1. 주격 인칭 대명사 복수형

문장의 주어로 사용되는 주격 인칭 대명사! 오늘은 복수 형태만 집중적으로 살펴볼 거예요.

1인칭 복수	2인칭 복수	3인칭 복수	
우리	여러분, 너희들	그들	그녀들
Nous [누]	Vous★ [v부]	Ils★ [일]	Elles★ [엘]

잠깐!
남자와 여자가 함께 있는 그룹은 뭐라고 칭해야 할까요? 예를 들어 남자 1명에 여자가 99명이라면? 재미있는 사실은 남자가 한 명이라도 포함되어 있는 그룹은 ils(그들)이라고 칭한다는 거예요. elles은 여자들만 있는 집단입니다.

★ 'vous'는 한 사람을 부를 때는 '당신', 여럿을 지칭할 때는 '여러분', '너희들'의 뜻이 되는 만능 표현이에요.

★ 프랑스어에서는 단어 마지막에 오는 자음은 발음하지 않는다는 규칙, 기억 나시죠? 복수형 표현들에 -s가 붙어도 발음이 변하지 않는 이유랍니다.

2. être 동사의 현재 시제 복수형

être 동사는 '~이다', '~에 있다'를 의미하는 동사로 영어의 be 동사와 같다고 배웠어요. être 동사의 현재 시제 복수형을 주어와 함께 알아봐요.

	être [에트흐]	
1인칭 복수	Nous sommes [누 쏨므]	우리들은 ~이다
2인칭 복수	Vous êtes [v부 젯뜨]	너희들은 ~이다
3인칭 복수	Ils sont [일 쏭]	그들은 ~이다
	Elles sont [엘 쏭]	그녀들은 ~이다

3. être 동사로 국적 말하기

국적을 말할 때도 이름을 말했던 것과 동일한 순서로 이야기하면 돼요. 먼저 여러 가지 국적 형용사부터 정리해 볼게요.

	국적 형용사	
	남성형	여성형★
한국인의	coréen [꼬헤앙]	coréenne [꼬헤엔느]
프랑스인의	français [f프헝쎄]	française [f프헝쎄즈]
중국인의	chinois [쉬누아]	chinoise [쉬누아즈]
일본인의	japonais [쟈뽀네]	japonaise [쟈뽀네즈]
미국인의	américain [아메히깡]	américaine [아메히껜느]

★ 국적 형용사의 여성형은 주로 남성형에 -e를 붙인 형태가 많아요.

| 영국인의 | anglais [엉글레] | anglaise [엉글레즈] |
| 이탈리아인의 | italien [이딸리앙] | italiennne [이딸리엔느] |

être 동사로 국적을 말할 때는 주어와 국적 형용사를 성수일치 시켜야 해요. 말 그대로 주어가 '그녀'라면 국적 형용사도 여성형으로, 주어가 '그'라면 남성형으로 맞춰요. 또 '그녀들'이라면 여성형에 -s가 붙은 형태인 여성복수형으로 맞춰 주면 된답니다.

Je suis coréen. 저는 한국인입니다. (남자)
[쥬 쒸 꼬헤앙]

Je suis coréenne. 저는 한국인입니다. (여자)
[쥬 쒸 꼬헤엔느]

Ils sont français. 그들은 프랑스인입니다.
[일 쏭 f프헝쎄]

Elles sont chinoises. 그녀들은 중국인입니다.
[엘 쏭 쉬누아즈]

잠깐!
주어가 복수일 때는 형용사의 끝에 -s를 더해 복수형으로 바꿔 줘요. 단, français처럼 이미 -s로 끝나는 경우에는 따로 추가하지 않아요.

 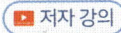 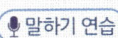

아래 대화를 들으면서 오늘 배운 내용을 확인해 보세요.

단어
et 그리고

 Camille
Eh ! Manon et Noah ! [에 마농 에 노아]
어! 마농이랑 노아다!

 Lucas
Oui. Ils sont français. [위. 일 쏭 f프헝쎄]
그렇네. 그들은 프랑스인이지.

 Camille
Non. Noah, il est anglais. [농. 노아, 일 레 떵글레]
아냐. 노아는 영국인인걸.

 Lucas
Ah oui ? Il est anglais ! [아 위 일 레 떵글레]
정말? 그가 영국인이라니!

STEP 4 프랑스어 진짜 써먹기

나의 점수 ☐ / 10   정답 및 해석 p.02

✅ 정답 보기

1 프랑스어 인칭 대명사와 알맞은 être 동사 형태를 짝지어 보세요.

1. Ils •   • ⓐ êtes

2. Nous •   • ⓑ sommes

3. Vous •   • ⓒ sont

2 제시된 국적 형용사를 남성형은 여성형으로, 여성형은 남성형으로 바꿔 보세요.

1. américain   ▶ _____

2. chinoise   ▶ _____

3. français   ▶ _____

3 제시된 우리말을 보고 빈칸에 알맞은 단어를 채워 보세요. (복수 정답 가능)

1. 그녀는 일본인이다.   ▶ Elle est _____.

2. 그들은 이탈리아인이다. (남자들) ▶ Ils _____ _____.

3. 그는 영국인이다.   ▶ Il _____ _____ !

4. 나는 한국인이다.   ▶ _____ _____ _____.

▶ 문제 해설 강의 틀리거나 헷갈리는 문제는 문제 해설 강의로 복습하세요.

🎯 오늘의 Mission 여러분이 알고 있는 외국인 친구나 배우, 가수의 국적을 프랑스어로 말해 보세요.

학습 종료 ✈

Jour 04

직업 말하기   학습 시작 ✈ 20 . . .

Il est étudiant.
그는 학생이에요.

오늘의 학습 내용을 확인해 보세요.

- 명사의 성
- 명사의 수
- être 동사로 직업 말하기

▶ 전체 강의   ❓ 질문게시판   🎧 MP3

STEP 1 — 프랑스어 진짜 맛보기

▶ 저자 강의   🎧 04-01   🎤 말하기 연습

오늘 배울 내용을 예문으로 먼저 만나 보세요.

Je suis professeur.
[쥬 쒸 프호f페쐬흐]

Vous êtes acteur !
[v부 젯뜨 악뙤흐]

Il est salarié.
[일 레 쌀라히예]

Tu es médecin !
[뛰 에 메드쌩]

저는 교수예요.

당신 배우군요! (남자)

그는 회사원이야.

너 의사구나!

📝 MEMO

☑ 반복학습 체크체크
- MP3듣기 ○─○─○
- 따라읽기 ○─○─○

🗣 단어
- professeur 교수
- acteur 배우
- salarié 회사원
- médecin 의사

 진짜 여행 떠나기!

명사의 성을 알맞게 쓰는 것은 생각보다 중요해요. 여학생에게 '너 남학생이니?'라고 묻는 것처럼 명사의 성별을 혼동해서 사용하면 상대방의 성 정체성을 의심하는 실례가 될 수 있으니, 확실하게 공부해 두자구요.

STEP 2 프랑스어 진짜 알아가기

▶ 저자 강의 🎧 04-02   📝 MEMO

1. 명사의 성

프랑스어의 직업 명사는 남성형, 여성형 두 가지 형태를 가져요.

직업 명사		
	남성형	여성형
학생	étudiant [에뛰디엉]	étudiante [에뛰디엉뜨]
회사원	salarié [쌀라히예]	salariée [쌀라히예]
배우	acteur [악뙤흐]	actrice [악트히스]
가수	chanteur [셩뙤흐]	chanteuse [셩뙤즈]
요리사	cuisinier [뀌지니에]	cuisinière [뀌지니에흐]
제빵사	boulanger [불렁제]	boulangère [불렁제흐]
파티셰	pâtissier [빠띠씨에]	pâtissière [빠띠씨에흐]
교수	professeur [프호f페쐬흐]*	
의사	médecin [메드쌩]*	

★ professeur, médecin 처럼 남성형과 여성형이 동일한 형태의 직업 명사도 존재해요!

잠깐!

명사의 성에 대해 조금 더 자세히 알아볼게요. 사실 프랑스어 명사에는 여러 종류가 있어요. 처음부터 성별이 정해진 명사도 있고 뜻은 한 가지인데 형태가 두 개로 나누어진 명사도 있죠. 그런데 명사들 중 직업 명사처럼 '살아있고 성별이 있는 명사'들은 뜻은 하나지만 남성형, 여성형 두 개의 형태로 존재해요.

구분	남성 명사	여성 명사
뜻에 이미 성별이 포함된 명사	père [뻬흐] 아빠	mère [메흐] 엄마
문법적으로 성별이 정해진 명사	collier [꼴리에] 목걸이	bague [바그] 반지
성별이 두 개로 나눠진 명사	acteur [악뙤흐] (남)배우	actrice [악트히쓰] (여)배우

2. 명사의 수

기본적으로 어떤 명사의 맨 끝에 -s를 추가해 주면 복수형을 만들 수 있어요. 이때 발음은 변하지 않아요.

단수형	복수형	
étudiant [에뛰디엉]	étudiants [에뛰디엉]	(남)학생들
étudiante [에뛰디엉뜨]	étudiantes [에뛰디엉뜨]	(여)학생들
acteur [악뙤흐]	acteurs [악뙤흐]	(남)배우들
médecin [메드쌩]	médecins [메드쌩]	의사들

3. être 동사로 직업 말하기

앞에서 배운 직업 명사를 활용해서 다양한 직업을 말해 보세요. 주어와 직업 명사를 성수일치 해 주는 것, 잊지 마세요!

Je suis salarié(e).　　　　저는 회사원입니다.
[쥬 쒸 쌀라히예]

Il est étudiant.*　　　　그는 학생이에요.
[일 레 떼뛰디엉]

Elle est actrice.　　　　그녀는 배우예요.
[엘 레 딱트히쓰]

Ils sont boulangers.　　　그들은 제빵사예요.
[일 쏭 불렁제]

★ 'Il est étudiant'을 발음할 때, être와 étudiant 사이는 연음을 해도 되고 안 해도 괜찮아요. 나이대가 어릴수록 연음하지 않고 끊어 말하는 경향이 있답니다.

 프랑스어 진짜 즐기기　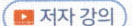 저자 강의　 04-03　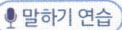 말하기 연습

아래 대화를 들으면서 오늘 배운 내용을 확인해 보세요.

 Camille
Salut ! Je m'appelle Camille. [쌀뤼 쥬 마뻴 꺄미유]
안녕, 나는 꺄미유야.

단어
super 멋진, 훌륭한

 Noah
Salut, je suis Noah. [쌀뤼 쥬 쒸 노아]
안녕, 나는 노아야.

 Camille
Je suis pâtissière. [쥬 쒸 빠띠씨에흐]
나는 파티셰야.

 Noah
Super ! Je suis acteur. [쒸뻬흐 쥬 쒸 쟉뙤흐]
멋진걸! 나는 배우야.

STEP 4 프랑스어 진짜 써먹기

나의 점수 ☐ / 10   정답 및 해석 p.02

1 제시된 직업 명사를 남성형은 여성형으로, 여성형은 남성형으로 바꿔 보세요.

1. actrice ▶ _____
2. boulanger ▶ _____
3. étudiant ▶ _____
4. chanteur ▶ _____

2 다음 문장에서 틀린 부분을 찾아 올바르게 고쳐 보세요.

1. Elle est étudiant. ▶ _____
2. Ils sont salariée. ▶ _____
3. Tu es professeurs ! ▶ _____

3 다음 문장을 프랑스어로 써 보세요.

1. 우리는 교수입니다. ▶ _____
2. 그녀들은 의사예요. ▶ _____
3. 그들은 배우예요. ▶ _____

▶ 문제 해설 강의) 틀리거나 헷갈리는 문제는 문제 해설 강의로 복습하세요.
🎯 오늘의 Mission) 본인과 가족, 친구들의 직업을 프랑스어로 말해 보세요.

학습 종료

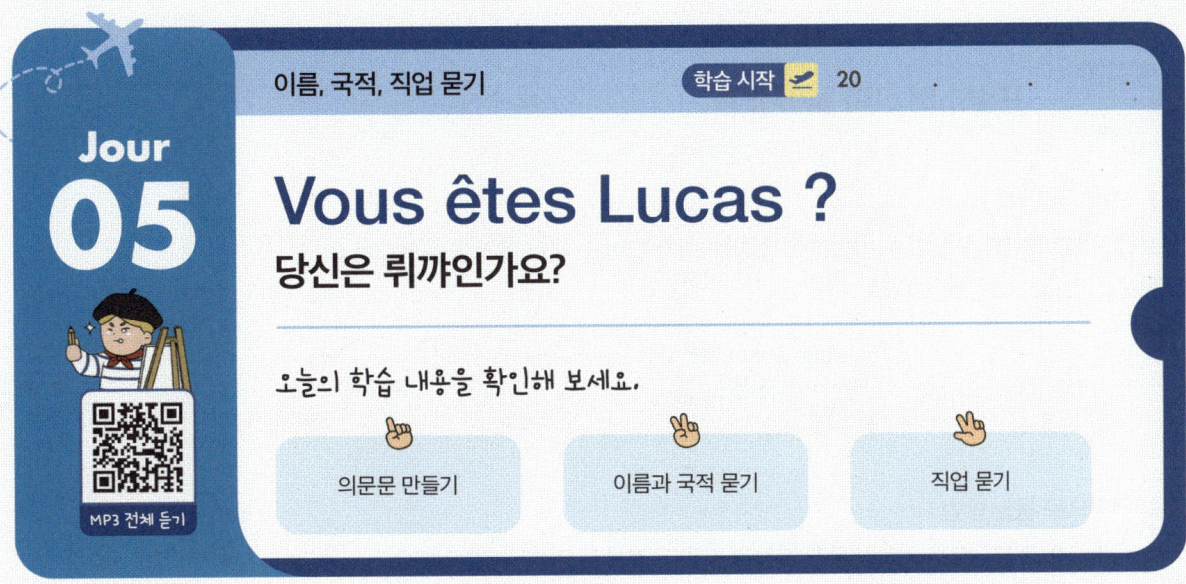

Jour 05

이름, 국적, 직업 묻기 학습 시작 ✈ 20

Vous êtes Lucas ?
당신은 뤼까인가요?

오늘의 학습 내용을 확인해 보세요.

- 의문문 만들기
- 이름과 국적 묻기
- 직업 묻기

▶ 전체 강의   ❓ 질문게시판   🎧 MP3

STEP 1 프랑스어 진짜 맛보기

▶ 저자 강의   🎧 05-01   🎤 말하기 연습

MEMO
☑ 반복학습 체크체크
MP3듣기 ○○○
따라읽기 ○○○

★ 의문문은 한국어 억양과 마찬가지로 문장의 끝을 올려서 말하면 됩니다.

오늘 배울 내용을 예문으로 먼저 만나 보세요.

Vous êtes français ?
[v부 젯뜨 f프헝쎄]
당신은 프랑스인인가요? (남자)

Vous êtes médecin ?
[v부 젯뜨 메드쌍]
당신은 의사인가요?

Il est chanteur ?
[일 레 셩뙤흐]
그는 가수야?

Tu es Camille ?
[뛰 에 꺄미유]
네가 꺄미유니?

🇫🇷 진짜 여행 떠나기!

프랑스가 아니어도, 해외 여행 중에 프랑스어권 현지인을 만날 일이 꽤 있어요. 프랑스어를 모국어로 사용하는 인구가 워낙 많으니까요! 혹시 여행 중 프랑스어가 옆에서 들린다면 자신 있게 물어보세요. Vous êtes français(e) ?

STEP 2 프랑스어 진짜 알아가기   ▶ 저자 강의   🎧 05-02   📝 MEMO

1. 의문문 만들기

프랑스어로 의문문을 만드는 방법은 크게 세 가지가 있어요. 아래 문장을 활용해서 의문문을 만드는 법을 배워 봐요.

> Vous êtes français.
> [v부 젯뜨 f프헝쎄]
>
> 당신은 프랑스인이다. (남자)

1) 억양으로 묻는 방법

마치 한국어로 질문하는 것처럼 문장의 끝을 살짝 올려서 질문하는 방법이에요.

Vous êtes français ?　　　　　당신은 프랑스인인가요↗?
[v부 젯뜨 f프헝쎄↗]

★ 억양으로 묻거나 'est-ce que'로 질문하는 방법은 회화에서 많이 사용돼요.

2) Est-ce que 주어 + 동사

문장의 앞에 est-ce que를 붙여 '주어 + 동사' 어순 그대로 질문하는 방법이에요. 이때 est-ce que는 별다른 뜻 없이 의문문이라는 표시로 받아들이면 된답니다.

Est-ce que vous êtes français ?　　당신은 프랑스인인가요?
[에쓰끄 v부 젯뜨 f프헝쎄]

> **잠깐!**
> est-ce que의 뒤에 모음이나 무음 h가 오면, que는 qu'로 축약돼요.
> 예) Est-ce qu'il est coréen ? [에쓰낄레 꼬헤앙]　　그는 한국인이니?
> 　　Est-ce qu'elle est coréenne ? [에쓰껠레 꼬헤엔느]　그녀는 한국인이니?

3) 동사-주어 도치

영어와 비슷하게 주어와 동사 순서를 도치시켜 질문하는 방법이에요.

Êtes-vous français ?　　　　　당신은 프랑스인인가요?
[엣뜨 v부 f프헝쎄]

★ 동사-주어 도치 구문은 공식적인 자리에서, 더 공손하게 말할 때 사용하는 표현입니다.

> **잠깐!**
> 동사-주어 순서가 도치되면 그 가운데 연결부호 '-' (trait d'union)를 꼭 넣어 줘야 해요. 도치되었다는 표시이기 때문이죠!

2. 이름과 국적 묻기

의문문을 활용해 이름과 국적을 물어보는 표현을 배워 봐요.

Tu es Lucas ? 네가 뤼꺄니?
[뛰 에 뤼꺄]

Tu t'appelles comment ? 네 이름이 뭐니?
[뛰 따뻴 꼬멍]

Vous vous appelez comment ? 당신의 이름이 뭔가요?
[v부 v부 자쁠레 꼬멍]

Vous êtes chinois ? 당신은 중국인인가요? (남자)
[v부 젯뜨 쉬누아]

> **MEMO**
>
> 🔈 단어
>
> s'appeler 이름이 ~라고 불리다
>
> comment 어떻게

3. 직업 묻기

주어와 직업 명사의 성수일치에 주의하며 직업을 묻는 표현까지 말해 봐요.

Vous êtes boulanger ? 당신은 (남)제빵사인가요?
[v부 젯뜨 불렁제]

Est-ce qu'il est acteur ? 그는 배우인가요?
[에스낄레 악뙤흐]

Tu es étudiante ? 너는 (여)학생이니?
[뛰 에 에뛰디엉뜨]

 프랑스어 진짜 즐기기  저자 강의   05-03  말하기 연습

아래 대화를 들으면서 오늘 배운 내용을 확인해 보세요.

 Camille
Vous vous appelez comment ? [v부 v부 자쁠레 꼬멍]
이름이 어떻게 되세요?

Je suis Lucas. [쥬 쒸 뤼꺄]
저는 뤼꺄라고 합니다. Lucas

 Camille
Est-ce que vous êtes anglais ? [에쓰끄 v부 젯 엉글레]
영국인이신가요?

Non, je suis américain. [농 쥬 쒸 쟈메히깡]
아니요, 저는 미국인입니다. Lucas

STEP 4 프랑스어 진짜 써먹기

나의 점수 ☐ / 10   정답 및 해석 p.03
✅ 정답 보기

1 제시된 우리말을 보고 빈칸에 알맞은 단어를 채워 보세요. (복수 정답 가능)

1. 너 한국인이니? ▶ Tu _____ _____ ?
2. 당신은 중국인인가요? ▶ Vous _____ _____ ?
3. 그는 의사인가요? ▶ Est-ce _____ est _____ ?
4. 너는 배우야? ▶ Tu _____ _____ ?

2 제시된 질문과 어울리는 답변을 짝지어 보세요.

1. Tu es japonais ?　　•　　　•　ⓐ Non, ils sont pâtissiers.
2. Vous êtes médecin ?　•　　　•　ⓑ Non, je suis coréen.
3. Ils sont salariés ?　　•　　　•　ⓒ Non, je suis acteur.

3 다음 문장을 세 가지 형태의 의문문으로 바꿔 보세요.

> Elles sont coréennes.　그녀들은 프랑스인입니다.

1. _____
2. _____
3. _____

▶ 문제 해설 강의) 틀리거나 헷갈리는 문제는 문제 해설 강의로 복습하세요.
🎯 오늘의 Mission) 프랑스어권 사람의 이름, 국적, 직업을 물어보는 표현을 미리 연습해 보세요!

학습 종료 ✈

Jour 06

Jour 01~05 복습하기

Exercice ①
연습 문제

학습 시작 20 . . .

나의 점수 ☐ / 30   정답 및 해석 p.03

1 다음 그림을 보고 알맞은 주격 인칭 대명사를 고르세요.

1. 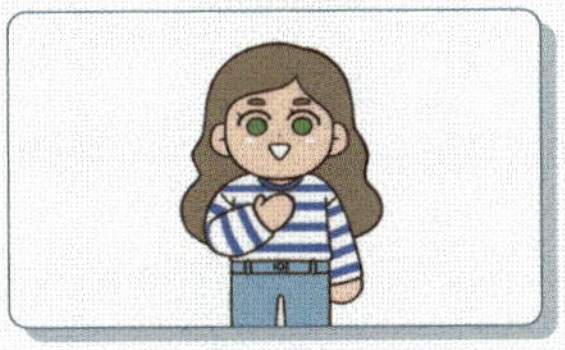 ① nous   ② je   ③ ils

2. 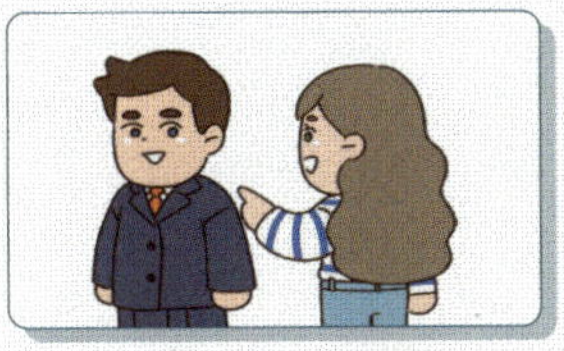 ① je   ② elle   ③ il

3. 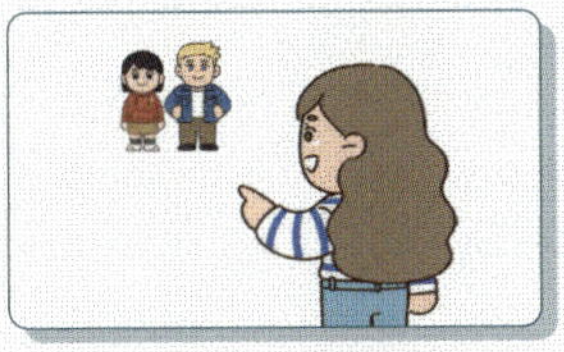 ① tu   ② ils   ③ elles

4. 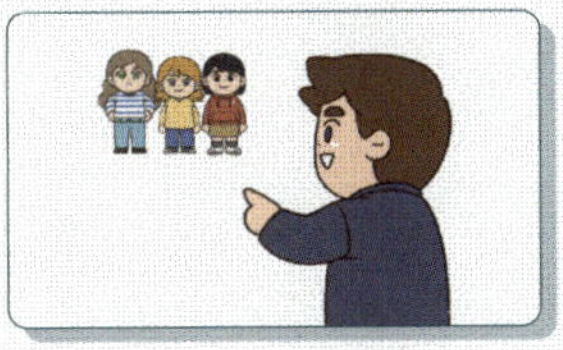 ① elles   ② ils   ③ vous

5. 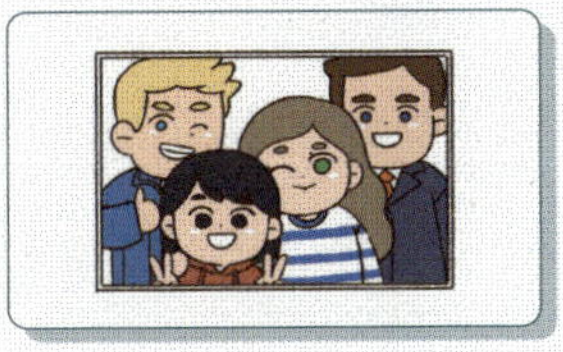 ① nous   ② tu   ③ vous

2 각 인칭 대명사에 맞는 être 동사 변형을 적으세요.

Je ➡ 1. _____

Tu ➡ 2. _____

Il / Elle ➡ 3. _____

Nous ➡ 4. _____

Vous ➡ 5. _____

Ils / Elles ➡ 6. _____

3 성수일치에 주의하며 아래 단어를 사용해 빈칸에 올바른 답을 적어 보세요.

제시어	
coréenne	américains
italiennes	chinois

1. Ils sont _____.

2. Elle est _____.

3. Il est _____.

4. Elles sont _____.

4 제시된 단어를 여성형은 남성형으로, 남성형은 여성형으로 바꿔 써 보세요.

1. actrice ▶ _____

2. cuisinière ▶ _____

3. pâtissier ▶ _____

4. médecin ▶ _____

5. étudiant ▶ _____

5 제시된 질문에 어울리는 답변을 짝지어 보세요.

1. Noah est français ?   •   • **a** Non, je suis étudiant.

2. Est-ce que tu es Lucas ?   •   • **b** Oui, il est français.

3. Vous êtes professeur ?   •   • **c** Non, je suis Noah.

4. Est-elle pâtissière ?   •   • **d** Non, elle est boulangère.

6 제시된 문장을 프랑스어로 바꿔 써 보세요. (복수 정답 가능)

1. 당신의 이름이 어떻게 되나요?   ▶ _____

2. 너는 의사니?   ▶ _____

3. 그들은 프랑스 사람이에요.   ▶ _____

4. 나는 회사원이에요.   ▶ _____

7 다음 의문문을 다른 형태의 의문문으로 바꿔 보세요.

| Vous êtes française ?   당신은 프랑스인인가요? |

1. _____ ?

2. _____ ?

Jour 06 ■ 3

쉬어가기

프랑스 사람들은 만나면 인사로 뽀뽀를 한다던데 사실인가요?

네! 사실입니다. 프랑스식 인사법인 볼 뽀뽀, bise [비즈] 라는 것이 있는데요, 서로의 볼을 마주대고 허공에서 '쪽' 소리를 내며 하는 인사를 이야기한답니다. 이때, 실제로 입술이 볼에 닿지는 않아요.

그렇다면 처음 만난 사이인데도 볼을 마주대고 인사를 하는 게 가능한가요?

그럼요! 친한 친구나 가족을 만났을 때뿐만 아니라 처음 알게 된 사람과도 bise를 자연스럽게 해요. 지역마다 bise를 하는 횟수나 시작하는 방향이 약간 다르기도 합니다. 프랑스 남부 지역에서는 '쪽' 소리를 여러 번 내지 않으면 조금 차가운 사람이라고 생각하기도 한대요.

자, 이제 비즈를 하는 방법을 알아보죠. 나를 기준으로 '내 오른쪽 볼'부터 맞대고 오른쪽에서 한번 '쪽!', 왼쪽에서 한번 '쪽!'하는 방법이 가장 기본적인 방법입니다.

그런데 '비즈'와 굉장히 유사한 발음의 다른 뽀뽀도 있어요.

발음이 비슷해서 둘을 헷갈렸다가는 첫만남에 키스를 요구하는 자유롭고 개방적인 사람으로 오해받을 수도 있죠. Bisou는 입맞춤을 의미한다는 점 기억하시고, 오늘 배운 표현들을 상황에 맞춰 잘 활용해 보세요!

Tip!

bise 볼인사
[비즈]

bisou 키스
[비주]

▶ 문제 해설 강의 | 틀리거나 헷갈리는 문제는 문제 해설 강의로 복습하세요.
🎯 오늘의 Mission | Jours 01~05에서 배운 내용을 활용해서 여러분에 대한 자기소개를 해 보세요. (3문장 이상) 학습 종료

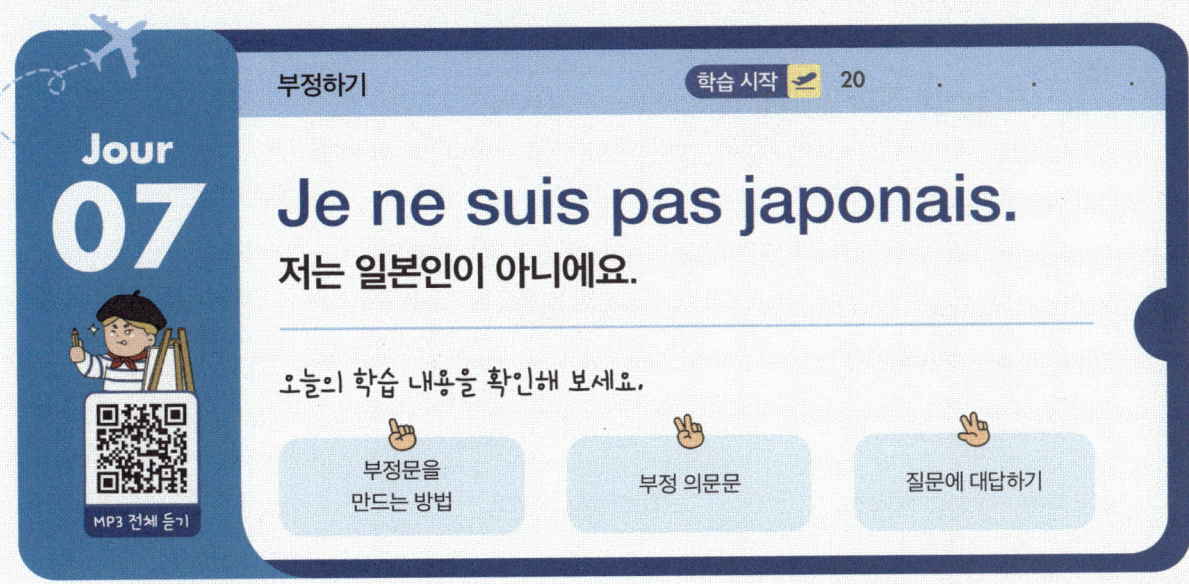

Jour 07

부정하기 학습 시작 🛫 20

Je ne suis pas japonais.
저는 일본인이 아니에요.

오늘의 학습 내용을 확인해 보세요.

- 부정문을 만드는 방법
- 부정 의문문
- 질문에 대답하기

▶ 전체 강의 ? 질문게시판 🎧 MP3

STEP 1 프랑스어 진짜 맛보기

▶ 저자 강의 🎧 07-01 🎤 말하기 연습

오늘 배울 내용을 예문으로 먼저 만나 보세요!

Je ne suis pas japonais.
[쥬 느 쒸 빠 쟈뽀네]
저는 일본인이 아니에요. (남자)

Je ne suis pas chinoise.
[쥬 느 쒸 빠 쉬누아즈]
저는 중국인이 아니에요. (여자)

Tu n'es pas écrivain ?
[뛰 네 빠 에크히v방]
너는 작가가 아니니?

Vous n'êtes pas policier ?
[v부 넷뜨 빠 뽈리씨에]
당신은 경찰이 아닌가요? (남자)

📝 MEMO

☑ 반복학습 체크체크
MP3듣기 ○○○
따라읽기 ○○○

🔊 단어
écrivain 작가
policier(ère) 경찰

🇫🇷 **진짜 여행 떠나기!**

간혹 여행 중 국적을 먼저 추측해서 물어보는 사람을 만날 수 있어요.
이제는 정확하게 '~나라 사람이 아니다'라는 말을 덧붙여서 설명해 줄 수 있겠죠?

STEP 2 프랑스어 진짜 알아가기

▶ 저자 강의 🎧 07-02

📝 MEMO

1. 부정문을 만드는 방법

프랑스어로 부정문을 만들 때는 동사의 앞뒤로 'ne … pas'를 붙여 말하면 돼요.

긍정문	부정문
Je suis étudiant. [쥬 쒸 제뛰디엉]	Je ne suis pas étudiant. [쥬 느 쒸 빠 제뛰디엉]
나는 학생이에요.	나는 학생이 아니에요.

Je ne suis pas japonais(e).   나는 일본인이 아니에요.
[쥬 느 쒸 빠 쟈뽀네/쟈뽀네즈]

Je ne suis pas chinois(e).   나는 중국인이 아니에요.
[쥬 느 쒸 빠 쉬누아/쉬누아즈]

잠깐!
ne 뒤에 모음이나 무음 h로 시작하는 동사가 오면 n'로 축약돼요.
예) Il n'est pas policier. [일 네 빠 뽈리씨에]   그는 경찰이 아니에요.
　　Elle n'est pas cuisinière. [엘 네 빠 뀌지니에흐]   그녀는 요리사가 아니에요.

★ 사실 대부분의 프랑스인들은 회화에서 'ne'를 생략하고 동사 뒤에 'pas'만 붙여 말하는 경우가 많아요. 'Je suis pas étudiant.'라고 해도 전혀 문제없답니다. 다만, 공식적인 표현이나 문어체에서는 'ne … pas'를 그대로 써주는 것이 좋아요.

2. 부정 의문문

'ne … pas'를 활용해 '~하지 않나요?'라는 의미의 부정형 의문문을 만들 수 있어요. 의문문은 이전에 배운 것과 동일하게 세 가지 방법으로 물어볼 수 있어요.

Tu n'es pas écrivain ?   너는 작가가 아니니?
[뛰 네 빠 제크히v방]

Est-ce qu'il n'est pas coréen ?   그는 한국인이 아닌가요?
[에쓰낄 네 빠 꼬헤앙]

Vous n'êtes pas policier ?   당신은 경찰이 아닌가요? (남자)
[v부 넷뜨 빠 뽈리씨에]

3. 질문에 대답하기

Il est coréen ?   그는 한국인인가요?
[일 레 꼬헤앙]

Oui, il est coréen.   네. 그는 한국인이에요.
[위 일 레 꼬헤앙]

Non, il **n'est pas** coréen. 아니요. 그는 한국인이 아니에요.
[농 일 네 빠 꼬헤앙]

질문 속에 'ne … pas'가 포함되어 있다면 대답할 때 주의해야 해요. 예를 들어 한국어에서는 '너 밥 안 먹었니?'라고 부정문으로 물었을 때 '응'이라고 대답하면 '응, 안 먹었어', '아니'라고 대답하면 '아니, 먹었어'라는 의미가 되지만, 프랑스어는 반대랍니다.

Elle **n'est pas** coréenne ? 그녀는 한국인이 아닌가요?
[엘 네 빠 꼬헤엔느]

Si, elle est coréenne. 아뇨. 그녀는 한국인이에요.
[씨 엘 레 꼬헤엔느]

Non, elle **n'est pas** coréenne. 네. 그녀는 한국인이 아니에요.
[농 엘 네 빠 꼬헤엔느]

MEMO

★ 부정형 의문문의 대답이 한국어 뜻과 반대라 헷갈린다면 'non'은 항상 'ne … pas'와 함께 온다고 생각해 보세요!

STEP 3 프랑스어 진짜 즐기기

 저자 강의   07-03  말하기 연습

아래 대화를 들으면서 오늘 배운 내용을 확인해 보세요.

 Manon
Lucas, tu es français, non ?★ [뤼꺄 뛰 에 f프헝쎄 농]
뤼꺄, 너 프랑스인이지, 그렇지 않니?

 Lucas
Non, je ne suis pas français. [농 쥬 느 쒸 빠 f프헝쎄]
아니, 나는 프랑스인이 아니야.

 Manon
Alors.. tu n'es pas américain ? [알로흐 뛰 네 빠 쟈메히꺙]
그럼.. 미국인은 아니지?

 Lucas
Si, je suis américain. [씨 쥬 쒸 쟈메히꺙]
아냐, 나 미국인이야.

단어

alors 그러면

★ 문장 뒤에 ', non ?'을 붙여 물어보면 '그렇지 않니?'라는 표현이 돼요.

STEP 4 · 프랑스어 진짜 써먹기

나의 점수 ☐ / 10　정답 및 해석 p.03
✓ 정답 보기

1 다음 문장을 우리말로 해석해 보세요.

1. Tu n'es pas chanteur ?　▶ _____

2. Ils ne sont pas coréens.　▶ _____

3. Tu es étudiante, non ?　▶ _____

2 제시된 우리말을 보고 빈칸에 알맞은 단어를 채워 보세요.

1. 저는 일본인이 아니에요. (여자)　▶ Je _____ _____ _____ japonaise.

2. 우리는 중국인이 아니에요. (남자들)　▶ _____ ne _____ pas chinois.

3. 그는 경찰이 아니에요.　▶ Il _____ _____ policier.

4. 그녀는 요리사가 아니에요.　▶ Elle _____ pas _____ .

3 제시된 질문을 읽고 빈칸을 채워 어울리는 답변을 짝지어 보세요.

1. Il est français ?　　　•　　　• ⓐ _____ , je suis coréenne.

2. Vous n'êtes pas chinoise ?　•　　　• ⓑ _____ , il n'est pas français.

3. Elle n'est pas écrivain ?　•　　　• ⓒ _____ , elle est écrivain.

▶ 문제 해설 강의　틀리거나 헷갈리는 문제는 문제 해설 강의로 복습하세요.
🎯 오늘의 Mission　부정 의문문에 대답하는 법이 헷갈리시죠? 연습문제 3번의 대화들을 세 번만 더 읽어 보세요.　학습 종료 ✈

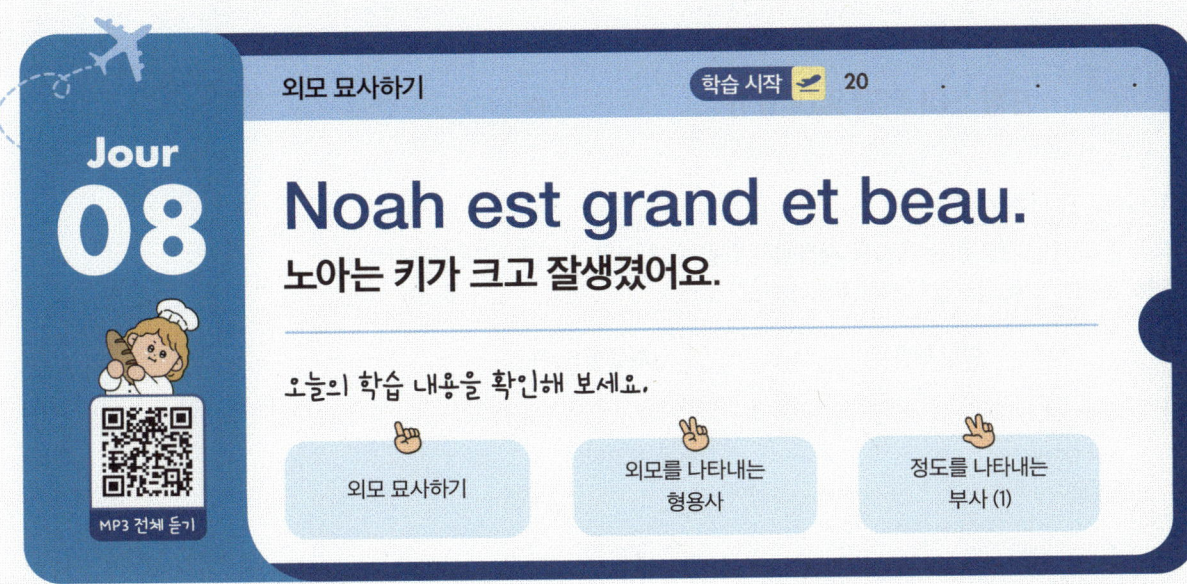

Jour 08

외모 묘사하기 학습 시작 20 . . .

Noah est grand et beau.
노아는 키가 크고 잘생겼어요.

오늘의 학습 내용을 확인해 보세요.

- 외모 묘사하기
- 외모를 나타내는 형용사
- 정도를 나타내는 부사 (1)

전체 강의 질문게시판 MP3

STEP 1 프랑스어 진짜 맛보기

저자 강의 08-01 말하기 연습

오늘 배울 내용을 예문으로 먼저 만나 보세요!

Je suis cool*. 나는 멋져.
[쥬 쒸 꿀]

Elle est petite. 그녀는 키가 작아요.
[엘 레 쁘띠뜨]

Tu es mignon. 너 귀엽다. (남자)
[뛰 에 미뇽]

Vous êtes jolie. 당신은 예뻐요. (여자)
[v부 젯뜨 죨리]

MEMO

☑ 반복학습 체크체크
MP3듣기 ○─○─○
따라읽기 ○─○─○

📖 단어
cool 멋진
petit(e) 작은
mignon(ne) 귀여운
joli(e) 예쁜

★ cool과 같은 일부 형용사들은 남성형과 여성형의 형태가 같아요. 다음 페이지에서 함께 살펴봐요!

 진짜 여행 떠나기!

프랑스에서 '얼굴이 예쁘다', '몸이 좋다' 등 상대방의 외모를 직접적으로 묘사하는 말은 조심스럽게 사용해야 해요. 자칫하면 상대방의 외모에 대해 평가한다는 뉘앙스를 줄 수도 있기 때문이랍니다. 물론 매우 친밀한 친구나 연인 관계에서는 자연스럽게 상대의 외모를 칭찬해 줄 수 있겠죠?

STEP 2 프랑스어 진짜 알아가기

1. 외모 묘사하기

외모를 묘사할 때는 être 동사를 사용해서 말할 수 있어요. 그리고 이때 형용사는 당연히 주어에 맞춰 성수일치 시켜 주어야 해요.

인칭 대명사 + être 동사 + [외모 형용사].
　　주어　　　　　동사

Il est beau. 　　　　　　　　　그는 잘생겼어요.
[일 레 보]

Elle est jolie. 　　　　　　　　그녀는 예뻐요.
[엘 레 쥴리]

잠깐!
'그리고'라는 뜻을 가진 'et'를 사용해 여러 가지 묘사를 한 번에 할 수 있어요.
예) Il est grand et beau. [일 레 그형 에 보] 　　그는 키가 크고 잘생겼어요.
　　Elle est petite et mignonne. [엘 레 쁘띠뜨 에 미뇨느] 그녀는 키가 작고 귀여워요.

2. 외모를 나타내는 형용사

외모를 나타내는 여러 형용사를 알아볼게요. 남성형, 여성형에 주의해 살펴봐요.

외모 형용사		
	남성형	여성형
큰	grand [그형]	grande [그헝드]
작은	petit [쁘띠]	petite [쁘띠뜨]
잘생긴, 예쁜	beau [보]	belle [벨]
귀여운	mignon [미뇽]	mignonne [미뇨느]
예쁜	joli [쥴리]	jolie [쥴리]
매력적인, 멋진	charmant [샤흐멍]	charmante [샤흐멍뜨]
나이 든, 늙은	vieux [v비으]★	vieille [v비에이유]
젊은	jeune [쥔느]	
날씬한	mince [망쓰]	
멋진	cool [꿀]	
시크한, 근사한	chic [쉬끄]	

Je suis cool. 　　　　　　　　난 멋져.
[쥬 쒸 꿀]

★ 복수형은 남성형, 여성형에 '-s'를 각각 덧붙여 주면 돼요. 다만 원래 단수형이 '-s'로 끝나거나 vieux처럼 '-x'로 끝나는 형용사는 따로 '-s'를 추가해 주지 않아도 된답니다.

Vous êtes **chic**.
[v부 젯뜨 쉬끄]

Il est **charmant**.
[일 레 샤흐멍]

3. 정도를 나타내는 부사 (1)
정도를 나타내는 부사를 함께 사용하면 뉘앙스를 살려 표현할 수 있어요!

Elle est *très* belle !
[엘 레 트헤 벨]
그녀는 아주 예뻐요!

Je suis *trop* cool.
[쥬 쒸 트호 꿀]
난 너무 멋져.

Ils sont *un peu* vieux.
[일 쏭 앙 쁘 v비으]
그들은 조금 늙었어요.

당신 근사하네요.

그는 매력적이야.

> **MEMO**
>
> **단어**
> très 매우, 아주
> trop 너무
> un peu 조금

아래 대화를 들으면서 오늘 배운 내용을 확인해 보세요.

 Camille: Oh là là, il est trop beau. [올랄라 일 레 트호 보]
이런, 그는 너무 잘생겼어.

 Lucas: Mais.. qui ? [메 끼]
아니.. 누가?

 Camille: Noah ! Il est très charmant. [노아 일 레 트헤 샤흐멍]
노아 말이야! 그는 아주 매력적인걸.

 Lucas: Non, il n'est pas très beau. [농 일 네 빠 트헤 보]
아냐, 그는 엄청 잘생기진 않았어.

> **단어**
> oh là là 어머나, 이런
> mais 하지만, 아니
> qui 누구

프랑스어 진짜 써먹기

나의 점수 ☐ / 10   정답 및 해석 p.03

✅ 정답 보기

1 제시된 형용사와 일치하는 뜻을 짝지어 보세요.

1. vieux •   • a 잘생긴, 예쁜

2. beau •   • b 작은

3. petit •   • c 귀여운

4. mignon •   • d 나이 든, 늙은

2 제시된 형용사를 남성형은 여성형으로, 여성형은 남성형으로 바꿔 보세요.

1. joli   ▶ _____

2. charmante   ▶ _____

3. vieux   ▶ _____

4. mince   ▶ _____

3 제시된 우리말을 보고 빈칸에 알맞은 단어를 채워 보세요.

1. 그녀는 키가 조금 작고 매우 귀여워요.

  ▶ Elle est _____ _____ _____ et _____ _____.

2. 그는 너무 잘생겼고 아주 매력적이에요.

  ▶ Il est _____ _____ et _____ _____.

▶ 문제 해설 강의 틀리거나 헷갈리는 문제는 문제 해설 강의로 복습하세요.
🎯 오늘의 Mission 오늘 배운 형용사로 여러분의 외모를 이야기해 보세요!

학습 종료

Jour 09

성격 묘사하기   학습 시작 ✈ 20

Camille est méchante !
꺄미유는 못됐어요!

오늘의 학습 내용을 확인해 보세요.

 성격과 외모를 묻는 표현
 성격을 나타내는 형용사
 정도를 나타내는 부사 (2)

▶ 전체 강의   ❓ 질문게시판   🎧 MP3

 프랑스어 진짜 맛보기   ▶ 저자 강의   🎧 09-01   🎤 말하기 연습

오늘 배울 내용을 예문으로 먼저 만나 보세요!

Elle est méchante.
[엘 레 메썅뜨]

그녀는 못됐어.

Vous êtes gentil.
[v부 젯뜨 졍띠]

당신은 친절하시네요. (남자)

Il est timide.
[일 레 띠미드]

그는 소심해요.

Tu es très sympa.
[뛰 에 트헤 쌍빠]

너 성격 참 좋다.

📝 MEMO

☑ 반복학습 체크체크
MP3듣기 ⭘⭘⭘
따라읽기 ⭘⭘⭘

📖 단어

méchant(e) 못된
gentil(le) 친절한
timide 내성적인, 소심한
sympa 호감형인, 좋은

★ 당연히 성격을 묘사하는 형용사도 주어에 성수일치 시켜주어야 해요.

프랑스 진짜 여행 떠나기!

프랑스 여행 중 누군가 날 위해 문을 잡아 주거나, 무거운 짐 옮기기를 도와준다면 상대에게 이렇게 말할 수 있어요. Merci. Vous êtes très gentil(le) !

STEP 2 프랑스어 진짜 알아가기

▶ 저자 강의 🎧 09-02

1. 성격과 외모를 묻는 표현
사람의 성격이나 외모를 물어볼 때는 'comment'을 사용해서 말할 수 있어요.

인칭 대명사 + être 동사 + comment* ?
주어   동사

Elle est comment ?   그녀는 어때요?
[엘 레 꼬멍]

Elle est gentille.   그녀는 친절해요.
[엘 레 졍띠으]

> ★ comment은 영어의 'how'와 마찬가지로 '어떻게'라는 뜻을 가지고 있어요.

2. 성격을 나타내는 형용사
성격을 나타내는 여러 형용사를 알아볼게요. 남성형, 여성형에 주의해 살펴보아요.

성격 형용사		
	남성형	여성형
친절한	gentil [졍띠]	gentille [졍띠으]
못된	méchant [메셩]	méchante [메셩뜨]
나쁜	mauvais [모v베]	mauvaise [모v베즈]
똑똑한	intelligent [앙뗄리졍]	intelligente [앙뗄리졍뜨]
능동적인	actif [악띠f프]	active [악띠v브]
붙임성이 좋은	convivial [꽁v비v비알]	conviviale [꽁v비v비알]
소심한, 내성적인	timide [띠미드]	
사교적인	sociable [쏘씨아블르]	
차분한	calme [꺌므]	
웃긴	drôle [드홀]	
이기적인	égoïste [에고이쓰뜨]	
호감상인, 성격 좋은	sympa* [쌍빠]	

Elle est **drôle**.   그녀는 웃겨요.
[엘 레 드홀]

Il est **mauvais**.   그는 성격이 나빠.
[일 레 모v베]

> ★ 'sympatique'는 대부분 'sympa'로 짧게 줄여 이야기해요.

> **잠깐!**
>
> 외모 묘사와 마찬가지로 성격을 묘사할 때도 '그리고'라는 뜻을 가진 'et', '그러나'라는 뜻을 가진 'mais'를 사용해 여러 묘사를 한 번에 할 수 있어요.
>
> 예) Elle est intelligente et sociable.　　그녀는 똑똑하고 사교적이에요.
> 　　[엘 레 앙뗄리졍뜨 에 쏘씨아블르]
>
> 　　Il est timide mais gentil.　　그는 내성적이지만 친절해요.
> 　　[일 레 띠미드 메 졍띠]

3. 정도를 나타내는 부사 (2)

정도를 나타내는 부사를 함께 사용하면 뉘앙스를 살려 표현할 수 있어요!

Elle est vraiment conviviale.　　그녀는 정말 붙임성이 좋아.
[엘 레 v브헤멍 꽁v비v비알]

Ils sont vraiment gentils.　　그들은 정말 친절하네요.
[일 쏭 v브헤멍 졍띠]

Tu es vachement* drôle.　　너 엄청 웃기다.
[뛰 에 v바슈멍 드홀]

📝 MEMO

🔍 단어

vraiment 정말
vachement 엄청

★ 'vachement'은 일상 회화에서 자주 쓰는 속어 표현이에요.

프랑스어 진짜 즐기기　(▶ 저자 강의) (🎧 09-03) (🎤 말하기 연습)

아래 대화를 들으면서 오늘 배운 내용을 확인해 보세요.

Manon

Camille, elle est comment ? [꺄미유 엘 레 꼬멍]
꺄미유는 어떤 사람이야?

Elle est vraiment sympa. [엘 레 v브헤멍 쌍빠]
그녀는 정말 성격이 좋아.

Lucas

Manon

Un peu égoïste, non ? [앙 쁘 에고이쓰뜨 농]
조금 이기적이지 않니?

Non, pas du tout ! Elle est conviviale.
[농 빠 뒤 뚜 엘 레 꽁v비v비알]
전혀 아냐! 그녀는 붙임성이 좋아.

Lucas

🔍 단어

pas du tout 전혀, 그렇지 않다

STEP 4 프랑스어 진짜 써먹기

나의 점수 ☐ / 10 정답 및 해석 p.04 ✓ 정답 보기

1 제시된 형용사와 일치하는 뜻을 짝지어 보세요.

1. méchant   •   • a 웃긴
2. drôle   •   • b 소심한
3. timide   •   • c 이기적인
4. égoïste   •   • d 못된

2 제시된 형용사를 남성형은 여성형으로, 여성형은 남성형으로 바꾸고 뜻을 적어 보세요.

1. mauvais   ▶ _____ (뜻) _____
2. gentille   ▶ _____ (뜻) _____
3. intelligente ▶ _____ (뜻) _____
4. actif   ▶ _____ (뜻) _____

3 제시된 우리말을 보고 빈칸에 알맞은 단어를 채워 보세요. (복수 정답 가능)

1. 그녀는 정말 못되고 이기적이야!
   ▶ Elle est _____ _____ et _____ !

2. 그는 내성적이지만 친절해.
   ▶ Il est _____ mais _____.

▶ 문제 해설 강의 틀리거나 헷갈리는 문제는 문제 해설 강의로 복습하세요.
🎯 오늘의 Mission 여러분은 어떤 사람인가요? 프랑스어로 여러분의 성격을 얘기해 보세요.

학습 종료

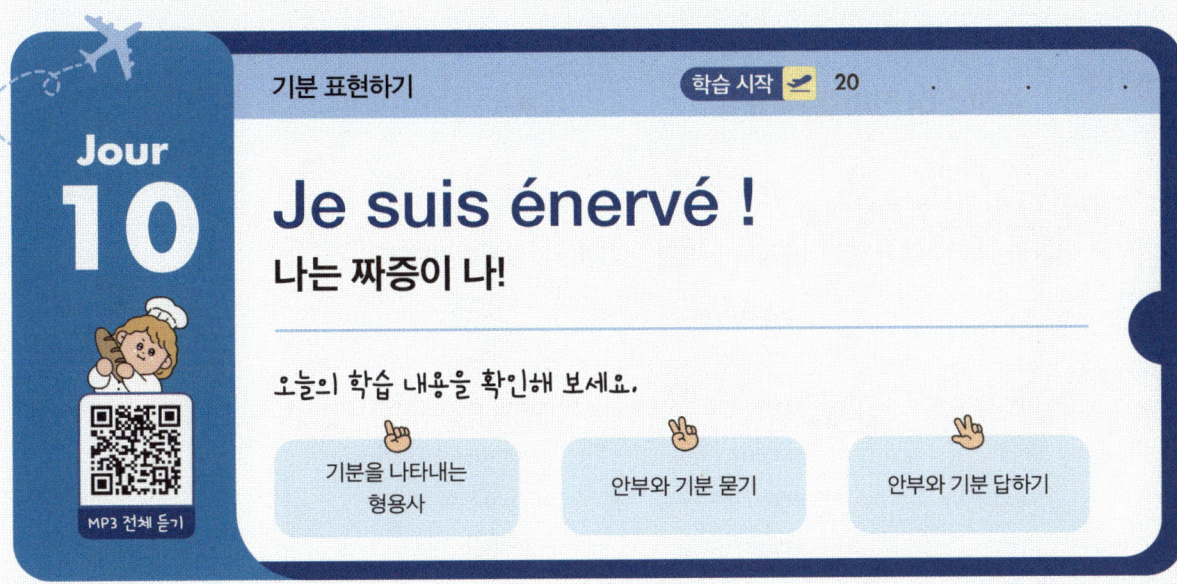

기분 표현하기　학습 시작 ✈ 20

Jour 10

Je suis énervé !
나는 짜증이 나!

오늘의 학습 내용을 확인해 보세요.

- 기분을 나타내는 형용사
- 안부와 기분 묻기
- 안부와 기분 답하기

▶ 전체 강의　❓ 질문게시판　🎧 MP3

STEP 1 프랑스어 진짜 맛보기

▶ 저자 강의　🎧 10-01　🎤 말하기 연습

📝 MEMO

☑ 반복학습 체크체크
- MP3듣기　○○○
- 따라읽기　○○○

📖 단어
- énervé(e) 짜증난
- content(e) 기쁜
- triste 슬픈
- déprimé(e) 우울한

★ 당연히 기분을 나타내는 형용사도 주어에 성수일치 시켜주어야 해요.

오늘 배울 내용을 예문으로 먼저 만나 보세요!

Je suis énervé !
[쥬 쒸 에네흐v베]
나는 짜증이 나! (남자)

Je suis contente.
[쥬 쒸 꽁떵뜨]
나는 기뻐요. (여자)

Il est triste.
[일 레 트히쓰뜨]
그는 슬퍼요.

Elle est déprimée.
[엘 레 데프히메]
그녀는 우울해요.

 진짜 여행 떠나기!

프랑스인 친구가 그날 따라 유독 기뻐 보이거나 슬퍼 보이면 꼭 안부를 물어봐 주자구요!
Ça va ? Tu vas bien ?

STEP 2 프랑스어 진짜 알아가기

▶ 저자 강의 🎧 10-02

1. 기분을 나타내는 형용사

기분을 나타내는 여러 형용사를 알아볼게요. 남성형, 여성형에 주의해 살펴보아요.

기분 형용사		
	남성형	여성형
기쁜	content [꽁떵]	contente [꽁떵뜨]
행복한	heureux [외회]	heureuse [외회즈]
짜증난	énervé [에네흐v베]	énervée [에네흐v베]
화난	fâché [f파쉐]	fâchée [f파쉐]
우울한	déprimé [데프히메]	déprimée [데프히메]
슬픈	triste [트히쓰뜨]	
불안한, 걱정하는	inquiet [앙끼예]	inquiète [앙끼옛뜨]
놀란	surpris [쒸흐프히]	surprise [쒸흐프히즈]
질투하는	jaloux [잘루]	jalouse [잘루즈]

Tu es **jaloux** ! 너 질투하는구나! (남자)
[뛰 에 잘루]

Il est **inquiet**. 그는 걱정하고 있어요.
[일 레 땅끼예]

Vous êtes **fâchée** ?* 화나셨나요? (여자)
[v부 젯뜨 f파쉐]

2. 안부와 기분 묻기

상대의 기분을 물어볼 때에는 영어의 'go'처럼 '가다'라는 뜻을 가지고 있는 aller 동사를 사용해요. 이 aller 동사는 나중에 더 자세히 배울 거예요. 오늘은 예문으로만 살짝 맛보도록 해요.

Ça **va** ? 괜찮아요?
[싸 v바]

Tu **vas** bien ? 잘 지내? 괜찮아?
[뛰 v바 비앙]

Vous **allez** bien ? 잘 지내세요? 괜찮아요?
[v부 잘레 비앙]

📝 MEMO

★ 또 다른 표현으로 fâché 대신 'en colère'라고 말하기도 해요. 이때 colère는 '분노, 화'라는 의미예요.
'Vous êtes en colère ?'

📖 단어

bien 잘, 매우

> **잠깐!**
> 'va, vas, allez' 모두 aller 동사의 직설법 현재 형태예요. 프랑스어의 동사는 앞서 살펴본 être 동사처럼 주어에 따라 형태가 다르게 바뀌어요.

3. 안부와 기분 답하기

Ça va. 잘 지내요.
[싸 v바]

Je vais bien. 잘 지내요.
[쥬 v베 비앙]

Je suis déprimé(e). 나는 우울해요.
[쥬 쒸 데프히메]

Je ne suis pas fâché(e). 나는 화나지 않았어요.
[쥬 느 쒸 빠 f파쉐]

Je suis surpris(e) ! 나는 놀랐어요!
[쥬 쒸 쒸흐프히(즈)]

STEP 3 프랑스어 진짜 즐기기

아래 대화를 들으면서 오늘 배운 내용을 확인해 보세요.

Manon: **Eh ! Noah, tu vas bien ?** [에 노아 뛰 v바 비앙]
저기 노아야, 너 괜찮니?

Noah: **Je suis un peu déprimé.** [쥬 쒸 앙 쁘 데프히메]
나 조금 우울하네.

Manon: **Je suis inquiète. Ça va ?** [쥬 쒸 앙끼엣뜨 싸 v바]
걱정이 돼. 괜찮아?

Noah: **En fait, je suis très triste.** [엉 f펫뜨 쥬 쒸 트헤 트히쓰뜨]
사실은 나 매우 슬퍼.

단어
en fait 사실, 실제로

STEP 4 프랑스어 진짜 써먹기

나의 점수 ☐ / 10   정답 및 해석 p.04
✓ 정답 보기

1 제시된 형용사와 일치하는 뜻을 짝지어 보세요.

1. content •   • **a** 슬픈

2. triste   •   • **b** 기쁜

3. fâché   •   • **c** 질투하는

4. jaloux •   • **d** 화난

2 제시된 형용사를 남성형은 여성형으로, 여성형은 남성형으로 바꾸고 뜻을 적어 보세요.

1. heureux   ▶ _____ (뜻) _____

2. déprimée   ▶ _____ (뜻) _____

3. surprise   ▶ _____ (뜻) _____

4. énervé   ▶ _____ (뜻) _____

3 제시된 우리말을 보고 빈칸에 알맞은 단어를 채워 보세요.

1. 그녀는 우울하고 짜증나요.   ▶ Elle est _____ et _____ !

2. 그는 기쁘고 행복해요.   ▶ Il est _____ et _____ .

▶ 문제 해설 강의) 틀리거나 헷갈리는 문제는 문제 해설 강의로 복습하세요.
◎ 오늘의 Mission) 여러분의 오늘 기분은 어떤가요? 프랑스어로 얘기해 보세요!

학습 종료

Jour 11

상태 표현하기 · 학습 시작 20 . .

Je suis trop fatigué.
나는 너무 피곤해요.

오늘의 학습 내용을 확인해 보세요.

- 상태를 나타내는 형용사
- 응원/기원하기

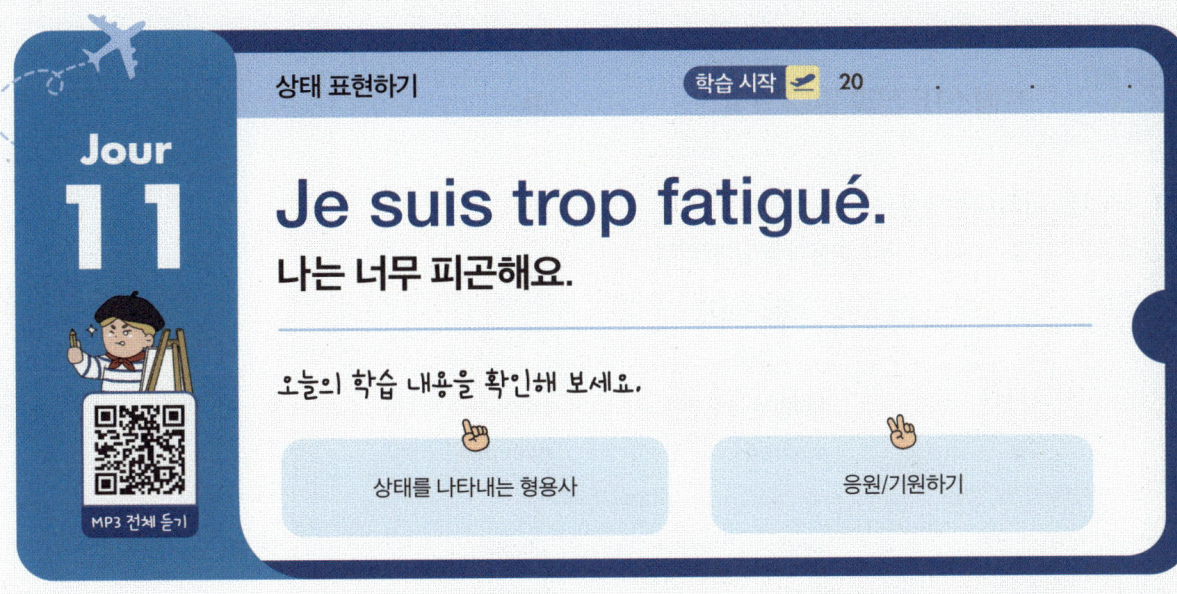

STEP 1 프랑스어 진짜 맛보기

저자 강의 · 11-01 · 말하기 연습

오늘 배울 내용을 예문으로 먼저 만나 보세요!

Je suis fatigué.   나는 피곤해요. (남자)
[쥬 쒸 f파티계]

Tu es stressée ?   너 스트레스 받고 있어? (여자)
[뛰 에 스트헤쎄]

Bon courage !   힘내!
[봉 꾸하쥬]

Bonne chance !   행운을 빌어!
[본느 셩쓰]

MEMO

✔ 반복학습 체크체크
- MP3듣기 ○○○
- 따라읽기 ○○○

📖 단어
- fatigué(e) 피곤한
- stressé(e) 스트레스 받는
- bon(ne) 좋은
- courage 용기(n.m.)
- chance 행운(n.f.)

★ 당연히 상태를 나타내는 형용사도 주어에 성수일치 시켜 주어야 해요.

프랑스 진짜 여행 떠나기!

이런, 옆자리 친구가 너무 스트레스를 받거나 지쳐 보이나요? 그렇다면 맛있는 식사를 한 끼 사 주면서 이렇게 외쳐 봐요. Bon courage !

STEP 2 프랑스어 진짜 알아가기

▶ 저자 강의 🎧 11-02

📝 MEMO

1. 상태를 나타내는 형용사
상태와 컨디션을 나타내는 여러 형용사를 알아볼게요.

상태 형용사		
	남성형	여성형
피곤한	fatigué [f파티계]	fatiguée [f파티계]
바쁜	occupé [오뀌뻬]	occupée [오뀌뻬]
한가한, 시간이 있는	libre [리브흐]	
급한, 조급한	pressé [프헤쎄]	pressée [프헤쎄]
스트레스 받는	stressé [스트헤쎄]	stressée [스트헤쎄]
긴장한	nerveux [네흐v브]	nerveuse [네흐v브즈]
당황스러운	gêné [제네]	gênée [제네]
지루한	ennuyé [엉뉘이예]	ennuyée [엉뉘이예]
지친, 매우 피곤한	épuisé [에쀠제]	épuisée [에쀠제]
차분한	tranquille* [트헝낄르]	
아픈	malade [말라드]	
컨디션이 좋은	en forme [엉 f포흐므]	

Je suis **fatigué(e)**.   나는 피곤해.
[쥬 쒸 f파티계]

Il est très **occupé**.   그는 매우 바빠요.
[일 레 트헤 조뀌뻬]

Je suis vraiment **stressé(e)**.   나 정말 스트레스 받아.
[쥬 쒸 v브헤멍 스트헤쎄]

Elle est **malade** ?   그녀가 아픈가요?
[엘 레 말라드]

★ 'tranquille'는 지난번에 배웠던 'calme'와 뜻이 같아 바꿔 쓸 수 있어요.

2. 응원/기원하기

bon [봉] 좋은		
	남성형	여성형
단수	bon [봉]	bonne [본느]
복수	bons [봉]	bonnes [본느]

무언가를 축하하거나 기원해 줄 때는 형용사 bon을 사용해서 표현할 수 있어요. 이때 형용사 bon은 뒤에 나오는 명사에 꼭 성수일치 시켜주어야 해요!

Bon anniversaire !* 생일 축하해!
[보 나니v베흐쎄흐]

Bon courage ! 힘내! 파이팅!
[봉 꾸하쥬]

Bonne chance ! 행운을 빌어!
[본느 셩쓰]

Bonne année ! 새해 복 많이 받아요!
[본 나네]

Bonnes vacances* ! 휴가 잘 보내!
[본느 v바껑쓰]

MEMO

단어

anniversaire 생일(n.m.)
courage 용기(n.m.)
chance 행운(n.f.)
année 해, 년(n.f.)
vacances 휴가(n.f.pl.)

★ 생일을 축하할 때는 'Joyeux anniversaire' 라고 표현할 수도 있어요. 이때 'joyeux'는 '즐거운' 이라는 뜻의 형용사예요.

★ 휴가를 의미하는 'vacances'는 항상 복수형 으로 사용해요.

STEP 3 프랑스어 진짜 즐기기

저자 강의 · 11-03 · 말하기 연습

아래 대화를 들으면서 오늘 배운 내용을 확인해 보세요.

 Lucas: **Camille, tu es malade ?** [꺄미유 뛰 에 말라드]
꺄미유, 너 아프니?

 Camille: **Non, je suis un peu fatiguée.** [농 쥬 쒸 앙 쁘 f파티게]
아냐, 나 조금 피곤하네.

 Lucas: **Tu es occupée aujourd'hui ?** [뛰 에 오뀌뻬 오쥬흐뒤]
너 오늘 바빠?

 Camille: **Oui, je ne suis pas libre.** [위 쥬 느 쒸 빠 리브흐]
응, 나 한가하지 않아.

 Lucas: **Ok.. Bon courage !** [옥께 봉 꾸하쥬]
알겠어.. 힘내!

단어

aujourd'hui 오늘

STEP 4 프랑스어 진짜 써먹기

나의 점수 ☐ / 10 　 정답 및 해석 p.04

1 제시된 프랑스어와 일치하는 뜻을 짝지어 보세요.

1. gêné ・　　　　　・ a 차분한

2. ennuyé ・　　　　　・ b 당황스러운

3. tranquille ・　　　　　・ c 지루한

4. malade ・　　　　　・ d 아픈

2 제시된 우리말을 보고, 성수일치에 유의하여 빈칸에 알맞은 단어를 채워 보세요.

1. 파이팅!　　　　▶ _____ courage !

2. 생일 축하해!　　▶ Bon _____ !

3. 휴가 잘 보내!　　▶ _____ vacances !

4. 행운을 빌어!　　▶ Bonne _____ !

3 다음 문장을 우리말로 해석해 보세요.

1. Elle est libre et ennuyée. ▶ _____

2. Nous sommes très occupés. ▶ _____

▶ 문제 해설 강의　틀리거나 헷갈리는 문제는 문제 해설 강의로 복습하세요.

🎯 오늘의 Mission　여러분의 오늘 컨디션은 어떤가요?
　　　　　　　　오늘 배운 표현 중 세 가지를 골라 긍정문과 부정문으로 말해 보세요.

학습 종료

4 ■ 프랑스어 진짜학습지 **첫걸음**

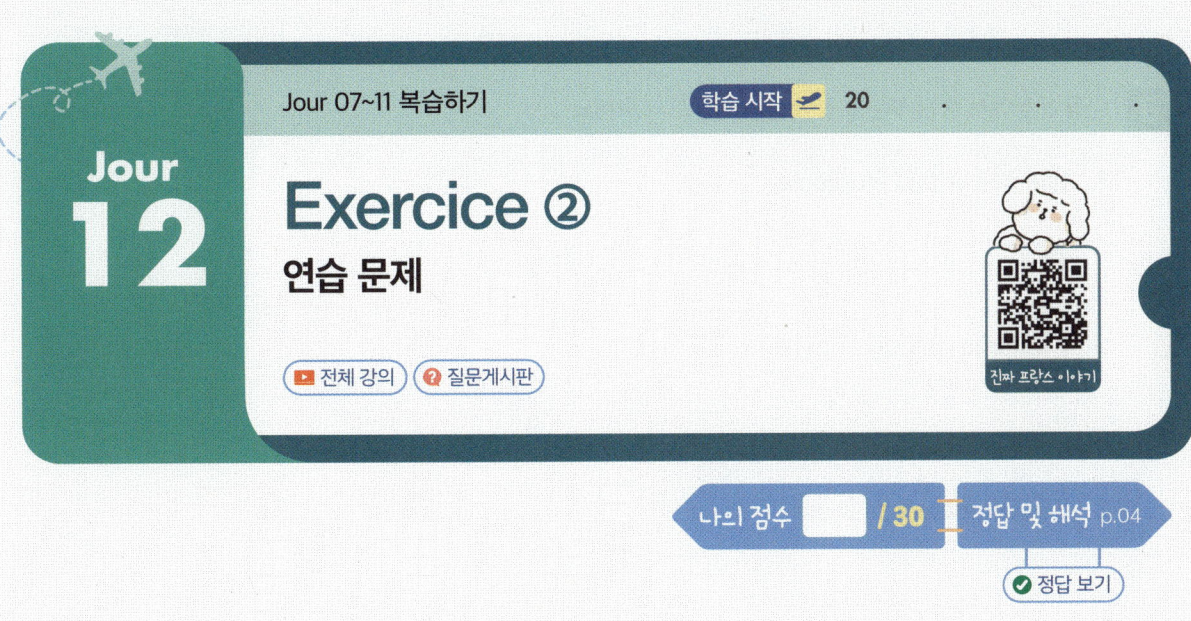

Jour 12

Jour 07~11 복습하기

Exercice ②
연습 문제

나의 점수 ☐ / 30

1 제시된 프랑스어와 일치하는 뜻을 짝지어 보세요.

1. mince •   • ⓐ 나이 든, 늙은

2. sympa •   • ⓑ 불안한, 걱정하는

3. mauvais •   • ⓒ 호감상인, 성격 좋은

4. vieux •   • ⓓ 날씬한

5. inquiet •   • ⓔ 나쁜

2 다음 형용사의 남성 단수형과 여성 단수형을 프랑스어로 적어 보세요.

	남성 단수형	여성 단수형
1. 귀여운		
2. 매력적인		
3. 친절한		
4. 짜증난		
5. 질투하는		

3 다음 문장에서 틀린 부분을 찾아 올바르게 고쳐 보세요.

1. Elle ne est pas étudiante.

   ▶ _____

2. Il est très grande et belle.

   ▶ _____

3. Elle est mauvais.

   ▶ _____

4. Nous sont sociable.

   ▶ _____

5. Elles sont intelligent.

   ▶ _____

4 제시된 프랑스어의 우리말 뜻을 적어 보세요.

1. très   ▶ _____

2. trop   ▶ _____

3. un peu   ▶ _____

4. vraiment   ▶ _____

5. vachement   ▶ _____

5 빈칸에 알맞은 단어를 채워, 질문에 대한 답변을 완성하세요.

1. Tu vas bien ? ▶ Oui, je _____ bien.

2. Il n'est pas libre ? ▶ _____, il n'est pas libre.

3. Tu n'es pas occupée ? ▶ _____, je suis très occupée.

4. Est-elle sociable ? ▶ Non, elle _____ _____ sociable.

5. Est-ce que vous êtes chinois ? ▶ Non, je _____ _____ _____ chinois.

6 제시된 문장을 프랑스어로 써 보세요. (복수 정답 가능)

1. 저는 중국인이 아니에요.
   ▶ _____

2. 그는 정말 매력적이에요.
   ▶ _____

3. 우리는 소심해요.
   ▶ _____

4. 나는 화가 나요.
   ▶ _____

5. 당신은 슬픈가요?
   ▶ _____

쉬어가기
프랑스는 왜 와인으로 유명한 걸까요?

여러분은 와인을 좋아하시나요?

역사적으로 와인을 제일 먼저 생산했다고 알려진 곳은 바로 유럽과 러시아 사이에 위치한 '조지아'입니다. 그리고 현재 전세계에는 이탈리아, 스페인, 호주, 미국, 칠레 등 수많은 와인 생산국이 있지요. 그 중에서도 특히 프랑스 와인은 오랜 역사를 자랑하죠. 무려 기원전 6세기부터 와인을 생산해 왔다니까요! 그런데 유독 프랑스 와인은 고급스러운 이미지를 가지고 있는데, 도대체 왜 그럴까요?

와인의 맛과 품질에 있어 가장 중요한 것은 바로 '테루아'라는 조건이에요. '테루아'는 포도 나무가 자라는 토양을 의미하는데, 프랑스는 기후나 토양의 상태를 봤을 때 드넓은 양질의 와인밭을 만드는 데 용이했어요. 프랑스 사람들은 이렇게 만들어진 와인밭에서 고품질의 와인을 생산해 냈죠.

또한 프랑스 와인은 고급화 마케팅의 승리자랍니다.

프랑스 와인에 붙은 'château'라는 단어는 원래 귀족들이 사는 성을 의미했어요. 그런데 퀄리티가 높은 와인에 이 단어를 붙여 판매하면서, 나중에는 이 단어가 고급 와이너리를 의미하게 되었죠. 그래서 현재까지도 고급스러운 와인의 이미지는 프랑스가 가지게 된 것이랍니다!

Tip!
terroir 포도나무가 자라는 토양
[떼후아흐]
château 성, 궁전 혹은 고급 와이너리
[샤또]

▶ **문제 해설 강의** 틀리거나 헷갈리는 문제는 문제 해설 강의로 복습하세요.
🎯 **오늘의 Mission** 누군가가 'Vous allez bien ?'이라고 물었을 때의 예상 답변을 소리 내어 3번 말해 보세요.

학습 종료 ✈

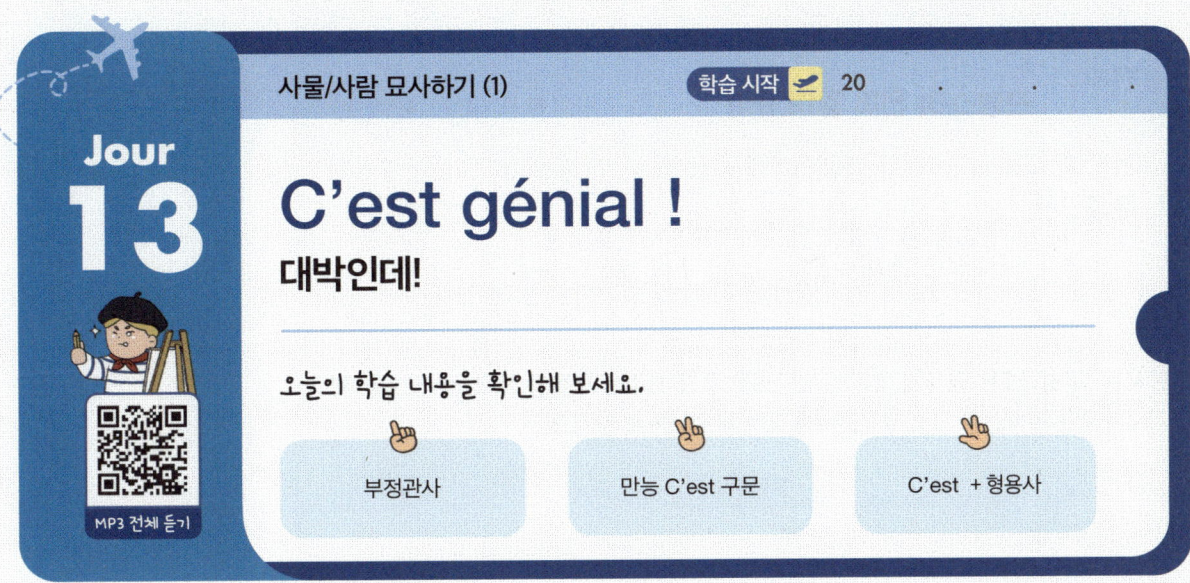

Jour 13 — 사물/사람 묘사하기 (1)

C'est génial !
대박인데!

오늘의 학습 내용을 확인해 보세요.

- 부정관사
- 만능 C'est 구문
- C'est + 형용사

STEP 1 — 프랑스어 진짜 맛보기

오늘 배울 내용을 예문으로 먼저 만나 보세요!

C'est génial !	대박인걸!
C'est quoi ?	이게 뭐야?
C'est un cadeau.	이건 선물이야.
C'est mignon.	이거 귀엽다.

MEMO

반복학습 체크체크
- MP3듣기 ○○○
- 따라읽기 ○○○

단어
- génial 훌륭한
- quoi 무엇
- cadeau 선물(n.m.)

프랑스 진짜 여행 떠나기!

챙겨 주고 싶은 친구의 생일이 다가왔다구요? 당장 선물을 준비해서 이렇게 말해 볼까요?
Bon anniversaire ! C'est un cadeau !

STEP 2 프랑스어 진짜 알아가기

▶ 저자 강의   🎧 13-02

📝 MEMO

1. 부정관사

관사는 뒤에 나오는 명사에 약간의 뉘앙스를 추가해 주는 역할을 해요. 관사는 총 세 가지가 있는데 오늘은 그중 부정관사에 대해 배워보도록 할게요.

부정관사		
남성단수	un	어떤, 한, 하나의 명사
여성단수	une	
복수	des	몇몇의 명사

모든 관사는 뒤에 나오는 명사에 성수일치 시켜야 해요. 부정관사는 주로 상대에게 처음 언급하는 명사 앞이나 정체가 명확하게 정해지지 않은 아무 명사 앞에 써요. 또 'un/une'는 숫자 1을 의미하기도 합니다.

un café	커피 한 잔 / (그냥 어떤 한) 커피
une pomme	사과 한 개 / (그냥 어떤 한) 사과
des cafés	커피 몇 잔
des pommes	사과 몇 개

📖 단어

café 커피(n.m.)
pomme 사과(n.f)

2. 만능 C'est 구문

사람이나 사물에 대해 이야기할 때 C'est를 사용해서 표현할 수 있어요. 영어의 It's처럼 자주 사용되는 만능 표현이랍니다.

C'est + 단수 명사	
이것은 ~입니다.	이 사람은 ~입니다.
C'est Lucas ?*	저 사람은 뤼까인가요?
C'est quoi ?	이게 뭐야?
C'est un cadeau.	이건 선물이에요.
C'est une bonne idée !	좋은 생각이야!

📖 단어

idée 생각(n.f.)

★ 사람의 이름을 지칭하거나 소개할 때는 il est / elle est 구문이 아닌 c'est 구문을 사용해요!

3. C'est + 형용사

'C'est + 형용사'를 사용해 사물이나 상황에 대한 감상이나 느낌을 표현할 수 있어요. 이때 형용사는 항상 남성 단수형으로 사용해요.

C'est + 남성 단수 형용사
(이거) ~해요.

C'est sympa.	(이거) 좋네요. / 분위기가 좋아요.
C'est gentil.	친절하시네요. (행동에 대한 칭찬*)
C'est super.	(이거) 최고예요.
C'est génial !	(이거) 대박인데!
Ce n'est pas cool.	(이거) 멋지지 않아.
C'est pas mal !	(이거) 나쁘지 않네!

잠깐!
부정문으로 만들 때 축약에 주의해 주세요. 또 일상 회화에서는 ne를 생략하고 C'est pas 형태로 자주 사용해요.

예) Ce ne est pas ❌   Ce n'est pas ⭕   C'est pas ⭕

MEMO

★ 주어를 Vous로 두면 상대가 여성인지 남성인지에 따라 뒤에 나오는 형용사도 성수일치가 이루어져야 했죠? 그냥 c'est 구문으로 표현하면 성수일치에 신경 쓸 필요가 없어요. 상대의 '행동'을 칭찬하는 게 되는 거죠!

STEP 3 프랑스어 진짜 즐기기
▶ 저자 강의   🎧 13-03   🎤 말하기 연습

아래 대화를 들으면서 오늘 배운 내용을 확인해 보세요.

Noah: Ah ! C'est quoi ?
아! 이게 뭐야?

Camille: C'est un cadeau. Bon anniversaire, Noah !
선물이야. 노아야, 생일 축하해!

Noah: C'est génial ! Merci beaucoup.
대박이다! 정말 고마워.

Camille: De rien.★
별거 아냐.

단어
rien 아무것도 아닌 일

★ 고맙다는 말을 들었을 때 그에 대한 대답으로 쓸 수 있는 표현이에요.

Jour 13

STEP 4 · 프랑스어 진짜 써먹기

나의 점수 ☐ / 10   정답 및 해석 p.05

1 성수일치에 주의하며 빈칸에 알맞은 부정관사를 적어 보세요.

1. _____ café

2. _____ pommes

3. _____ cadeau

4. _____ idée

2 제시된 문장을 프랑스어로 써 보세요.

1. 이거 멋지지 않아. ▶ _____

2. 이거 최고예요. ▶ _____

3. 친절하시네요. ▶ _____

4. 대박인걸! ▶ _____

3 다음 문장을 우리말로 해석해 보세요.

1. C'est une bonne idée ! ▶ _____

2. C'est pas mal ! ▶ _____

▶ 문제 해설 강의) 틀리거나 헷갈리는 문제는 문제 해설 강의로 복습하세요.
🎯 오늘의 Mission) 지금 여러분 주변에 있는 물건을 프랑스어로 설명하고 묘사해 보세요!

학습 종료

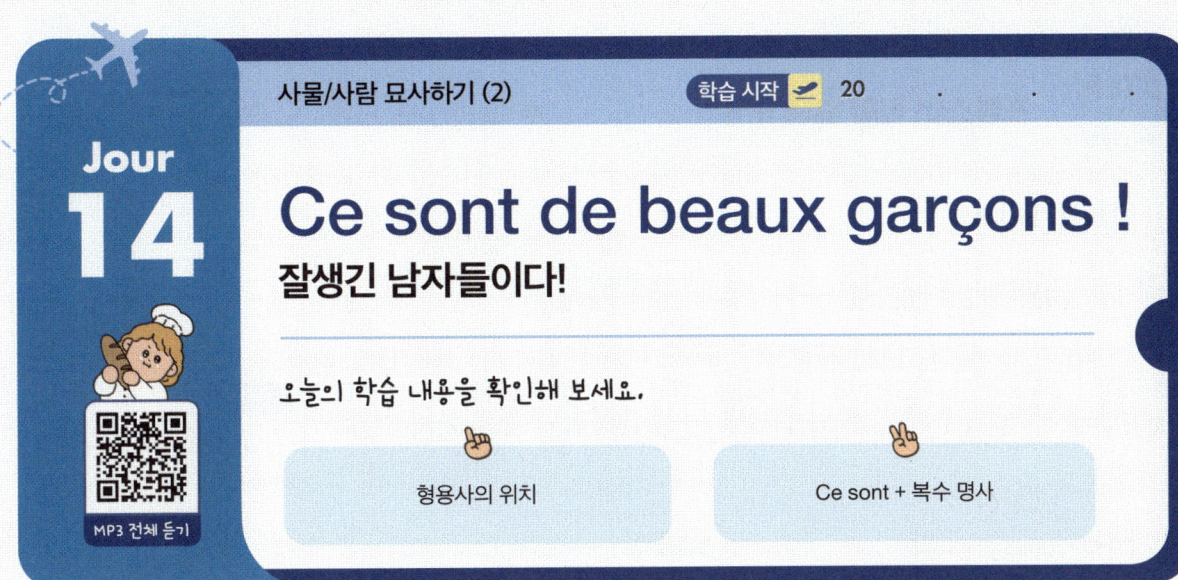

Jour 14

사물/사람 묘사하기 (2)

학습 시작 20 . .

Ce sont de beaux garçons !
잘생긴 남자들이다!

오늘의 학습 내용을 확인해 보세요.

- 형용사의 위치
- Ce sont + 복수 명사

전체 강의 | 질문게시판 | MP3

STEP 1 프랑스어 진짜 맛보기

저자 강의 | 14-01 | 말하기 연습

오늘 배울 내용을 예문으로 먼저 만나 보세요!

Ce sont de beaux garçons !	잘생긴 남자들이다!
Ce sont des cadeaux !	이건 선물들이야!
C'est un bon vin.	맛있는 와인이네.
C'est une jolie femme !	예쁜 여자다!

MEMO

✅ 반복학습 체크체크
- MP3듣기 ○─○─○
- 따라읽기 ○─○─○

📖 단어
- vin 와인(n.m.)
- joli(e) 예쁜
- femme 여자(n.f.)

프랑스 진짜 여행 떠나기!

여행 중 길을 가다 여러분의 마음에 드는 잘생기고 예쁜 사람들을 마주쳤나요? 그렇다면 놓치지 말고 친구에게 작게 속삭여 보자구요. Ce sont de beaux garçons ! C'est une jolie femme !

STEP 2 프랑스어 진짜 알아가기

▶ 저자 강의   🎧 14-02   ✏️ MEMO

1. 형용사의 위치

한국어나 영어와는 달리 프랑스어의 형용사는 원칙적으로 명사의 뒤에서 꾸며 줘요. 특히 색깔이나 국적을 나타내는 형용사 등은 반드시 명사 뒤에서 꾸며 줘요.

un garçon coréen	한국인 소년
un chocolat chaud	핫초코
un chat noir	검은 고양이

단어
- garçon 소년, 남자(n.m.)
- chaud 뜨거운
- chat 고양이(n.m.)
- noir 검은색의

그런데 예외적으로 명사의 앞에서 꾸며 주는 형용사가 존재해요. 주로 자주 쓰이면서 형태가 짧은 형용사들이랍니다. 이 형용사들은 뒤에 나오는 명사에 성수일치 시켜줘요.

grand grande	bon bonne	beau belle	jeune
큰	좋은, 맛있는	잘생긴, 아름다운	젊은, 어린
petit petite	mauvais mauvaise	joli jolie	vieux vieille
작은	나쁜	예쁜	늙은

une grande maison	큰 집
une petite chambre	작은 방
un bon vin	맛있는 와인
un mauvais homme	나쁜 남자
un beau garçon	잘생긴 남자
une jolie femme	예쁜 여자
une jeune fille	어린 소녀
un vieux chien	늙은 개

단어
- maison 집(n.f.)
- chambre 방(n.f.)
- homme 남자(n.m.)
- fille 소녀, 여자(n.f.)
- chien 개(n.m.)
- croissant 크루아상(n.m.)

잠깐!
형용사가 명사의 앞에서 꾸며줄 때는 주의해야 해요! 이때 관사 'des'는 'de'로 바꿔 주어야 합니다.

예) un bon croissant → des bons croissants ❌
    맛있는 크루아상 하나   de bons croissants ⭕
                            맛있는 크루아상 몇 개

2. Ce sont + 복수 명사

사람이나 사물에 대해 이야기할 때 C'est를 사용해서 표현할 수 있었죠. 그런데 C'est 구문의 복수 형태는 따로 존재해요. 바로 'Ce sont'이랍니다!

Ce sont + 복수 명사	
이것은 ~입니다.	이 사람은 ~입니다.

Ce sont Noah et Manon.*	저 사람들은 노아랑 마농이에요.
Ce sont de beaux garçons !	잘생긴 남자들이다!
Ce ne sont pas des filles coréennes.	저 사람들은 한국 여자들이 아니야.
Ce ne sont pas de bons croissants.	이건 맛있는 크루아상들이 아냐.

MEMO

★ 여러 사람의 이름을 지칭하거나 소개할 때 'ils sont / elles sont' 구문이 아닌 'ce sont' 구문을 사용해요.

STEP 3 프랑스어 진짜 즐기기

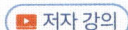 저자 강의   14-03  말하기 연습

아래 대화를 들으면서 오늘 배운 내용을 확인해 보세요.

Lucas: Voilà ! Ce sont des cadeaux !
자! 선물들이야!

Camille: Oh mon Dieu, c'est quoi ?
세상에, 이게 뭐야?

Lucas: Ce sont de jolies fleurs.
예쁜 꽃들이야.

Camille: C'est trop cool. Merci Lucas !
너무 멋지다. 고마워, 뤼까!

단어
voilà 자, 여기요
mon 나의
Dieu 신

STEP 4 프랑스어 진짜 써먹기

나의 점수 ⬜ / 10 정답 및 해석 p.05
✅ 정답 보기

1 제시된 우리말을 보고 알맞은 위치의 빈칸에 형용사를 넣어 보세요.

1. 검은 고양이 (noir) ▶ un _____ chat _____
2. 나쁜 남자 (mauvais) ▶ un _____ garçon _____
3. 핫초코 (chaud) ▶ un _____ chocolat _____
4. 작은 방 (petite) ▶ une _____ chambre _____

2 제시된 표현을 프랑스어로 써 보세요.

1. 어린 소녀 ▶ une _____
2. 큰 집 ▶ une _____
3. 늙은 개 ▶ un _____
4. 맛있는 와인 ▶ un _____

3 다음 문장에서 틀린 부분을 찾아 올바르게 고쳐 보세요.

1. Ce sont des beaux garçons ! ▶ _____
2. Ils sont Noah et Manon. ▶ _____

▶ 문제 해설 강의 틀리거나 헷갈리는 문제는 문제 해설 강의로 복습하세요.
🎯 오늘의 Mission 지금 여러분 주변에 있는 사람을 프랑스어로 설명하고 묘사해 보세요!

학습 종료 ✈

Jour 15

언어 실력 말하기   학습 시작 20 . .

Vous parlez français ?
프랑스어 할 줄 아세요?

오늘의 학습 내용을 확인해 보세요.

- 1군 동사 parler
- 부사의 위치
- 언어 실력 말하기

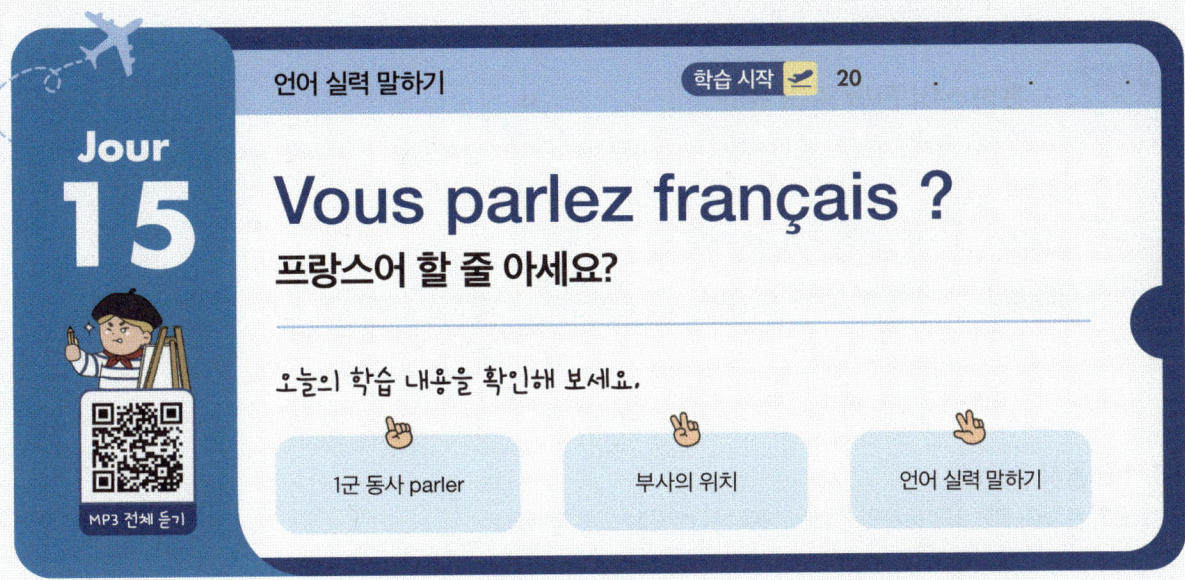

전체 강의 질문게시판 MP3

STEP 1 — 프랑스어 진짜 맛보기

저자 강의 15-01 말하기 연습

오늘 배울 내용을 예문으로 먼저 만나 보세요!

Vous parlez français* ?	프랑스어 할 줄 아세요?
Je parle français.	저는 프랑스어를 해요.
Je parle anglais et français.	저는 영어랑 프랑스어를 해요.
C'est trop bon !	이거 너무 맛있다!

MEMO

☑ 반복학습 체크체크

MP3듣기 ○○○
따라읽기 ○○○

📖 단어

parler 말하다
anglais 영어(n.m.)

★ 'français'라는 단어가 명사로 쓰일 경우 '프랑스인' 혹은 '프랑스어'라는 뜻을 가져요. 전자의 경우 f를 대문자로 쓰고, 후자의 경우 항상 남성 단수 형태로 쓴다는 점에 주의하세요!

프랑스 진짜 여행 떠나기!

혹시 한국에서 언어가 통하지 않아 도움이 필요한 프랑스인 여행객을 발견했다면 주저하지 말고 한번 물어보세요. Vous parlez français ? Je parle français !

STEP 2 프랑스어 진짜 알아가기

▶ 저자 강의 🎧 15-02   📝 MEMO

프랑스어의 모든 동사들은 크게 세 가지로 나눌 수 있어요. 아래 표와 같이 동사원형의 끝부분이 어떻게 끝나는지에 따라 구별 가능해요.

1군 동사	2군 동사	3군 동사
-er	-ir	불규칙

1. 1군 동사 parler

자, 오늘은 대표적인 1군 동사인 'parler' 동사를 배워 보도록 할게요.

parler 말하다	
je parle	nous parlons
tu parles	vous parlez
il/elle/on parle	ils/elles parlent*

★ 1군 동사의 변화형 '-ent'는 [엉]으로 발음되지 않아요. [으]라고 발음해 주세요.

잠깐!
'on'은 회화에서 'nous' 대신 자주 사용하는 주격 인칭 대명사예요. '우리'라는 뜻이지만 동사의 형태는 'il, elle'의 동사변화와 동일해요.

Vous **parlez** français ?	프랑스어 할 줄 아세요?
Je **parle** français.	저는 프랑스어를 해요.
Je **parle** anglais et français.	저는 영어와 프랑스어를 해요.
Elle **parle** anglais, japonais et* allemand.	그녀는 영어, 일본어, 독일어를 해요.

★ 여러 개를 나열할 때 'et'는 마지막에 붙여 줘요.

parler뿐만 아니라 모든 1군 동사는 '-er' 부분이 동일하게 바뀌어요. 한 번만 외워 두면 어떤 1군 동사가 와도 다 활용할 수 있겠죠?

2. 부사의 위치

1) 부사 + 형용사/부사

부사는 형용사나 다른 부사를 꾸며 줘요. 이때 부사는 그 앞에 위치해요.

C'est trop cool !	너무 멋진걸!
C'est très bon.	아주 맛있다.

2) 동사 + 부사
동사를 꾸며주는 경우 그 뒤에 위치해요.

Tu vas bien ?   잘 지내니?

3. 언어 실력 말하기
다양한 부사들을 활용해서 언어 실력을 묘사하는 표현들을 말해 보세요.

Vous **parlez** très bien français !   프랑스어를 엄청나게 잘하시네요!
Tu **parles** bien français !   너 프랑스어 잘한다!
Je **parle** un peu français.   저는 프랑스어 조금 해요.
Je ne **parle** pas très bien français.   저는 프랑스어를 매우 잘하진 않아요.
Il ne **parle** pas bien français.   그는 프랑스어를 잘하지 못해요.
On ne **parle** pas français.   우리는 프랑스어를 못 해요.

프랑스어 진짜 즐기기

아래 대화를 들으면서 오늘 배운 내용을 확인해 보세요.

 Lucas
Tu parles très bien coréen !
너 한국어 엄청 잘한다!

 Manon
Bah oui ! Je suis coréenne !
당연하지! 나 한국인인데.

 Lucas
Quoi ? Mais tu n'es pas française ?
뭐? 너 프랑스인 아니야?

 Manon
Je parle bien français mais je suis coréenne !
내가 프랑스어를 잘하긴 하지만 나 한국인이야.

단어
bah 설마(감탄사)

STEP 4 프랑스어 진짜 써먹기

나의 점수 ☐ / 10   정답 및 해석 p.05
✅ 정답 보기

1 제시된 주어에 맞춰 parler 동사의 동사변형을 적어 보세요.

주어	동사변형	주어	동사변형
Je	1.	Nous	2.
Ils	3.	Vous	4.

2 제시된 우리말을 보고 적절한 부사를 보기에서 찾아, 알맞은 위치의 빈칸에 넣어 보세요.

보기	trop	très	bien

1. 너무 멋져요! ▶ C'est _____ cool _____ !

2. 아주 맛있어요! ▶ C'est _____ bon _____ !

3. 잘 지내니? ▶ Tu _____ vas _____ ?

3 다음 문장을 프랑스어로 써 보세요. (복수 정답 가능)

1. 저는 프랑스어를 조금 해요. ▶ _____

2. 그는 프랑스어를 잘하지 못해요. ▶ _____

3. 우리는 프랑스어를 못 해요. ▶ _____

▶ 문제 해설 강의) 틀리거나 헷갈리는 문제는 문제 해설 강의로 복습하세요.

🎯 오늘의 Mission) 누군가가 'Vous parlez français ?'라고 물어볼 때 예상 답변을 3번 말해 보세요.

학습 종료 ✈

Jour 16

거주지 말하기   학습 시작 ✈ 20 . . .

J'habite à Paris.
나는 파리에 살아요.

오늘의 학습 내용을 확인해 보세요.

- 1군 동사 habiter
- 의문사 où
- à + 도시 명사

▶ 전체 강의 ❓ 질문게시판 🎧 MP3

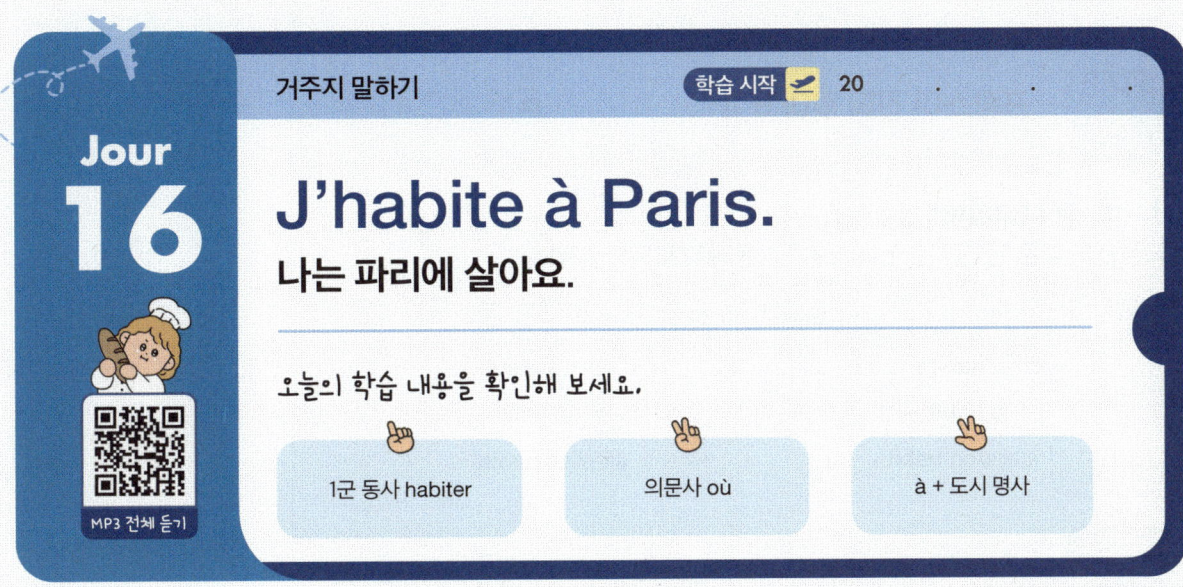

STEP 1 프랑스어 진짜 맛보기   ▶ 저자 강의 🎧 16-01 🎤 말하기 연습

오늘 배울 내용을 예문으로 먼저 만나 보세요!

Vous habitez où ?	당신은 어디에 사나요?
J'habite à Paris.	나는 파리에 살아요.
Tu es où ?	너 어디야?
Je suis à Séoul.	나는 서울에 있어.

📝 MEMO

☑ 반복학습 체크체크
MP3듣기 ○─○─○
따라읽기 ○─○─○

📖 단어
habiter 거주하다
où 어디
à ~에

🏛 **프랑스 진짜 여행떠나기!**

여러분은 어느 도시에 가 보고 싶나요? 여러분이 가고 싶은 도시들을 프랑스어로는 어떻게 발음하는지 미리 찾아보고 준비해 보도록 해요.

STEP 2 프랑스어 진짜 알아가기

▶ 저자 강의 🎧 16-02

1. 1군 동사 habiter

오늘은 또 다른 1군 동사인 'habiter' 동사를 배워 보도록 할게요.

habiter 거주하다	
j'habite	nous habitons
tu habites	vous habitez
il/elle/on habite	ils/elles habitent

잠깐!
habiter 동사는 h로 시작하기 때문에 j'habite로 축약해 주어야 해요. 모음이나 무음 h로 시작하는 동사는 j'로 축약해 줘야 한다는 것 기억나죠?

| Vous habitez où ? | 당신은 어디 사시나요? |
| Tu habites où ? | 너는 어디 살아? |

2. 의문사 où

의문사 où는 영어의 where와 마찬가지로 '어디'라는 뜻을 가지고 있어요. 의문사가 포함된 의문문은 크게 세 가지 방법으로 말할 수 있어요.

주어(S)는 어디에서 동사(V) 하나요?	
1) 억양으로 물어보기	S + V + où ?
2) 의문사 + est-ce que	Où est-ce que + S + V ?
3) 동사-주어 도치	Où + V + S ?

Tu es où ?	너 어디야?
Où est-ce qu'il habite ?	그는 어디에 사나요?
Où habitez-vous ?	당신은 어디 사시나요?

3. à + 도시 명사

'~도시에(서)'라고 표현할 때에는 전치사 'à'의 도움을 받아요.

à + 도시		
à Séoul 서울에(서)	à Paris 파리에(서)	à Londres 런던에(서)
à NewYork 뉴욕에(서)	à Rome 로마에(서)	à Berlin 베를린에(서)

Je suis **à Séoul** maintenant.	나는 지금 서울에 있어.
J'habite **à Paris**.	나는 파리에 살아요.
Tu habites **à Londres** ?	너는 런던에서 살아?

MEMO

단어
maintenant 지금

프랑스어 진짜 즐기기

저자 강의 16-03 말하기 연습

아래 대화를 들으면서 오늘 배운 내용을 확인해 보세요.

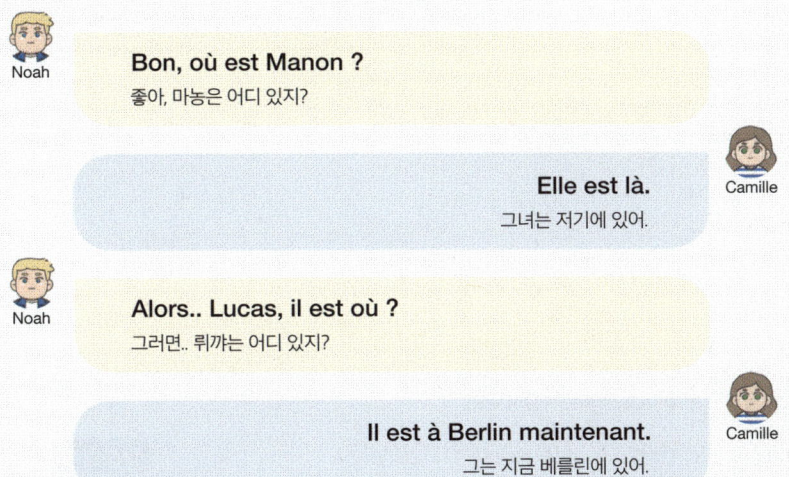

Noah: Bon, où est Manon ?
좋아, 마농은 어디 있지?

Camille: Elle est là.
그녀는 저기에 있어.

Noah: Alors.. Lucas, il est où ?
그러면.. 뤼꺄는 어디 있지?

Camille: Il est à Berlin maintenant.
그는 지금 베를린에 있어.

단어
là 여기, 저기

STEP 4 프랑스어 진짜 써먹기   나의 점수 ☐ / 10   정답 및 해석 p.05
✅ 정답 보기

1 제시된 주어에 맞춰 habiter 동사의 동사변형을 적어 보세요.

주어	동사변형	주어	동사변형
Je(J')	1.	On	2.
Tu	3.	Vous	4.

2 제시된 우리말을 보고 빈칸에 알맞은 단어를 채워 보세요.

1. 그녀는 어디에 사나요? ▶ _____ est-ce qu'elle _____ ?

2. 나는 지금 베를린이야. ▶ Je suis _____ Berlin _____ .

3. 너는 런던에서 살아? ▶ Est-ce que tu _____ _____ _____ ?

3 다음 문장을 세 가지 형태의 프랑스어 의문문으로 써 보세요.

> 당신은 어디에 사시나요?

1. _____
2. _____
3. _____

▶ 문제 해설 강의   틀리거나 헷갈리는 문제는 문제 해설 강의로 복습하세요.
🎯 오늘의 Mission   Vous habitez où ? 이 질문에 대해 프랑스어로 소리 내어 대답해 보세요.   학습 종료

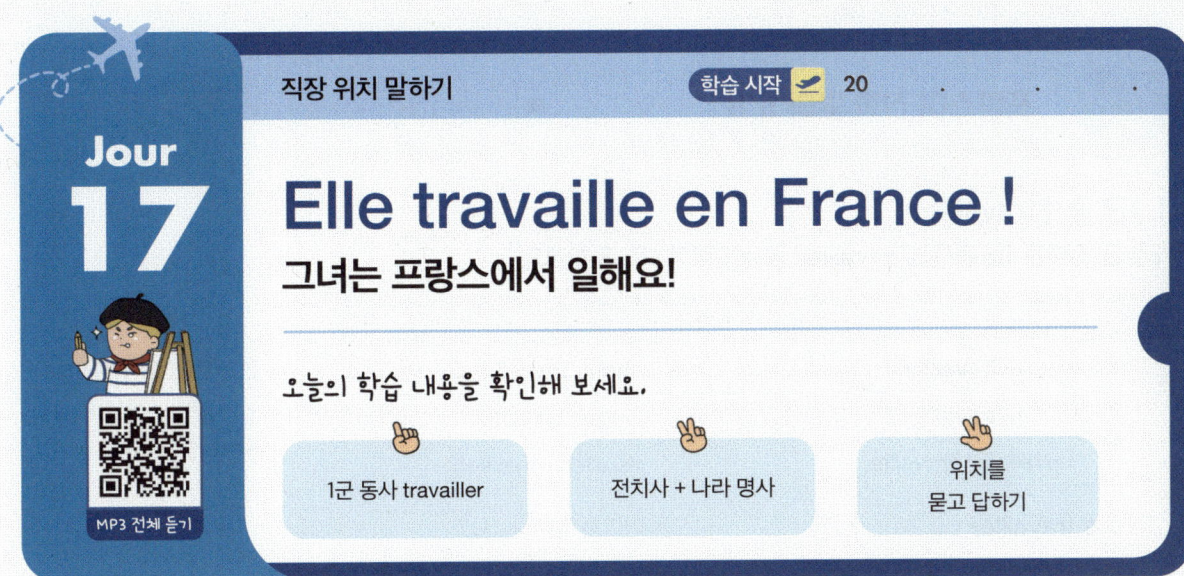

Jour 17

직장 위치 말하기   학습 시작 20

Elle travaille en France !
그녀는 프랑스에서 일해요!

오늘의 학습 내용을 확인해 보세요.

- 1군 동사 travailler
- 전치사 + 나라 명사
- 위치를 묻고 답하기

전체 강의 | 질문게시판 | MP3

STEP 1 프랑스어 진짜 맛보기

저자 강의 | 17-01 | 말하기 연습

오늘 배울 내용을 예문으로 먼저 만나 보세요!

Vous travaillez où ?	당신은 어디서 일하시나요?
Je travaille à Paris.	나는 파리에서 일해요.
Je ne travaille pas.	저는 일을 안 해요.
Elle travaille en France !	그녀는 프랑스에서 일해요!

MEMO

☑ 반복학습 체크체크
- MP3듣기 ○-○-○
- 따라읽기 ○-○-○

📖 단어
- travailler 일하다

프랑스 진짜 여행 떠나기!

여러분은 어느 나라에 가 보고 싶나요? 여러분이 가고 싶은 나라들을 프랑스어로는 어떻게 발음하는지 미리 찾아보고 준비해 보도록 해요!

STEP 2 · 프랑스어 진짜 알아가기

🎬 저자 강의   🎧 17-02

📝 MEMO

1. 1군 동사 travailler

오늘은 또 다른 1군 동사인 'travailler' 동사를 배워 보도록 할게요.

travailler 일하다	
je travaille★	nous travaillons
tu travailles	vous travaillez
il/elle/on travaille	ils/elles travaillent

Vous travaillez où ?	당신은 어디서 일하시나요?
Tu travailles maintenant ?	너 지금 일하는 중이니?
Je ne travaille pas.	나는 일하지 않아요.

★ [으] 발음은 너무 약해서 빠르게 발음하는 실제 회화에서는 거의 들리지 않아요.

2. 전치사 + 나라 명사

프랑스어에서는 국가 이름에도 성수가 존재해요. '~나라에(서)'라고 표현할 때 각 나라의 성수에 맞는 전치사를 사용해야 한답니다.

en + 여성 국가	au + 남성 국가	aux + 복수형 국가	en + 모음으로 시작하는 국가★
en Corée 한국에(서)	au Japon 일본에(서)	aux États-Unis 미국에(서)	en Allemagne 독일에(서)
en France 프랑스에(서)	au Canada 캐나다에(서)	aux Pays-Bas 네덜란드에(서)	en Espagne 스페인에(서)
en Chine 중국에(서)	au Mexique 멕시코에(서)		en Italie 이탈리아에(서)

★ 모음으로 시작하는 국가들을 발음할 때는 꼭 연음에 주의해야 해요.

남성 국가와 여성 국가를 구분하는 방법은 쉬워요. 단어의 마지막이 '-e'로 끝난다면 여성 국가예요. 아 참! 멕시코는 e로 끝나지만 예외적으로 남성 국가이니 체크해 두세요.

Tu es aux États-Unis ?	너는 미국에 있니?
Je suis en Corée.	나는 한국에 있어요.
Elle travaille en France.	그녀는 프랑스에서 일해요.

3. 위치를 묻고 답하기

Tu es où maintenant ? 너는 지금 어디에 있니?

- Je suis en Corée, à Séoul. 나는 한국의 서울에 있어.

Vous travaillez où ? 당신은 어디서 일하시나요?

- Je travaille en Allemagne en ce moment. 저는 요즘 독일에서 일해요.

MEMO

단어

en ce moment 요즘

아래 대화를 들으면서 오늘 배운 내용을 확인해 보세요.

 Manon

Lucas, tu es en Allemagne ?
뤼꺄, 너 독일이니?

 Lucas

Oui, je suis à Berlin.
응, 나 지금 베를린이야.

 Manon

Tu travailles maintenant ?
너 지금 일하고 있어?

 Lucas

Oui, c'est un voyage d'affaires !
응, 이거 출장이거든!

단어

voyage d'affaires
출장(n.m.)

STEP 4 프랑스어 진짜 써먹기

나의 점수 ☐ / 10   정답 및 해석 p.06
✓ 정답 보기

1 제시된 주어에 맞춰 travailler 동사의 동사변형을 적어 보세요.

주어	동사변형	주어	동사변형
Tu	1.	Vous	2.
Ils	3.	Nous	4.

2 빈칸에 알맞은 전치사를 채워 보세요.

1. _____ Corée

2. _____ Italie

3. _____ États-Unis

4. _____ Mexique

3 다음 문장을 프랑스어로 써 보세요.

1. 저는 요즘 독일에서 일해요. ▶ _____

2. 그는 지금 캐나다에 있어요. ▶ _____

▶ 문제 해설 강의 틀리거나 헷갈리는 문제는 문제 해설 강의로 복습하세요.

🎯 오늘의 Mission Vous travaillez où ? 이 질문에 대해 프랑스어로 소리 내어 대답해 보세요.

학습 종료 ✈

4 ■ 프랑스어 진짜학습지 첫걸음

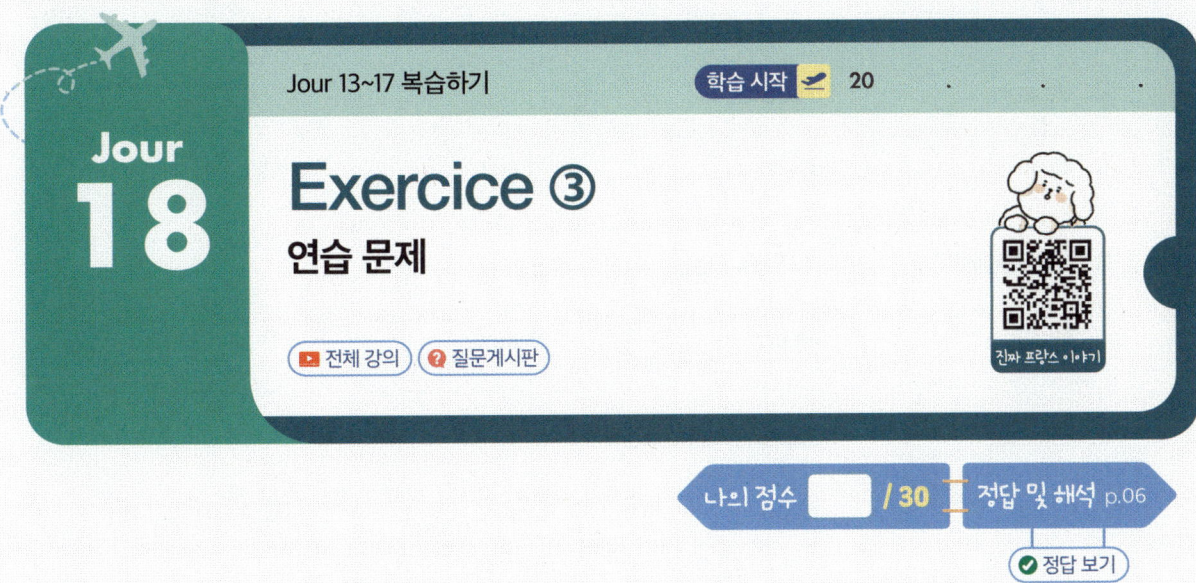

Jour 18

Exercice ③
연습 문제

Jour 13~17 복습하기

1. 제시된 동사를 각 인칭 대명사에 맞게 변형시켜 보세요.

동사	인칭 대명사	동사변형
travailler	Je	1.
parler	Tu	2.
habiter	Nous	3.
travailler	Elles	4.
habiter	On	5.

2. 제시된 우리말에 해당하는 단어를 프랑스어로 적어 보세요.

프랑스어	1.	영어	2.
한국어	3.	독일어	4.
일본어	5.		

3. 제시된 빈칸에 들어갈 수 있는 어휘를 고르세요.

1. Vous habitez _____ France ?

　❶ au　　　❷ en　　　❸ aux　　　❹ à

2. Je suis _____ Séoul.

   ① au   ② en   ③ aux   ④ à

3. Il travaille _____ Pays-Bas.

   ① au   ② en   ③ aux   ④ à

4. Elle est _____ Japon maintenant ?

   ① au   ② en   ③ aux   ④ à

5. Tu es _____ Espagne en ce moment ?

   ① au   ② en   ③ aux   ④ à

4 제시된 우리말을 보고 빈칸에 알맞은 단어를 채워 보세요.

1. 잘생긴 소년   ▶ un _____ _____

2. 맛있는 와인   ▶ un _____ _____

3. 검은 고양이   ▶ un _____ _____

4. 늙은 개   ▶ un _____ _____

5 다음 문장에서 틀린 부분을 찾아 올바르게 고쳐 보세요.

1. C'est gentille !

   ▶ _____

2. Ce sont des bons croissants.

   ▶ _____

3. Il est Noah.

   ▶ _____

6 제시된 우리말을 보고 빈칸에 알맞은 단어를 채워 보세요. (복수 정답 가능)

1. 예쁜 집이다! ▶ C'est une _____ maison !

2. 저 사람들은 노아랑 마농이에요. ▶ _____ _____ Noah et Manon.

3. 저는 프랑스어를 엄청나게 잘해요. ▶ Je parle _____ _____ français.

4. 그는 지금 로마에 있어요. ▶ Il est _____ _____ maintenant.

5. 그녀는 중국에서 일하지 않아요. ▶ Elle ne _____ pas _____ _____ .

7 다음 문장을 프랑스어로 써 보세요. (복수 정답 가능)

1. 좋은 생각이야!

   ▶ _____

2. 잘생긴 남자들이다!

   ▶ _____

3. 프랑스어 할 줄 아세요?

   ▶ _____

쉬어가기

마리 앙투아네트는 정말 빵이 없으면 케이크를 먹으라고 했을까요?

프랑스 루이 16세의 왕비였던 마리 앙투아네트는 사치스러운 삶을 살며 백성들을 무시했다고 알려져 있죠! 특히 먹을 빵이 없다는 농부들의 말에 마리 앙투아네트가 아래와 같이 대답했다는 이야기는 매우 유명해요.

Qu'ils mangent de la brioche !   그들이 브리오슈를 먹으면 되는 것을 !

그런데 사실 이 이야기는 거짓말이랍니다. 실제로 마리 앙투아네트는 이전 왕족들에 비해 상당히 절제하는 편이었다고 해요. 그렇다면 이 이야기는 도대체 어디서 나온 것일까요?

이 이야기의 시작은 프랑스 계몽주의 철학자 '장자크 루소'의 회고록인 '참회록'인데요. 루소는 이 책에서 어떤 한 공주의 이야기를 하는데요, 먹을 빵이 없다는 백성들의 말을 듣고 그녀가 "그렇다면 브리오슈를 먹이자!"라고 말한 것을 루소가 떠올리는 장면이 잠시 나온답니다. 그런데 이 책을 읽은 사람들 중 누군가가 그 말을 한 주인공이 바로 마리 앙투아네트라는 모함을 만들어 낸 것이죠.

그런데 사실은 저 말을 했다고 추측되는 여성 또한 백성들을 불쌍하게 여기는 마음을 담아 '브리오슈라도 주어야 하는 것이 아닐까~'라고 말한 것이라고 해요.

그러니 이 이야기에서 제대로 된 진실은 하나도 없었던 거예요! 마치 루머의 루머의 루머같은 이야기랍니다.

Tip!
brioche 브리오슈, 빵

▶ 문제 해설 강의   틀리거나 헷갈리는 문제는 문제 해설 강의로 복습하세요.

🎯 오늘의 Mission   여러분은 몇 개 국어를 할 수 있나요? 지금 사는 곳은 어디인가요? 프랑스어로 자기소개를 준비해서 큰 소리로 연습해 보세요.

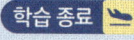

Jour 19

좋아하는 것 말하기 (1)

Tu aimes le chocolat ?
너는 초콜릿을 좋아하니?

오늘의 학습 내용을 확인해 보세요.

- 정관사
- 1군 동사 aimer

STEP 1 프랑스어 진짜 맛보기

오늘 배울 내용을 예문으로 먼저 만나 보세요!

Tu aimes le chocolat ?	너는 초콜릿을 좋아하니?
Vous aimez les chiens ?	강아지 좋아하세요?
C'est la tour Eiffel !	저게 바로 에펠탑이군요!
C'est le sac de Zoé.	이건 조에의 가방이에요.

MEMO

☑ 반복학습 체크체크
- MP3듣기 ○─○─○
- 따라읽기 ○─○─○

📖 단어
- aimer 좋아하다
- chien 강아지, 개(n.m.)
- de ~의

프랑스 진짜 여행 떠나기!

프랑스인 친구와 친해지는 방법이요? 바로 상대의 취향을 조사하는 거죠! 초콜릿을 하나 사서 친해지고 싶은 친구에게 이렇게 물어보세요. Tu aimes le chocolat ?

STEP 2 프랑스어 진짜 알아가기

▶ 저자 강의 🎧 19-02

📝 MEMO

1. 정관사

정관사		
남성단수	le	
여성단수	la	그 명사
복수	les	

정관사는 정확하게 무엇을 지칭하는지 '정해져 있는' 관사예요. 일반적으로 대화하는 모두가 **무엇을 말하는지 아는 명사** 앞에 써요. 영어의 'the'와 비슷하답니다. 더 자세하게 알아볼게요.

1) 이미 언급한 명사 앞

Le garçon est vraiment drôle. 그 남자애는 정말 웃겨요.

La maison est un peu petite. 그 집은 조금 작아요.

> **잠깐!**
> 정관사의 단수형태인 'le, la'는 뒤에 모음이나 무음 h로 시작되는 단어가 오면 l' 형태로 축약돼요.
> 예) Le homme ✗ → L'homme ⭕ 그 남자
>   La histoire ✗ → L'histoire ⭕ 그 이야기

📖 **단어**
histoire 이야기(n.f.)

2) 일반적이고 총체적인 의미일 때

Les chats sont mignons. (일반적으로 모든) 고양이는 귀여워요.

Les Parisiens sont chics. (일반적으로 모든) 파리 사람들은 시크해요.

3) 유일한 명사 앞 : 나라 이름, 기념물

La France est grande ! 프랑스는 커요!

C'est la tour Eiffel. 저게 바로 에펠탑이에요.

4) 무엇을 지칭하는지 분명할 때

C'est le sac de Zoé ! 이건 조에의 가방이에요!

C'est le téléphone de Lucas. 이건 뤼까의 핸드폰이야.

2. 1군 동사 aimer

오늘은 또 다른 1군 동사 'aimer' 동사를 배워보도록 할게요.

aimer 좋아하다	
j'aime	nous aimons
tu aimes	vous aimez
il/elle/on aime	ils/elles aiment

취향을 이야기할 때 'aimer' 동사 뒤에는 정관사 'le, la, les'를 사용해요. 취향은 일반적이고 총체적인 의미의 명사를 쓰기 때문이죠!

Tu aimes le chocolat ?   너는 초콜릿을 좋아하니?
Vous aimez les chiens ?   강아지 좋아하세요?
Je n'aime pas le lait.   저는 우유를 좋아하지 않아요.

> **잠깐!**
> 취향을 이야기할 때 셀 수 있는 명사는 복수형인 'les'로, 셀 수 없는 명사는 단수형인 'le, la'로 이야기해요.

STEP 3 프랑스어 진짜 즐기기

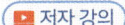 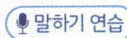

아래 대화를 들으면서 오늘 배운 내용을 확인해 보세요.

 Camille: Est-ce que tu aimes les desserts ?
너 디저트 좋아해?

 Noah: Oui. J'aime les macarons.
응, 나는 마카롱을 좋아해.

 Camille: Alors, tu aimes aussi les bonbons ?
그러면, 너 사탕도 좋아해?

 Noah: Non, je n'aime pas.
아니, 좋아하지 않아.

단어
dessert 디저트 (n.m.)
macaron 마카롱 (n.m.)
aussi ~도 또한
bonbon 사탕 (n.m.)

STEP 4 프랑스어 진짜 써먹기

나의 점수 ☐ / 10 정답 및 해석 p.06

✅ 정답 보기

1 제시된 주어에 맞춰 aimer 동사의 동사변형을 적어 보세요.

주어	동사변형	주어	동사변형
Tu	1.	Vous	2.
Ils	3.	Nous	4.

2 빈칸에 알맞은 정관사를 적어 보세요.

보기: le | la | les | l'

1. _____ France

2. _____ histoire

3. _____ chats

4. _____ homme

3 다음 문장을 프랑스어로 써 보세요.

1. 그 남자애는 정말 웃겨요. ▶ _____

2. 그 집은 조금 작아요. ▶ _____

▶ 문제 해설 강의 | 틀리거나 헷갈리는 문제는 문제 해설 강의로 복습하세요.

🎯 오늘의 Mission | 여러분이 어떤 걸 좋아하고 어떤 것은 좋아하지 않는지 프랑스어로 연습해 보세요.

학습 종료

Jour 20 식습관 말하기 (1)

Je ne mange pas de poisson.
저는 생선을 안 먹어요.

오늘의 학습 내용을 확인해 보세요.

- 부분관사
- 1군 동사 manger
- 부정의 de

STEP 1 프랑스어 진짜 맛보기

오늘 배울 내용을 예문으로 먼저 만나 보세요!

Vous mangez de la coriandre ?	고수 드시나요?
Je mange du poisson.	저는 생선을 먹어요.
Je ne mange pas de poisson.	저는 생선을 안 먹어요.
Nous mangeons des fruits.	우리는 과일을 먹어요.

MEMO

☑ 반복학습 체크체크
- MP3듣기 ○─○─○
- 따라읽기 ○─○─○

📖 단어
- manger 먹다
- coriandre 고수 (n.f.)
- poisson 물고기 (n.m.)
- fruit 과일 (n.m.)

프랑스 진짜 여행 떠나기!

여러분은 어떤 음식을 좋아하시나요? 프랑스 요리의 핵심은 철에 따라 계절감을 살린 신선한 재료로 만든다는 거예요! 육류, 어류, 과일과 야채 등 여러분이 좋아하는 재료의 프랑스어 표현을 미리 알아보고 멋진 식도락 여행을 준비해 볼까요?

STEP 2. 프랑스어 진짜 알아가기

🎬 저자 강의 🎧 20-02

📝 MEMO

1. 부분관사

부분관사		
남성단수	du	명사 **좀**
여성단수	de la	**조금의** 명사

부분관사는 영어의 'some'과 비슷한 관사예요. 주로 **추상적인 명사** 혹은 **셀 수 없는 명사**의 앞에서 쓰여요.* 특히 **음료**나 **음식** 앞에서 주로 사용하죠. 이때 '조금'은 '적다'라는 뜻의 '조금'이 아닌 '일정한 양'을 의미해요.

셀 수 없는 명사	du café 커피 조금	du vent 바람 조금
	de l'argent 약간의 돈	du sucre 설탕 조금
추상명사	du courage 용기	de la chance 기회, 행운

> **잠깐!**
> 부분관사의 단수 형태인 'du, de la'는 뒤에 모음이나 무음 h로 시작되는 단어가 오면 **de l'** 형태로 축약돼요.
>
> 예) du argent ❌ → de l'argent ⭕ 약간의 돈
>   de la eau ❌ → de l'eau ⭕ 물 좀

관사의 핵심은 뉘앙스! 세 가지 관사의 뉘앙스 차이를 구분할 수 있다면 충분해요.

부정관사	un pain	(어떤) 빵 하나
정관사	le pain	그 빵 / 빵이라는 것
부분관사	du pain	빵 좀

2. 1군 동사 manger

manger 먹다	
je mang**e**	nous mang**eons**
tu mang**es**	vous mang**ez**
il/elle/on mang**e**	ils/elles mang**ent**

> **잠깐!**
> manger와 같이 '-ger'로 끝나는 1군 동사는 주어가 'nous'일 때, 'g → ge'로 바꾸고 '-ons'를 붙여 줘요.*

★ 부분관사는 셀 수 있는 명사 앞에서도 쓰일 수 있어요. 이때는 전체 중 한 부분을 의미해요.
ex) du melon 멜론 좀

📖 **단어**
vent 바람(n.m.)
argent 돈, 은(n.m.)
chance 기회(n.f.)

★ 알파벳 'g'는 모음 'o, a, u'와 만나면 발음이 [고], [갸], [귀]로 바뀌었던 것 기억나시죠? 원래 발음을 최대한 유지하기 위해 바꿔 주는 거랍니다.

Tu **manges** de la viande ? 너는 고기를 먹니?

Vous **mangez** de la coriandre ? 고수 드시나요?

Nous **mang**e**ons** des fruits et des légumes. 우리는 과일과 야채를 먹어요.

> **단어**
> viande 고기(n.f.)
> légume 야채(n.m.)

3. 부정의 de

부정관사 'un, une, des'와 부분관사 'du, de la'는 부정형 'pas' 뒤에서 항상 'de'로 바뀌어요. 이를 부정의 de라고 합니다.

나는 생선을 먹는다.	나는 생선을 먹지 않는다.
Je mange du poisson. →	Je ne mange pas de poisson. ⭕ Je ne mange pas du poisson. ❌

잠깐!
정관사 'le, la, les'는 de로 바뀌지 않아요.
예) J'aime le chocolat. 나는 초콜릿을 좋아한다.
　　Je n'aime pas le chocolat. 나는 초콜릿을 좋아하지 않는다.

STEP 3 프랑스어 진짜 즐기기 (저자 강의) (20-03) (말하기 연습)

아래 대화를 들으면서 오늘 배운 내용을 확인해 보세요.

Camille: Tu manges de la coriandre ?
너는 고수를 먹니?

Noah: Oui. J'aime la coriandre ! Et toi ?
응, 나는 고수 좋아해. 넌?

Camille: Je ne mange pas de coriandre.
나는 고수를 안 먹어.

Noah: Ah, tu n'aimes pas les légumes !
아, 넌 야채를 좋아하지 않는구나.

> **단어**
> toi 너 (강세형 인칭대명사)

STEP 4 프랑스어 진짜 써먹기

나의 점수 ☐ / 10   정답 및 해석 p.07

● 정답 보기

1 제시된 주어에 맞춰 manger 동사의 동사변형을 적어 보세요.

주어	동사변형	주어	동사변형
Je	1.	Nous	2.
Vous	3.	Elles	4.

2 빈칸에 알맞은 부분관사를 적어 보세요.

| 보기 | du | de la | de l' |

1. _____ sucre

2. _____ eau

3. _____ vent

4. _____ chance

3 다음 문장을 우리말로 해석해 보세요.

1. Je ne mange pas de coriandre.
   ▶ _____

2. Vous aimez les légumes ?
   ▶ _____

▶ 문제 해설 강의 틀리거나 헷갈리는 문제는 문제 해설 강의로 복습하세요.

🎯 오늘의 Mission 여러분이 먹지 않는 음식, 마시지 않는 음료 등을 사전에서 찾아 프랑스어로 말해 보세요.

학습 종료 🛬

Jour 21

식습관 말하기 (2)   학습 시작 ✈ 20 . . .

Je déteste les carottes !
나는 당근이 싫어요!

오늘의 학습 내용을 확인해 보세요.

 프랑스의 과일과 야채들

 호불호를 나타내는 동사 adorer & détester

 ~빼 주세요!

▶ 전체 강의   ❓ 질문게시판   🎧 MP3

 프랑스어 진짜 맛보기   ▶ 저자 강의   🎧 21-01   🎤 말하기 연습

📝 MEMO
☑ 반복학습 체크체크
- MP3듣기 ○○○
- 따라읽기 ○○○

📋 단어
- concombre 오이 (n.m.)
- détester 몹시 싫어하다
- carotte 당근 (n.f.)
- adorer 몹시 좋아하다

오늘 배울 내용을 예문으로 먼저 만나 보세요.

Pas de coriandre, s'il vous plaît.	고수는 빼 주세요.
Pas de concombre, s'il vous plaît.	오이는 빼 주세요.
Je déteste les carottes !	나는 당근이 싫어요!
J'adore !	완전 좋아요!

프랑스 진짜 여행 떠나기!

여러분이 못 먹는 음식은 무엇인가요? 프렌치 레스토랑에서 너무 맛보고 싶은 메뉴가 있는데 재료 중 못 먹는 것이 있다면? 당당하게 요구해 보세요. "이거 빼 주세요!"

STEP 2 프랑스어 진짜 알아가기

🎬 저자 강의 🎧 21-02

📝 MEMO

1. 프랑스의 과일과 야채들

les fruits 과일들			
pêche 복숭아(n.f.)	melon 메론(n.m.)	citron 레몬(n.m.)	orange 오렌지(n.f.)
pomme 사과(n.f.)	fraise 딸기(n.f.)	banane 바나나(n.f.)	cerise 체리(n.f.)

★ 과일과 야채 관련 단어 앞에 'un, une'를 붙여 암기하면 명사의 성을 더 쉽게 외울 수 있어요.

les légumes 야채들			
carotte 당근(n.f.)	aubergine 가지(n.f.)	concombre 오이(n.m.)	oignon 양파(n.m.)
ail 마늘(n.m.)	champignon 버섯(n.m.)	pomme de terre 감자(n.f.)	poireau 대파(n.m.)

2. 호불호를 나타내는 동사 adorer & détester

ador**er** 매우 좋아하다, 열광하다		détest**er** (몹시) 싫어하다★	
j'ador**e**	nous ador**ons**	je détest**e**	nous détest**ons**
tu ador**es**	vous ador**ez**	tu détest**es**	vous détest**ez**
il/elle/on ador**e**	ils/elles ador**ent**	il/elle/on détest**e**	ils/elles détest**ent**

aimer 동사 뒤에 정관사 'le, la, les'를 썼던 것과 마찬가지로 호불호를 나타내는 동사 뒤에도 정관사를 사용해요.

J'**adore** les pêches !	나는 복숭아를 매우 좋아해요!
Je **déteste** les carottes.	나는 당근을 정말 싫어해요.
On **adore** les fraises.	우리는 딸기를 매우 좋아해요.
Je **n'aime pas** les pommes.	나는 사과를 좋아하지 않아.

★ 'détester'는 사실 '몹시 싫어하다'라는 뜻을 가지고 있어요. 뉘앙스가 강해서 일상에서 무언가를 싫어한다고 할 때는 'détester'보다 'ne pas aimer'로 표현하는 게 더 자연스러워요!

3. ~빼 주세요!

Pas de _____ , s'il vous plaît.*
~는 빼 주세요.

Pas de concombre, s'il vous plaît.	오이는 빼 주세요.
Pas de coriandre, s'il vous plaît.	고수는 빼 주세요.
Pas d'oignon, s'il vous plaît.	양파는 빼 주세요.
Pas d'aubergine, s'il vous plaît.	가지는 빼 주세요.

> **MEMO**
> ★ 서로 tu라고 부르는 친한 사람에게 부탁할 때는 's'il te plaît'라고 해요.

STEP 3 프랑스어 진짜 즐기기

저자 강의 · 21-03 · 말하기 연습

아래 대화를 들으면서 오늘 배운 내용을 확인해 보세요.

Manon: Pas de concombre, s'il te plaît.
오이는 빼 줄래?

Lucas: Tu n'aimes pas les concombres ?
넌 오이를 안 좋아해?

Manon: Non, je déteste les concombres.
응, 난 오이 정말 싫어해.

Lucas: D'accord, pas de concombre.
알겠어, 오이 없이.

Jour 21

STEP 4 프랑스어 진짜 써먹기

나의 점수 ☐ / 10   정답 및 해석 p.07

✅ 정답 보기

1 제시된 주어에 맞춰 각 동사의 알맞은 동사변형을 적어 보세요.

동사	주어	동사변형
adorer	Je(J')	1.
détester	Nous	2.
adorer	Vous	3.
détester	Tu	4.

2 프랑스어 단어와 우리말 뜻을 짝지어 보세요.

1. fraise •   • ⓐ 감자

2. aubergine •   • ⓑ 레몬

3. pomme de terre •   • ⓒ 가지

4. citron •   • ⓓ 딸기

3 다음 문장을 프랑스어로 써 보세요.

1. 고수는 빼 주세요.
   ▶ _____

2. 저는 당근을 매우 싫어해요.
   ▶ _____

▶ 문제 해설 강의 틀리거나 헷갈리는 문제는 문제 해설 강의로 복습하세요.

🎯 오늘의 Mission 레스토랑에서 여러분이 싫어하는 채소를 빼 달라고 프랑스어로 말해 보세요.

학습 종료 ✈

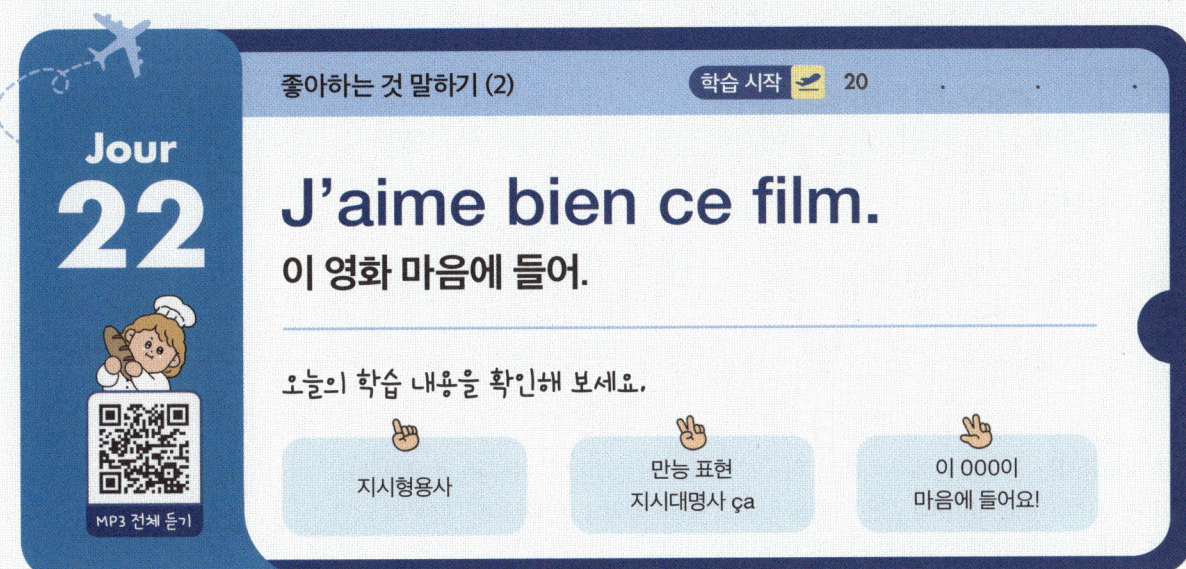

Jour 22 — 좋아하는 것 말하기 (2)

J'aime bien ce film.
이 영화 마음에 들어.

오늘의 학습 내용을 확인해 보세요.

- 지시형용사
- 만능 표현 지시대명사 ça
- 이 OOO이 마음에 들어요!

STEP 1 프랑스어 진짜 맛보기

오늘 배울 내용을 예문으로 먼저 만나 보세요.

J'aime bien ça !	이거 마음에 드는데!
J'aime bien ce film.	이 영화 마음에 들어.
J'aime bien cette couleur.	이 색이 마음에 들어.
Ça, c'est très cool !	이거 꽤 멋진데!

MEMO

✔ 반복학습 체크체크
- MP3듣기 ○○○
- 따라읽기 ○○○

📖 단어
- film 영화 (n.m.)
- couleur 색 (n.f.)

프랑스 진짜 여행 떠나기!

여행 중 마음에 드는 물건이나 옷을 발견했는데 그 단어를 프랑스어로 어떻게 말하는지 몰라도 걱정 마세요. 우리에겐 만능 표현 'ça'가 있잖아요! 마음 한 켠에 항상 이 말을 품고 다녀 봐요. J'aime bien ça !

STEP 2 프랑스어 진짜 알아가기

저자 강의 | 22-02

MEMO

1. 지시형용사

남성단수	여성단수
ce / cet	cette
복수형	
ces	

지시형용사는 명사의 앞에 위치해서 '이~, 그~, 저~'라는 의미로 사용되는 형용사예요. 마치 영어의 'this, that'과 같은 역할을 한다고 볼 수 있어요. 형용사이기 때문에 당연히 꾸며 주는 명사에 성수일치 시키는 것은 필수랍니다.

Ce vin est très bon.   이 와인 정말 맛있다.
Cette jupe est un peu petite.   이 치마는 조금 작네요.
Ces fleurs sont trop jolies !   이 꽃들 너무 예쁘다!
Ces chats sont très mignons.   이 고양이들 정말 귀여워.

단어
jupe 치마(n.f.)
fleur 꽃(n.f.)

잠깐!
남성단수 명사 스펠링이 모음이나 무음 h로 시작되면 예외적으로 'ce' 대신 'cet'를 써 줘요. 모음끼리 충돌해 발음이 무너지지 않게 하기 위해서예요.

예) ce homme ✗ → cet homme ○   이 남자
     ce étudiant ✗ → cet étudiant ○   이 (남)학생

2. 만능 표현 지시대명사 ça

ça는 '이것, 저것, 그것'이라는 뜻을 가진 대명사예요. 남성형, 여성형이 따로 있지 않고 딱 한 가지 형태로 존재하기 때문에 성수일치에 신경 쓰지 않아도 돼요.

Tu manges ça ?   너 이거 먹을래?
J'aime bien ça.   난 이게 마음에 들어.
Ça, c'est très cool.*   이거, 꽤 멋진데.

*ça는 c'est 구문 앞에서 단독으로 쓰이기도 해요. 프랑스 사람들이 자주 쓰는 말버릇이에요. 살짝 강조해 주는 표현이랍니다.

3. 이 OOO이 마음에 들어요!

호불호를 나타내는 동사 뒤에는 정관사 'le, la, les'를 사용해야 한다고 배웠죠? 사실 정관사 대신 지시형용사를 사용할 수도 있어요. 대신 지시형용사를 사용하면, 정확하게 '이 명사'가 좋다는 의미가 된답니다.

J'aime bien ce pantalon.	전 이 바지가 마음에 들어요.
Je n'aime pas cette couleur.	전 이 색이 마음에 안 들어요.
J'adore cette chanson !	나는 이 노래 엄청 좋아해!
Je n'aime pas beaucoup ce film.	난 이 영화가 그다지 마음에 안 들어.

MEMO

단어
pantalon 바지(n.m.)
chanson 노래(n.f.)

아래 대화를 들으면서 오늘 배운 내용을 확인해 보세요.

Camille: **J'aime bien ce pull.**
이 스웨터 마음에 들어.

Lucas: **Ce pull jaune ? Ou rouge ?**
이 노란 스웨터? 아니면 빨간 거?

Camille: **Le jaune ! J'aime bien ça.**
노란 거! 이거 마음에 든다.

Lucas: **Moi, je n'aime pas cette couleur.**
나는 그 색 별로야.

단어
pull 스웨터(n.m.)
jaune 노란
rouge 빨간

STEP 4 프랑스어 진짜 써먹기

나의 점수 ☐ / 10   정답 및 해석 p.07

✓ 정답 보기

1 성수일치에 주의하며 빈칸에 알맞은 지시형용사를 적어 보세요.

| 보기 | ce | cet | cette | ces |

1. _____ vin
2. _____ fleurs
3. _____ film
4. _____ étudiant

2 프랑스어 단어와 우리말 뜻을 짝지어 보세요.

1. pantalon •   • ⓐ 바지
2. pull •   • ⓑ 노래
3. chanson •   • ⓒ 스웨터
4. couleur •   • ⓓ 색

3 다음 문장을 프랑스어로 써 보세요. (복수 정답 가능)

1. 이 와인은 정말 맛있어! ▶ _____
2. 이 고양이들 정말 귀엽다. ▶ _____

▶ 문제 해설 강의) 틀리거나 헷갈리는 문제는 문제 해설 강의로 복습하세요.
🎯 오늘의 Mission 지시형용사와 지시대명사를 이용해 주변의 사물이나 사람을 소개하는 문장을 말해 보세요.   학습 종료

Jour 23

사람과 사물 묻고 답하기   학습 시작 ✈ 20

C'est quoi ? C'est qui ?
이게 뭐야? 이건 누구야?

오늘의 학습 내용을 확인해 보세요.

 의문대명사 qui 와 quoi

 quoi의 또 다른 형태

 이건 ~입니다. 이 사람은 ~입니다.

▶ 전체 강의 ❓ 질문게시판 🎧 MP3

▶ 저자 강의 🎧 23-01 🎤 말하기 연습

MEMO

✅ 반복학습 체크체크
MP3듣기 ◯ ◯ ◯
따라읽기 ◯ ◯ ◯

📑 단어
quoi 무엇
qui 누구

오늘 배울 내용을 예문으로 먼저 만나 보세요.

C'est quoi ?	이게 뭔가요?
C'est qui ?	누구인가요?
Tu aimes qui ?	넌 누구를 좋아하니?
Tu manges quoi ?	너는 뭘 먹고 있는 거니?

프랑스 진짜 여행 떠나기!!

프랑스어를 잘하는 방법은 바로 모든 것을 궁금해하는 거예요! 프랑스를 여행하면서 최대한 많은 질문을 해 보세요. 파리의 방브 시장 같은 플리마켓에 방문해 눈앞에 있는 물건을 가리키며 이런 질문을 해 보는 거예요. C'est quoi ?

STEP 2 프랑스어 진짜 알아가기

▶ 저자 강의 🎧 23-02

📝 MEMO

1. 의문대명사 qui 와 quoi

qui	quoi
누가 / 누구를	무엇(을)

의문대명사 qui는 영어의 'who', quoi는 영어의 'what'과 비슷해요. 이 의문대명사들은 지난번 배웠던 만능 c'est 구문과 함께 사용할 수 있어요.

C'est quoi ?	이건 무엇인가요?
C'est qui ?*	누구인가요?
Qui est-ce ?*	누구인가요?

의문대명사 'qui'는 주어와 목적어로 사용할 수 있어요.

| Qui est Lucas ? | 누가 뤼꺄인가요? |
| Tu aimes qui ? | 너는 누구를 좋아하니? |

의문대명사 'quoi'는 목적어로만 사용해요.

| Vous mangez quoi ? | 당신은 무엇을 먹고 있나요? |
| Elle aime quoi ? | 그녀는 무엇을 좋아하나요? |

★ 'C'est qui'는 회화나 구어체에서 주로 사용하는 표현이에요.

★ 도치형 의문문인 'Qui est-ce'는 조금 더 정석적이고 예의 있는 표현으로 문어체, 구어체에서 모두 사용해요.

2. quoi의 또 다른 형태

quoi	=	qu'est-ce que

qu'est-ce que는 quoi보다 더 공식적이고 예의 있는 표현이에요. 이 표현은 문장의 제일 앞에 위치해요.

Qu'est-ce que tu aimes ?	너는 뭘 좋아하니?
Qu'est-ce que vous mangez ?	당신은 무엇을 먹고 있나요?
Qu'est-ce qu'il n'aime pas ?	그는 무엇을 안 좋아하나요?

잠깐!

Qu'est-ce que 뒤에 모음으로 시작하는 주어가 오면 Qu'est-ce qu'로 축약해요.

| 예 Qu'est-ce qu'elle déteste ? | 그녀가 싫어하는 게 뭔가요? |
| Qu'est-ce qu'ils adorent ? | 그들이 정말 좋아하는 게 뭐야? |

3. 이건 ~입니다 / 이 사람은 ~입니다

'C'est quoi ?' 혹은 'C'est qui ?'에 대한 대답은 당연히 C'est 구문으로 답할 수 있어요. 이때 명사 앞 관사는 필수랍니다!

C'est le téléphone de Zoé. 이건 조에의 핸드폰이야.
C'est un acteur célèbre. 유명한 남자 배우야.
C'est du jus d'orange. 이건 오렌지 주스야.

> **MEMO**
>
> 단어
> célèbre 유명한
> jus 주스(n.m.)

STEP 3 프랑스어 진짜 즐기기

아래 대화를 들으면서 오늘 배운 내용을 확인해 보세요.

 Noah: Qu'est-ce que tu manges ?
뭘 먹고 있어?

Manon: C'est du Gimbap.
김밥이야.

 Noah: Mais.. c'est quoi ?
근데.. 그게 뭔데?

Manon: C'est un plat coréen.
이건 한국 요리야.

> 단어
> plat 요리(n.m.)

STEP 4 프랑스어 진짜 써먹기

나의 점수 ☐ / 10   정답 및 해석 p.07

✅ 정답 보기

1 빈칸에 알맞은 의문대명사를 적어 보세요.

1. _____ est Camille ?

2. Vous mangez _____ ?

3. _____ est-ce ?

2 질문과 어울리는 답변을 짝지어 보세요.

1. Tu manges quoi ?   •   • a Elle aime Noah.

2. Elle aime qui ?   •   • b C'est du chocolat.

3. C'est qui ?   •   • c C'est une actrice célèbre.

4. C'est quoi ?   •   • d C'est le téléphone de Zoé.

3 제시된 표현을 사용해서 아래 문장을 바꿔 써 보세요.

보기	qu'est ce-que

1. Vous aimez quoi ?   ▶ _____

2. Ils mangent quoi ?   ▶ _____

3. Elle déteste quoi ?   ▶ _____

▶ 문제 해설 강의   틀리거나 헷갈리는 문제는 문제 해설 강의로 복습하세요.

🎯 오늘의 Mission   여러분 주변에 있는 사람이나 사물을 혼자서 묻고 설명해 보세요!

학습 종료 ✈

Jour 24

Exercice ④
연습 문제

Jour 19~23 복습하기

나의 점수 ☐ / 30

1 제시된 주어에 맞춰 각 동사의 알맞은 동사변형을 적어 보세요.

동사	주어	동사변형
aimer	Je(J')	1.
manger	Tu	2.
détester	Nous	3.
adorer	Elles	4.

2 제시된 우리말에 해당하는 단어를 프랑스어로 적고, 남성명사인지 여성명사인지 체크하세요.

	프랑스어	남성명사(m.)	여성명사(f.)
과일	1.		
바람	2.		
치마	3.		
노래	4.		
주스	5.		

3 제시된 빈칸에 들어갈 수 있는 가장 알맞은 어휘를 고르세요.

1. J'aime bien _____ chiens !

   ① un   ② le   ③ les   ④ des

2. _____ France est belle.

   ① Une   ② Le   ③ En   ④ La

3. Elle mange _____ viande.

   ① du   ② de   ③ des   ④ de la

4. On ne mange pas _____ légumes.

   ① du   ② de   ③ des   ④ de la

5. Ils n'aiment pas _____ poisson.

   ① du   ② de   ③ le   ④ la

4 프랑스어 단어와 우리말 뜻을 짝지어 보세요.

1. cerise   •   • ⓐ 가지

2. poireau   •   • ⓑ 사과

3. ail   •   • ⓒ 대파

4. pomme   •   • ⓓ 체리

5. aubergine   •   • ⓔ 마늘

5 빈칸에 알맞은 단어를 채워 아래 대화문을 완성해 보세요.

J'aime bien 1. _____ 2. _____.   나는 이 스웨터가 마음에 들어.

Ce pull jaune ? Ou 3. _____ ?   이 노란 스웨터 ? 아니면 빨간 거?

Le jaune ! J'aime bien 4. _____.   노란 거! 난 이게 마음에 들어.

Moi, je n'aime pas 5. _____ couleur.   나는 이 색 별로야.

6 질문과 어울리는 대답을 짝지어 보세요.

1. Qu'est-ce que tu aimes ?   •   • ⓐ Il aime Camille.

2. C'est qui ?   •   • ⓑ C'est le sac de Zoé.

3. Il aime qui ?   •   • ⓒ J'aime bien les fruits et les légumes.

4. Qu'est-ce que c'est ?   •   • ⓓ C'est Lucas.

7 다음 문장을 프랑스어로 써 보세요.

1. 오이는 빼 주세요.

   ▶ _____

2. 저는 고기를 먹지 않아요.

   ▶ _____

쉬어가기

프랑스 사람들은 왜 말을 할 때 대부분 목소리가 낮을까요?

여러분, 혹시 프랑스 영화를 보거나 샹송을 들어본 적 있으신가요?

프랑스 영화나 샹송을 감상하다보면 남자 배우들뿐 아니라 여자 배우들도 낮고 허스키한 목소리로 노래를 하고 대사를 말한다는 걸 쉽게 알아차릴 수 있어요. 한국에서도 유명한 배우인 에바 그린이나 마리옹 코티아르와 같은 배우들뿐만 아니라 프랑스인이라면 누구나 사랑하는 국민 가수 까를라 브루니의 경우도 그렇죠.

그렇다면 프랑스 사람들은 일부러 그런 톤과 말투로 말하는 걸까요?

사실, 프랑스어는 기본 발성 자체가 낮은 톤의 언어랍니다. 그래서 프랑스어를 말할 때, 평소 한국어로 말하던 톤보다 살짝 더 낮은 톤으로 구사하면 더 자연스럽게 느껴지는 것이죠.

그런데 프랑스 사람들은 나긋나긋하게, 또 부드럽게 말하는 방식을 매력 포인트로 삼아요. 그런 목소리를 매력적이고 섹시하다고 느끼죠. 프랑스 사람들은 다른 사람들이 말하는 톤과 방식을 듣고 본인의 소리를 맞춰 나가는 걸 굉장히 중요하게 생각한답니다. 그렇다면 여러분은 어떤 스타일의 프랑스어를 구사하고 싶으신가요?

자, 롤모델이 필요한 여러분들에게 멋진 프랑스어를 구사하는 사람들을 추천해 드릴게요. 영상을 찾아보고 여러분이 끌리는 사람의 프랑스어를 따라해 보세요! 여러분의 말투와 태도도 곧 그렇게 바뀔 거예요.

Tip!

찾아보면 좋은 롤모델

Marion Cotillard 마리옹 코티아르
Deva Cassel 데바 카셀
Eva Green 에바 그린
Lily-Rose Depp 릴리 로즈 뎁
Timothée Chalamet 티모시 샬라메

▶ 문제 해설 강의 — 틀리거나 헷갈리는 문제는 문제 해설 강의로 복습하세요.

🎯 오늘의 Mission — 여러분이 프랑스인 친구를 사귀게 된다면 스스로를 어떻게 소개하고 싶은가요? 여러분이 좋아하는 것은 무엇인지, 또 싫어하는 것은 무엇인지 프랑스어로 이미지 트레이닝 해 보세요.

Jour 25

소유와 감정 나타내기 / 물건 빌리기   학습 시작 ✈ 20

J'ai trop faim !
나는 너무 배가 고파요!

오늘의 학습 내용을 확인해 보세요.

- 3군 동사 avoir
- avoir 동사로 감정 & 감각 표현하기
- 물건 빌리기

▶ 전체 강의   ❓ 질문게시판   🎧 MP3

STEP 1 — 프랑스어 진짜 맛보기

▶ 저자 강의   🎧 25-01   🎤 말하기 연습

오늘 배울 내용을 예문으로 먼저 만나 보세요!

J'ai faim.	나는 배고파.
J'ai soif.	나는 목말라.
Tu as de l'argent ?	너 돈 좀 있니?
Vous avez du temps ?	시간 좀 있으신가요?

📝 MEMO

✅ 반복학습 체크체크
- MP3듣기 ○○○
- 따라읽기 ○○○

📑 단어
- faim 배고픔(n.f.)
- soif 목마름(n.f.)
- temps 시간(n.m.)

프랑스 진짜 여행 떠나기!

여행 중 마음에 드는 이성을 발견했다면? 오늘 배운 표현들로 충분히 플러팅 할 수 있어요. 용기 있는 자가 이성을 쟁취한다! 이렇게 한번 물어보세요. Vous avez du temps ? Vous avez un(e) petit(e) ami(e) ?

STEP 2 프랑스어 진짜 알아가기

🎥 저자 강의   🎧 25-02

📝 **MEMO**

1. 3군 동사 avoir

avoir 가지다	
j'ai	nous **avons**
tu **as**	vous **avez**
il/elle/on **a**	ils/elles **ont***

avoir 동사는 영어의 'have'와 비슷한 뜻을 가진 동사로 형태에 규칙이 없는 3군 동사예요. 그래서 열심히 암기해야 해요! avoir 동사는 여러 가지 뉘앙스로 사용할 수 있어요. 먼저, 실체가 있는 물건이나 동물과 함께 쓰일 수 있죠.

J'**ai** un chien mignon.	나는 귀여운 강아지가 한 마리 있어.
Tu **as** de l'argent ?	너 돈 좀 있니?
Il **a** une voiture.	그는 차를 한 대 가지고 있어요.
J'**ai** un petit ami*.	나는 남자친구가 있어.

또 추상적인 개념과도 자연스럽게 사용해요.

| J'**ai** un rendez-vous avec Noah. | 나는 노아랑 약속이 있어. |
| Vous **avez** du temps ? | 시간 좀 있으신가요? |

> **잠깐!**
> 부정문을 쓸 때는 동사의 축약과 부정의 de 용법에 주의하세요!
> 예) Je **n'ai pas de** temps.   저는 시간이 없어요.
> Il **n'a pas de** voiture.   그는 차가 없어요.

★ 발음 주의! être 동사와 발음과 스펠링이 비슷해서 헷갈릴 수 있어요. 연음으로 인해 정확하게 [z] 발음 [잉종] [엘종]이라고 발음해 주어야 해요.

📖 **단어**
voiture 자동차(n.f.)
rendez-vous 약속 (n.m.)

★ 여자친구는 'une petite amie'라고 해요.

2. avoir 동사로 감정 & 감각 표현하기

avoir 동사를 사용하면 여러 가지 감정이나 감각을 표현할 수 있어요. 아래 표현들은 관용 표현들로 명사 앞에 관사를 생략해서 사용해요.

avoir faim 배고프다	J'**ai** trop **faim**. 나는 너무 배가 고파요.
avoir soif 목마르다	Vous **avez soif** ? 목이 마르신가요?
avoir peur 무서워하다	J'**ai** un peu **peur** ! 난 조금 무서운걸!

📖 **단어**
peur 두려움(n.f.)
sommeil 졸음(n.m.)
froid 추위(n.m.)
chaud 더위(n.m.)

avoir sommeil 졸리다	Il a sommeil maintenant. 그는 지금 졸려요.
avoir froid (주어가) 춥다	Est-ce que tu as froid ? 너 추워?
avoir chaud (주어가) 덥다	J'ai un peu chaud. 저는 좀 더워요.

3. 물건 빌리기

물건을 빌리는 표현은 간단해요. avoir 동사를 사용해 '~이 있냐'고 물어본 뒤 뒤에 부탁한다는 말을 덧붙이면 돼요.

Vous avez un stylo, s'il vous plaît ? 펜 하나 있으시면 빌려주실래요?
Vous avez des mouchoirs, s'il vous plaît ? 휴지 있으시면 좀 빌려주실래요?
Tu as de la monnaie, s'il te plaît ? 동전 있으면 빌려줄래?
Est-ce que tu as un miroir, s'il te plaît ? 거울 있으면 빌려줄래?

📝 MEMO

📖 단어
mouchoir 티슈(n.m.)
monnaie 동전(n.f.)
miroir 거울(n.m.)

프랑스어 진짜 즐기기 ▶저자 강의 🎧25-03 🎤말하기 연습

아래 대화를 들으면서 오늘 배운 내용을 확인해 보세요.

 Lucas
Tu as de l'eau, s'il te plaît ?
혹시 물 있으면 좀 줄래?

 Manon
Ah oui, voilà.
응 그럼, 자 여기.

 Lucas
Mais tu n'as pas soif ?
넌 목 안 말라?

 Manon
Non, je n'ai pas soif mais j'ai trop faim.
응, 난 목은 안 마른데 너무 배가 고파.

STEP 4 프랑스어 진짜 써먹기

나의 점수 ☐ / 10   정답 및 해석 p.08
✅ 정답 보기

1 빈칸에 알맞은 **avoir** 동사변형 형태를 적고, 우리말로 해석해 보세요.

1. Je(J') _____ un petit ami. ▶ _____

2. Elle _____ un joli chat. ▶ _____

3. Nous _____ de l'argent. ▶ _____

4. Ils _____ une maison. ▶ _____

2 프랑스어 표현과 어울리는 이미지를 짝지어 보세요.

1. avoir faim   2. avoir sommeil   3. avoir peur   4. avoir froid

a   b   c   d

3 제시된 단어를 순서대로 배열하여 문장을 만들어 보세요.

1. stylo / avez / plaît ? / Vous / s'il / un / vous

   ▶ _____

2. plaît ? / Tu / mouchoirs / s'il / as / des / te

   ▶ _____

▶ 문제 해설 강의 틀리거나 헷갈리는 문제는 문제 해설 강의로 복습하세요.
🎯 오늘의 Mission 여러분이 지금 필요한 물건을 옆사람에게 빌린다고 생각하고 크게 말해 보세요.

학습 종료

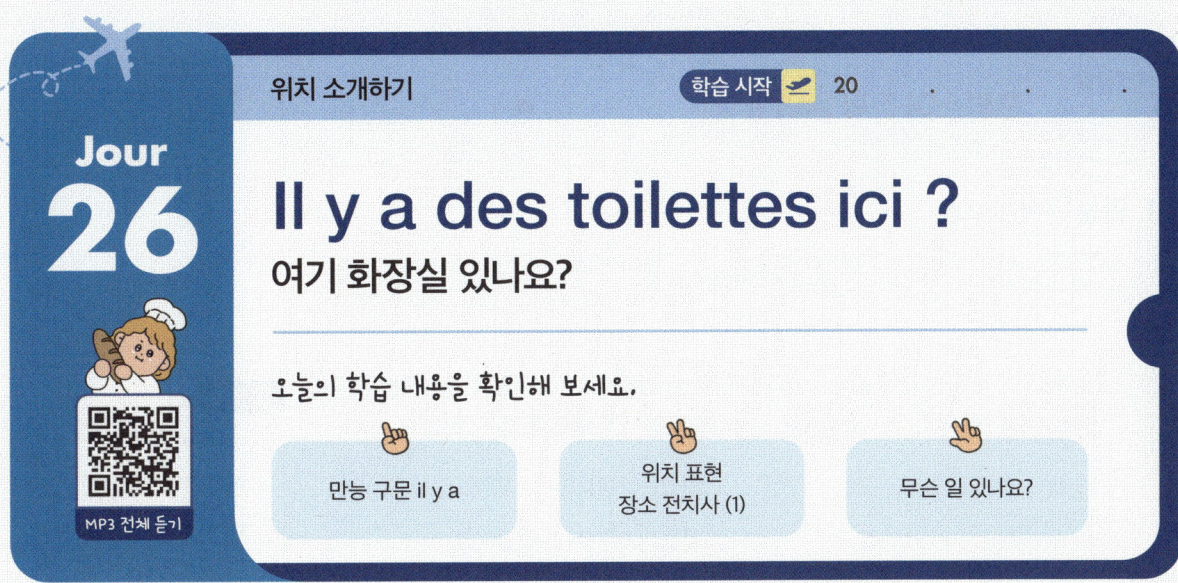

Jour 26

위치 소개하기   학습 시작 ✈ 20 . . .

Il y a des toilettes ici ?
여기 화장실 있나요?

오늘의 학습 내용을 확인해 보세요.

- 만능 구문 il y a
- 위치 표현 장소 전치사 (1)
- 무슨 일 있나요?

▶ 전체 강의   ❓ 질문게시판   🎧 MP3

STEP 1 — 프랑스어 진짜 맛보기

▶ 저자 강의   🎧 26-01   🎤 말하기 연습

오늘 배울 내용을 예문으로 먼저 만나 보세요!

Il y a de la place ?	자리 있나요?
Il y a des toilettes ici ?	여기 화장실 있나요?
Qu'est-ce qu'il y a ?	무슨 일이신가요?
Pas de problème !	문제없어요!

📝 MEMO

✔ 반복학습 체크체크
MP3듣기 ○○○
따라읽기 ○○○

📖 단어
place 자리 (n.f.)
toilettes 화장실 (n.f.pl.)
problème 문제 (n.m.)

프랑스 진짜 여행 떠나기!

프랑스를 여행할 때 여행지에서 가장 중요한 것은 뭘까요? 바로 화장실을 찾는 것입니다! 프랑스의 길거리에 있는 화장실은 대부분 유료 화장실이에요. 그러니 카페나 레스토랑에 갔을 때 꼭 물어보면 좋겠죠? Il y a des toilettes ici ?

STEP 2 프랑스어 진짜 알아가기

▶ 저자 강의 🎧 26-02   📝 MEMO

1. 만능 구문 Il y a

Il y a + 단수/복수 명사
~이 있다

'Il y a'는 영어의 'there is, there are'에 해당하는 표현으로 '~이 있다'라는 의미를 가지고 있어요. 영어와 달리 'il y a' 뒤에는 단수·복수 명사가 모두 올 수 있어요.

| Il y a un bon café. | 맛있는 커피가 하나 있어요. |
| Il y a des fleurs partout. | 꽃들이 여기저기에 있어요. |

또 의문문으로도 사용할 수 있겠죠?

Il y a des toilettes* ici ?	여기 화장실 있나요?
Est-ce qu'il y a de la place ?	자리 좀 있나요?
Il y a le wifi ?	와이파이 있나요?

이번에는 부정문 어순을 체크해 볼게요.

| Il n'y a pas de place vide.* | 빈 자리가 없어요. |
| Il n'y a pas de problème !* | 문제없어요! |

2. 위치 표현 장소 전치사 (1)

장소 전치사 + 명사		
	sur ~위에	Le téléphone est sur la table. 휴대폰은 테이블 위에 있어요.
	sous ~아래	Le chien est sous le lit. 강아지는 침대 아래 있어요.
	dans ~안에	Je suis dans le bus. 나는 버스 안에 있어요.

📖 단어
partout 도처에
wifi 와이파이(n.m.)
vide 빈

★ 화장실을 의미하는 'toilettes'는 항상 복수형으로 사용해요.

★ 회화에서는 'il n'y a'를 생략하고 간단하게 'pas de place vide', 'pas de problème'이라고 표현하기도 해요.

📖 단어
table 테이블(n.f.)
lit 침대(n.m.)
bus 버스(n.m.)
fenêtre 창문(n.f.)
porte 문(n.f.)

	devant ~앞에	Les fleurs sont devant la fenêtre. 꽃은 창문 앞에 있어요.
	derrière ~뒤에	Les toilettes sont derrière la porte. 화장실은 문 뒤에 있어요.

3. 무슨 일 있나요?

'Il y a'를 포함한 표현 중, 자주 사용하는 표현을 알아봐요.

Qu'est-ce qu'il y a ?　　　　　무슨 일이야? 무슨 일 있나요?

Qu'est-ce qu'il y a dans ce sac ?　이 가방에는 무엇이 있나요?

> **잠깐!**
>
> 'Qu'est-ce qu'il y a'는 두 가지 의미가 있어요.
>
> Qu'est-ce qu'il y a ?　　　　　① 무슨 일이야? 무슨 일인가요?
> Qu'est-ce qu'il y a + 위치 표현　② ~에는 무엇이 있나요?

STEP 3 프랑스어 진짜 즐기기 ▶저자 강의　🎧 26-03　🎤 말하기 연습

아래 대화를 들으면서 오늘 배운 내용을 확인해 보세요.

Serveur: Qu'est-ce qu'il y a, madame ?
무슨 일이시죠?

Manon: Il y a des toilettes ici ?
여기 화장실 있을까요?

Serveur: Les toilettes sont devant la porte.
화장실은 문 앞에 있습니다.

Manon: Merci beaucoup, monsieur.
감사합니다.

 **STEP 4 프랑스어 진짜 써먹기**

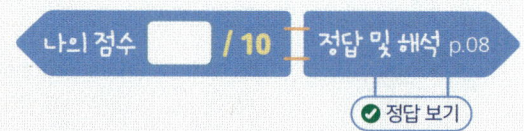

1 제시된 단어의 우리말 뜻을 적고, 남성명사인지 여성명사인지 체크하세요.

	우리말 뜻	남성명사(m.)	여성명사(f.)
place	1.		
fenêtre	2.		
porte	3.		

2 각 전치사와 어울리는 이미지를 짝지어 보세요.

1. dans   2. devant   3. derrière   4. sur

a    b    c    d

3 빈칸에 알맞은 단어를 채워 아래 대화문을 완성해 보세요. (복수 정답 가능)

1. _____, madame ? 무슨 일이시죠?

2. _____ ici ? 여기 화장실 있나요?

Pardon, 3. _____ ici. 죄송합니다, 여기는 화장실이 없습니다.

Ah bon ? D'accord. Merci. 아 그래요? 알겠습니다. 감사해요.

▶ 문제 해설 강의 틀리거나 헷갈리는 문제는 문제 해설 강의로 복습하세요.

오늘의 Mission 지금 여러분의 눈 앞에 보이는 세 가지 물건들이 어떤 위치에 있는지 묘사해 보세요.

학습 종료

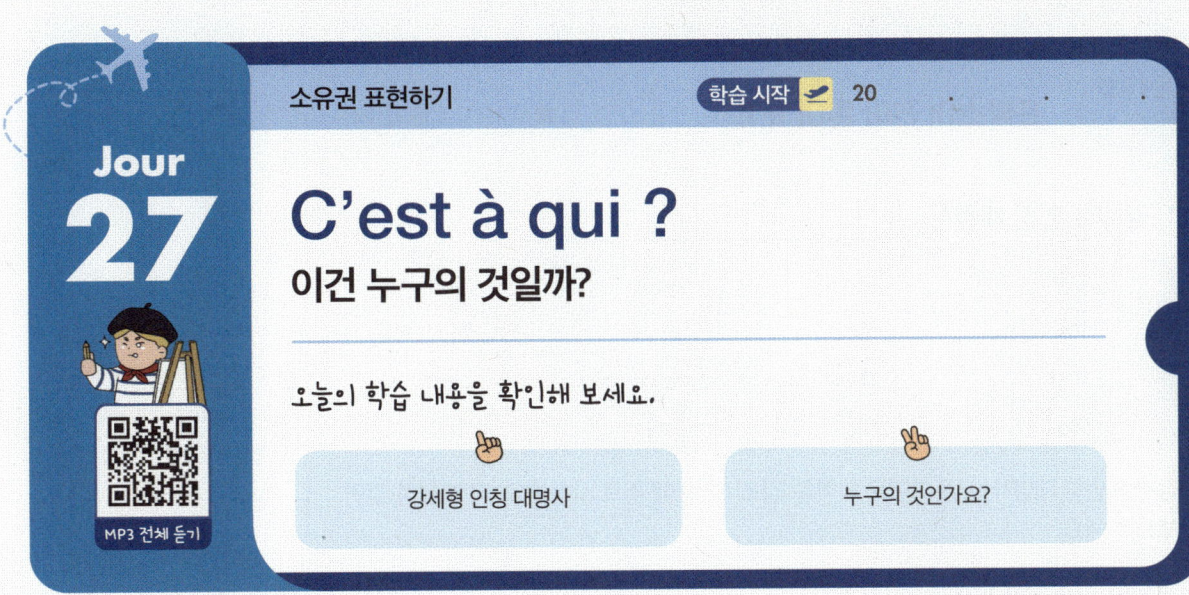

Jour 27 — C'est à qui ?
이건 누구의 것일까?

소유권 표현하기 · 학습 시작 20

오늘의 학습 내용을 확인해 보세요.

- 강세형 인칭 대명사
- 누구의 것인가요?

전체 강의 · 질문게시판 · MP3

STEP 1

저자 강의 · 27-01 · 말하기 연습

MEMO
✅ 반복학습 체크체크
MP3듣기 ○○○
따라읽기 ○○○

오늘 배울 내용을 예문으로 먼저 만나 보세요.

C'est à qui ?	이건 누구 것인가요?
C'est à moi.	내 거예요.
C'est à vous ?	당신 것인가요?
C'est à toi ?	네 거니?

프랑스 진짜 여행 떠나기!

매번 여행을 할 때마다 가는 공항은 방문할 때마다 설렘을 주는 것 같아요. 그렇지만 방심하면 수많은 짐들 사이에서 내 가방을 잃어버릴 수 있겠죠! 아니, 저 멀리 내 가방을 다른 사람이 자기 걸로 착각해서 가져가고 있다고요? 큰 소리로 외쳐보아요. C'est à moi !!!!

STEP 2 프랑스어 진짜 알아가기

저자 강의 27-02

MEMO

1. 강세형 인칭 대명사

moi	나	nous	우리
toi	너	vous	당신(들) / 너희들
lui	그	eux	그들*
elle	그녀	elles	그녀들

강세형 인칭 대명사는 말 그대로 의미를 '강조'해 줄 때 주로 사용해요. 더 자세히 알아보도록 해요.

★ 주격 인칭 대명사와 마찬가지로 남자가 한 명이라도 포함되어 있으면 남성 복수형인 'eux'로 사용해요.

1) 주어 / 목적어를 강조

Moi, j'adore le chocolat.   (나로 말하자면,) 난 초콜릿을 엄청 좋아해.
Camille aime Noah, lui !   꺄미유는 노아를 좋아해, 그를 말이야!

2) C'est 구문 뒤에서

C'est qui ? – C'est moi, Zoé !   누구야? – 나야, 조에야!
C'est vous ?   당신(들)인가요?
C'est nous* !   우리예요!

★ nous와 vous는 복수형이지만 회화에서 더 쉽게 쓰기 위해 ce sont이 아닌 c'est와 함께 사용해요.

3) 전치사 뒤에서

Lucas est avec moi.   뤼꺄는 나랑 같이 있어.
C'est un cadeau pour toi.   이건 널 위한 선물이야.

4) et / ou / pas 뒤에서

Je vais bien, et vous ?   저는 잘 지내요, 당신은요?
Tu aimes qui ? Lui ou elle ?   너는 누구를 좋아하는 거야? 그야, 그녀야?
Je suis très fatigué, pas toi ?   나는 진짜 피곤해, 넌 안 그래?

5) aussi 앞에서

J'aime les fleurs. – Moi aussi.   나는 꽃이 좋아. - 나도야.
Toi aussi ?   너도 그래?

단어
avec ~와
pour ~을 위해
ou 혹은

2. 누구의 것인가요?

C'est à + 소유자
~의 것이다

C'est à qui ? 이건 누구의 것인가요?

C'est à qui cette valise ? 이 캐리어는 누구의 것인가요?

C'est à vous ? 당신 것인가요?

C'est à moi. 제 거예요.

Ce n'est pas à moi. 내 것이 아니에요.

MEMO

단어
valise 캐리어(n.f.)

 프랑스어 진짜 즐기기

아래 대화를 들으면서 오늘 배운 내용을 확인해 보세요.

 Camille: C'est à qui ce collier ?
이 목걸이 누구 거야?

 Lucas: C'est à toi !
네 거잖아!

 Camille: Moi ? Non, ce n'est pas à moi.
나? 아냐, 내 거 아니야.

 Lucas: Si, c'est un cadeau pour toi.
맞아, 이거 널 위한 선물이야.

Jour 27

STEP 4 프랑스어 진짜 써먹기

나의 점수 ☐ / 10   정답 및 해석 p.08
✅ 정답 보기

1 제시된 이미지를 참고하여 빈칸에 알맞은 강세형 인칭 대명사를 적어 보세요.

물건	☎	🧥	👖	🚗	🍫
소유자	Manon	Lucas	Manon et Camille	Lucas et Noah	Lucas et Manon

1. C'est à qui ce téléphone ?   ▶ C'est à _____.
2. C'est à qui ce pull ?   ▶ C'est à _____.
3. C'est à qui ce pantalon ?   ▶ C'est à _____.
4. C'est à qui cette voiture ?   ▶ C'est à _____.
5. C'est à qui ce chocolat ?   ▶ C'est à _____.

2 제시된 우리말을 보고 빈칸에 알맞은 강세형 인칭 대명사를 채워 보세요.

1. 그녀는 말이야, 꽃을 좋아해.   ▶ _____, elle aime les fleurs.
2. 저는 잘 지내요. 당신은요?   ▶ Je vais bien, et _____ ?
3. 노아는 지금 너랑 같이 있니?   ▶ Noah est avec _____ maintenant ?
4. 나도 그래!   ▶ _____ aussi !
5. 나는 너무 피곤해, 너는 안 그래?   ▶ Je suis très fatigué, pas _____ ?

▶ 문제 해설 강의   틀리거나 헷갈리는 문제는 문제 해설 강의로 복습하세요.
🎯 오늘의 Mission   지금 주변에 있는 물건이 누구의 것인지 세 가지 골라 프랑스어로 크게 말해보세요.   학습 종료 ✈

Jour 28

인원 수 묻고 답하기 학습 시작 20

Vous êtes combien ?
몇 분이신가요?

오늘의 학습 내용을 확인해 보세요.

- 숫자 1-20
- 의문사 combien
- 인원 묻고 답하기

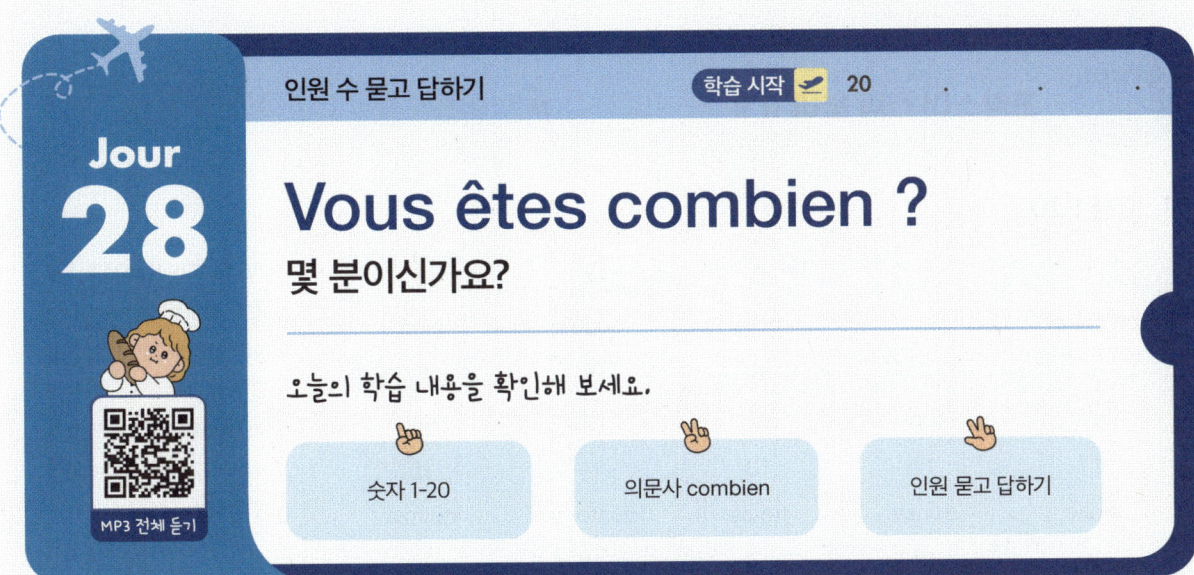

전체 강의 | 질문게시판 | MP3

STEP 1 — 프랑스어 진짜 맛보기

저자 강의 | 28-01 | 말하기 연습

오늘 배울 내용을 예문으로 먼저 만나 보세요.

Vous êtes combien ?	몇 분이신가요?
Une personne.	한 명이에요.
Tout seul.	혼자예요.
Nous sommes trois.	세 명입니다.

MEMO

☑ 반복학습 체크체크
- MP3듣기 ◯◯◯
- 따라읽기 ◯◯◯

📖 단어
- personne 사람(n.f.)
- tout(e) 완전히
- seul(e) 혼자인

프랑스 진짜 여행 떠나기!

프랑스에서 레스토랑을 이용하는 방법 중 가장 중요한 것은 바로 이거예요. 입구에서 웨이터와 꼭 인사를 하고 자리 안내를 기다리는 것! 빈 자리를 발견하고 기쁜 마음에 무작정 앉아 버리는 건 아주 예의에 어긋나요!

STEP 2 프랑스어 진짜 알아가기

▶ 저자 강의 🎧 28-02   📝 MEMO

1. 숫자 1-20

1	2	3	4	5
un / une*	deux	trois	quatre	cinq
6	7	8	9	10
six	sept	huit	neuf	dix
11	12	13	14	15
onze	douze	treize	quatorze	quinze
16	17	18	19	20
seize	dix-sept	dix-huit	dix-neuf	vingt

★ 영어는 숫자 1(one)과 부정관사 단수형(a/an)이 나뉘어 있죠? 하지만 프랑스어는 그 형태가 동일해요. 다만 숫자 1만 뒤에 나오는 명사의 성에 따라 남성형, 여성형으로 구별해 사용해요.

J'ai **deux** enfants.   나는 아이가 2명이에요.
Il y a **quinze** pommes.   사과 15개가 있다.
Elle a **trois** chiens.   그녀는 강아지가 3마리 있어요.

> **잠깐!**
> 숫자 5, 6, 8, 10 뒤에 자음으로 시작하는 명사가 오면 마지막 발음이 사라져요.
> cinq jours [쌩끄 주흐] ✗   [쌩 주흐] ⭕   5일
> six livres [씨쓰 리v브흐] ✗   [씨 리v브흐] ⭕   책 6권
> huit pains [위뜨 빵] ✗   [위 빵] ⭕   빵 8개
> dix chats [디쓰 샤] ✗   [디 샤] ⭕   고양이 10마리

2. 의문사 combien

combien	combien de + 명사
얼마나, 얼마만큼	얼마만큼의 명사

Vous êtes combien ?   몇 분이세요?
C'est combien ?   이건 얼마인가요?

Tu manges **combien de** pain ?   너는 빵을 몇 개나 먹어?
Vous parlez **combien de** langues ?   당신은 몇 개의 언어를 하시나요?

> **잠깐!**
> combien de 뒤에 셀 수 있는 명사가 오면 복수로, 셀 수 없는 명사가 오면 단수로 써야 해요.
> 또 뒤에 모음이나 무음 h로 시작하는 명사가 오면 combien d'로 축약해 줘요.
>
> 예 Tu as combien d'argent ? 너는 돈을 얼마나 가지고 있니?
> Vous avez combien d'amis ? 친구가 몇 명이나 있으세요?

3. 인원 묻고 답하기

프랑스의 식당이나 카페에 들어가면 웨이터가 '몇 분이세요?'라는 질문을 할 거예요. 이때 어떻게 대답하는지 알아봐요.

Vous êtes combien ?	몇 분이세요?
Nous sommes trois.	세 명입니다.
= On est trois.	

만약 혼자라면 이렇게 대답해 보세요.

Tout(e) seul(e).	혼자예요.
Une personne.	한 명입니다.

STEP 3 프랑스어 진짜 즐기기

아래 대화를 들으면서 오늘 배운 내용을 확인해 보세요.

 Camille: Bonjour, il y a de la place ?
안녕하세요, 자리 있나요?

 Serveur: Vous êtes combien ?
몇 분이실까요?

Camille: Toute seule.
혼자예요.

Serveur: Très bien. On a de la place.
좋습니다. 자리가 있어요.

STEP 4 프랑스어 진짜 써먹기

나의 점수 ☐ / 10   정답 및 해석 p.08
✅ 정답 보기

1 MP3를 듣고, 알맞은 숫자를 프랑스어로 적어 보세요. 🎧 28-04

1. _____   2. _____

3. _____   4. _____

5. _____

2 제시된 빈칸에 들어갈 수 있는 가장 알맞은 어휘를 고르세요.

1. Vous êtes _____ ?

   ⓐ quand   ⓑ qu'est-ce que   ⓒ combien de   ⓓ combien

2. Tu manges _____ baguettes ?

   ⓐ où   ⓑ comment   ⓒ combien de   ⓓ combien

3. Vous parlez _____ langues ?

   ⓐ où   ⓑ comment   ⓒ combien de   ⓓ combien

3 다음 문장을 프랑스어로 써 보세요. (복수 정답 가능)

1. 너는 돈을 얼마나 가지고 있니?

   ▶ _____

2. 한 명입니다.

   ▶ _____

▶ 문제 해설 강의 틀리거나 헷갈리는 문제는 문제 해설 강의로 복습하세요.

🎯 오늘의 Mission 지금 프랑스의 한 식당에 와 있다고 생각하면서 아래 웨이터의 질문에 답해 보세요.
Vous êtes combien ?

학습 종료 ✈

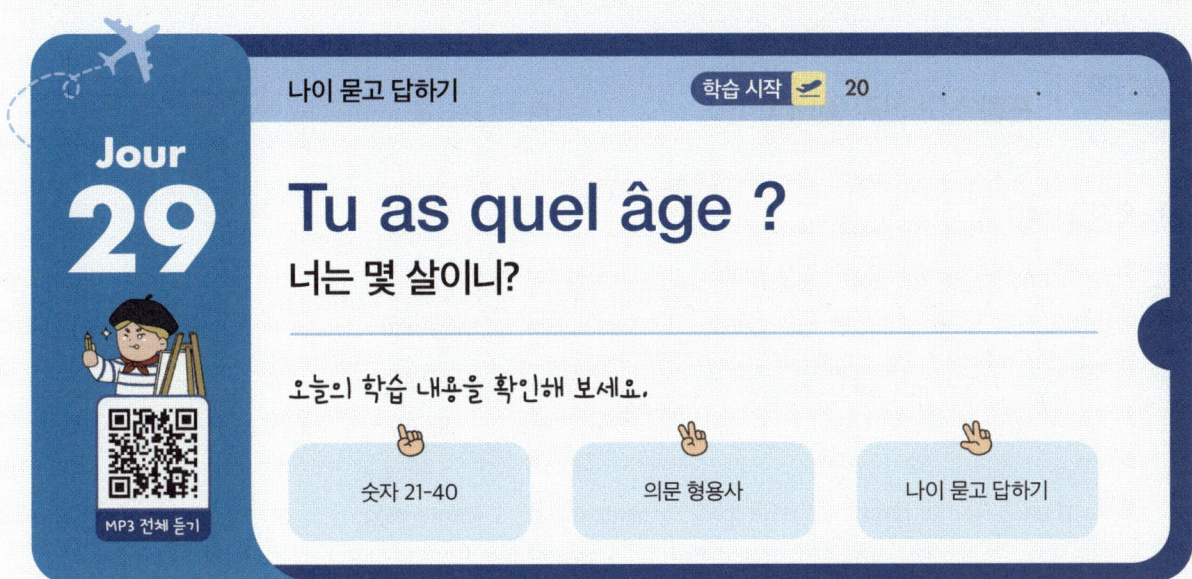

Jour 29

나이 묻고 답하기

Tu as quel âge ?
너는 몇 살이니?

오늘의 학습 내용을 확인해 보세요.

- 숫자 21-40
- 의문 형용사
- 나이 묻고 답하기

STEP 1 프랑스어 진짜 맛보기

오늘 배울 내용을 예문으로 먼저 만나 보세요.

Tu as quel âge ?	너는 몇 살이니?
Vous avez quel âge ?	나이가 어떻게 되세요?
On a le même âge !	우리 나이가 같아요!
Tu aimes quel fromage ?	너는 어떤 치즈를 좋아하니?

MEMO

반복학습 체크체크
- MP3듣기 ○─○─○
- 따라읽기 ○─○─○

단어
- âge 나이(n.m.)
- même 같은
- fromage 치즈(n.m.)

프랑스 진짜 여행 떠나기!

한두 살 차이도 크게 생각하는 한국과 달리 프랑스에서는 친구를 사귈 때 나이를 크게 신경 쓰지 않아요. 먼저 친해지고 나중에 나이를 물어보는 경우도 많답니다. 오히려 처음 보는 사람에게 나이를 묻는 건 실례일 수 있겠죠?

STEP 2 프랑스어 진짜 알아가기

▶ 저자 강의 🎧 29-02

1. 숫자 21-40

21	22	23	24	25
vingt et un	vingt-deux	vingt-trois	vingt-quatre	vingt-cinq
26	27	28	29	30
vingt-six	vingt-sept	vingt-huit	vingt-neuf	trente
31	32	33	34	35
trente et un	trente-deux	trente-trois	trente-quatre	trente-cinq
36	37	38	39	40
trente-six	trente-sept	trente-huit	trente-neuf	quarante

프랑스어 숫자는 특이한 점이 있어요. 21부터 31, 41, 51…은 10을 주기로 '~et un' 형태로 고정되어 있어요. 그 외에는 10의 자리와 1의 자리 사이에 연결 부호 '-'를 넣어 주면 돼요.

2. 의문 형용사 quel / quelle / quels / quelles

의문 형용사는 말 그대로 '어떤'이라는 의문의 뜻을 가진 형용사예요. 명사 앞에서 쓰이고 명사와 성수일치는 필수랍니다.

	남성	여성
단수	quel	quelle
복수	quels	quelles

Tu aimes quel fromage ? 너는 어떤 치즈를 좋아해?
Il a quelle voiture ? 그는 어떤 자동차를 가지고 있나요?
Vous aimez quels livres ? 당신은 어떤 책들을 좋아하시나요?
Tu parles quelles langues ? 너는 어떤 언어들을 하니?

단어
livre 책(n.m.)

3. 나이 묻고 답하기

영어에서는 나이를 말할 때 be 동사를 사용하지만, 프랑스어는 특이하게 avoir 동사를 사용해요.

Vous avez quel âge ? 나이가 어떻게 되세요?
Tu as quel âge ? 너는 몇 살이야?

Il a *quel âge* ? 그는 몇 살인가요?

나이를 대답할 때에도 avoir 동사로 표현해요.

J'ai vingt *ans*. 저는 스무 살입니다.

J'ai trente et un *ans*. 저는 31세입니다.

Il a vingt-neuf* *ans*. 그는 29세예요.

> **잠깐!**
> 도치형 의문문으로 물어보면 조금 더 예의 있는 표현이 됩니다. 이때 당연히 주어-동사 사이에 연결 부호 '-'를 넣어 주어야 해요.
>
> 예 Quel âge avez-vous ? 나이가 어떻게 되시나요?
>   Quel âge as-tu ? 너는 나이가 어떻게 돼?

MEMO

📖 **단어**

an 연(年), 해(n.m.)

★ 숫자 9 'neuf'는 뒤에 모음으로 시작하는 단어와 연음되면 강한 발음 [v브]로 바뀌어요.

아래 대화를 들으면서 오늘 배운 내용을 확인해 보세요.

 Noah: Louis, il a quel âge ?
루이는 몇 살이야?

 Manon: Il a vingt-neuf ans, peut-être.
그는 29세일거야, 아마도.

 Noah: On a le même âge !
우리 나이가 같아!

 Manon: C'est vrai ?
정말?

📖 **단어**

peut-être 아마

STEP 4 프랑스어 진짜 써먹기

1 MP3를 듣고, 알맞은 숫자를 프랑스어로 적어 보세요. 🎧 29-04

1. _____ 2. _____

3. _____ 4. _____

5. _____

2 제시된 빈칸에 들어갈 수 있는 의문 형용사를 고르세요.

1. Vous aimez _____ vin ?

   ⓐ quel   ⓑ quelle   ⓒ quels   ⓓ quelles

2. Elle a _____ voiture ?

   ⓐ quel   ⓑ quelle   ⓒ quels   ⓓ quelles

3. Vous parlez _____ langues ?

   ⓐ quel   ⓑ quelle   ⓒ quels   ⓓ quelles

3 다음 문장을 프랑스어로 써 보세요. (복수 정답 가능)

1. 나이가 어떻게 되시나요?

   ▶ _____

2. 저는 25살입니다.

   ▶ _____

▶ 문제 해설 강의 : 틀리거나 헷갈리는 문제는 문제 해설 강의로 복습하세요.

🎯 오늘의 Mission : 여러분의 나이와 주변 사람들의 나이를 프랑스어로 묻고 답해 보세요!

Jour 30

Jour 25~29 복습하기

Exercice ⑤
연습 문제

---

1 제시된 숫자를 프랑스어로 적어 보세요.

5	1.	15	2.
21	3.	39	4.
16	5.		

2 제시된 우리말을 보고 빈칸에 알맞은 단어를 채워 보세요.

1. 나는 너무 배가 고파요.

    ▶ Je(J') _____ trop _____.

2. 목이 마르니?

    ▶ Tu _____ _____ ?

3. 우리는 조금 추워요.

    ▶ Nous _____ un peu _____.

4. 그는 지금 졸려요.

    ▶ Il _____ _____ maintenant.

3 프랑스어 문장과 우리말 뜻을 짝지어 보세요.

1. Tu as de la monnaie, s'il te plaît ?   •   • **a** 나는 정말 피곤해, 넌 안 그래?

2. Je suis très fatigué, pas toi ?   •   • **b** 몇 분이세요?

3. Il y a de la place ici ?   •   • **c** 동전 있으면 빌려줄래?

4. Vous avez chaud ?   •   • **d** 여기 자리 있나요?

5. Vous êtes combien ?   •   • **e** 더우세요?

4 제시된 빈칸에 들어갈 수 있는 가장 알맞은 어휘를 고르세요.

1. Tu manges _____ pain ?

   ① comment   ② combien   ③ et   ④ combien de

2. Tu aimes qui ? _____ ou elle ?

   ① Il   ② Pour   ③ Moi   ④ Aussi

3. Il n'y a pas _____ place vide.

   ① du   ② de   ③ des   ④ de la

4. Vous avez _____ âge ?

   ① quel   ② quelle   ③ quels   ④ quelles

5. C'est _____ qui ce téléphone ?

   ① du   ② un   ③ à   ④ la

5 각 전치사와 어울리는 이미지를 짝지어 보세요.

1. dans   2. sous   3. derrière   4. sur

a.   b.   c.   d.

6 빈칸에 알맞은 단어를 채워 아래 대화문을 완성해 보세요. (복수 정답 가능)

1. _____, madame ?   무슨 일이시죠?

2. _____ ici ?   여기 화장실 있을까요?

3. _____ sont 4. _____.   화장실은 문 앞에 있습니다.

Merci beaucoup, monsieur.   감사합니다.

7 다음 문장을 프랑스어로 써 보세요. (복수 정답 가능)

1. 여기 화장실 있나요?

   ▶ _____

2. 이 캐리어는 누구의 것인가요?

   ▶ _____

3. 너는 친구가 몇 명이나 있어?

   ▶ _____

Jour 30

쉬어가기

프랑스 사람들은 매년 1월 첫번째 일요일에 이 디저트를 먹는다구요?

프랑스에서는 매년 1월의 첫번째 일요일을 '주현절'이라고 불러요. 이 주현절에는 '왕들의 날'을 기념하면서 걀레트라는 아몬드 파이를 먹는답니다.

그렇다면 이 '왕들의 날'이란 도대체 무슨 날일까요?

혹시 여러분은 예수 그리스도의 탄생을 축하하러 선물을 준비해 간 세 명의 동방박사 이야기를 아시나요? '왕들의 날'에서 말하는 '왕'은 바로 이 세 명의 동방박사를 의미해요. 즉, '왕들의 날'은 세 명의 동방박사들이 아기 예수에게 경배와 예물을 드린 날을 기리는 날이랍니다.

프랑스에서는 '왕들의 날'이 되면 걀레트라는 과자를 가족이나 친구들과 나눠 먹는 이벤트를 여는데요, 재미있는 건 이 디저트 속에 조그마한 도자기로 된 인형이 들어가 있다는 거예요. 이 인형을 우리는 'fève'라고 부른답니다.

같이 걀레트를 나눠 먹은 사람들 중 이 fève를 발견하는 사람이 나오면, 그 사람은 왕이 되어 금색 왕관을 쓰게 되고 하루 동안 왕 대접을 받을 수 있어요. 걀레트를 판매할 때 항상 금색 왕관이 함께 있는 이유가 바로 이 때문이랍니다!

Tip!
La galette des rois 왕들의 걀레트
L'Épiphanie 주현절
Le jour des rois 왕들의 날
fève 작은 인형

▶ 문제 해설 강의 — 틀리거나 헷갈리는 문제는 문제 해설 강의로 복습하세요.

🎯 오늘의 Mission — 여행 중 들을 수 있는 질문들을 정리하고, 그에 대한 여러분의 답변을 준비해 두세요!

학습 종료

Jour 31

시간 묻고 답하기 학습 시작 20 . .

Il est midi et demi.
지금 12시 반이에요.

오늘의 학습 내용을 확인해 보세요.

- 숫자 41-60
- 시간 묻고 답하기
- 시간을 나타내는 다른 표현

▶ 전체 강의   ? 질문게시판   🎧 MP3

STEP 1 프랑스어 진짜 맛보기

▶ 저자 강의   🎧 31-01   🎤 말하기 연습

MEMO

✓ 반복학습 체크체크
MP3듣기 ○○○
따라읽기 ○○

단어
heure 시간(n.f.)
demi(e) 절반(의)

오늘 배울 내용을 예문으로 먼저 만나 보세요!

Il est quelle heure ?	몇 시인가요?
Il est midi.	낮 12시예요.
Il est minuit.	밤 12시예요.
Il est midi et demi.	12시 반이에요.

 진짜 여행 떠나기!

프랑스에는 L'heure d'été 즉 서머타임이 존재한다는 사실 알고 계셨나요? 매년 3월 31일 새벽 2시는 새벽 3시로 한 시간 변경돼요. 한 시간이 빨라지는 거죠! 10월 말까지 서머타임이 지속되는 동안은 한국과의 시차가 7시간으로 줄어들어요! 서머타임이 끝나면 다시 8시간 차이가 난답니다.

STEP 2 프랑스어 진짜 알아가기

▶ 저자 강의 🎧 31-02   ✏ MEMO

1. 숫자 41-60

41	42	43	44	45
quarante et un	quarante-deux	quarante-trois	quarante-quatre	quarante-cinq
46	47	48	49	50
quarante-six	quarante-sept	quarante-huit	quarante-neuf	cinquante
51	52	53	54	55
cinquante et un	cinquante-deux	cinquante-trois	cinquante-quatre	cinquante-cinq
56	57	58	59	60
cinquante-six	cinquante-sept	cinquante-huit	cinquante-neuf	soixante

앞서 살펴보았듯이 21부터 31, 41, 51…은 10을 주기로 '~et un' 형태가 고정되어 있어요. 그리고 10의 자리와 1의 자리 사이에 연결 부호 '-'를 넣어주면 돼요.

2. 시간 묻고 답하기

몇 시인가요?	A시 B분입니다.
Il est quelle heure ? Quelle heure est-il ?	Il est A heure(s) B.

시간을 묻고 답할 때에는 'il est' 표현을 사용해요. 이때 'il'은 아무 의미가 없는 비인칭 주어랍니다. 마치 영어에서 시간 표현을 할 때 it's 구문을 쓰는 것처럼 말이죠!

Il est quelle heure ?	몇 시인가요?
Il est une heure.	(새벽) 1시예요.
Il est huit heures.	8시예요.

1시를 표현할 때만 'heure'를 단수로 사용하고 그 이상은 전부 복수형 'heures'를 사용해요. 또 프랑스는 24시간제를 사용하기 때문에 1시부터 24시로 표현합니다.

Il est treize heures trente*.	13시 30분입니다. (낮 1시 30분)
Il est dix-sept heures vingt.	17시 20분입니다. (오후 5시 20분)
Il est vingt-deux heures quinze.	22시 15분입니다. (밤 10시 15분)

★ 더 쉽게는 이렇게 표기할 수 있어요.
13 h 30
17 h 20
22 h 15

3. 시간을 나타내는 다른 표현

15분	quinze	Il est onze heures quinze.	11시 15분이다.
	et quart	Il est onze heures et quart.	11시 15분이다.
30분	trente	Il est neuf heures trente.	9시 30분이다.
	et demi(e)	Il est neuf heures et demie.	9시 반이다.
낮 12시	midi	Il est midi.	정오다.
	douze heures	Il est douze heures.	낮 12시다.
밤 12시	minuit	Il est minuit.	자정이다.

MEMO

단어
quart 4분의 1(n.m.)

전치사 à를 사용하면 정확하게 '~시간에'라는 의미로 사용할 수 있어요.

J'ai un cours à quatorze heures.   나는 14시에 수업이 있어요.
J'ai un rendez-vous à midi.   나는 정오에 약속이 있어.

moins을 사용하면 '~분 전'이라는 의미로 사용할 수 있어요.

Il est minuit moins dix.   자정이 되기 10분 전이야. (23시 50분이야.)
Il est neuf heures moins quinze.   9시 15분 전이야. (8시 45분이야.)

STEP 3 프랑스어 진짜 즐기기 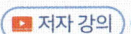 저자 강의 31-03 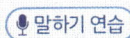 말하기 연습

아래 대화를 들으면서 오늘 배운 내용을 확인해 보세요.

단어
vite 빨리

 Lucas: **Oh, il est quelle heure ?**
어, 지금 몇 시지?

 Camille: **Il est midi moins dix.**
12시 10분 전이야.

 Lucas: **Oh non ! J'ai un rendez-vous à midi et demi !**
저런! 나 12시 반에 약속이 있는데!

 Camille: **Vite, vite, vite !**
빨리 빨리 해!

Jour 31

STEP 4 프랑스어 진짜 써먹기

1 MP3를 듣고, 알맞은 숫자를 프랑스어로 적어 보세요. 🎧 31-04

1. _____   2. _____

3. _____   4. _____

2 프랑스어 표현에 해당하는 시간을 짝지어 보세요.

1. Il est midi et demi.   •   • ⓐ 13시 15분

2. Il est treize heures quinze.   •   • ⓑ 9시 40분

3. Il est dix heures moins vingt.   •   • ⓒ 22시 30분

4. Il est vingt-deux heures et demie. •   • ⓓ 낮 12시 30분

3 다음 문장을 프랑스어로 써 보세요. (복수 정답 가능)

1. 나는 9시 20분에 수업이 있어요.
   ▶ _____

2. 11시 15분입니다.
   ▶ _____

▶ 문제 해설 강의) 틀리거나 헷갈리는 문제는 문제 해설 강의로 복습하세요.
🎯 오늘의 Mission) 여러분이 공부하고 있는 지금은 몇 시인가요? 프랑스어로 말해 보세요!

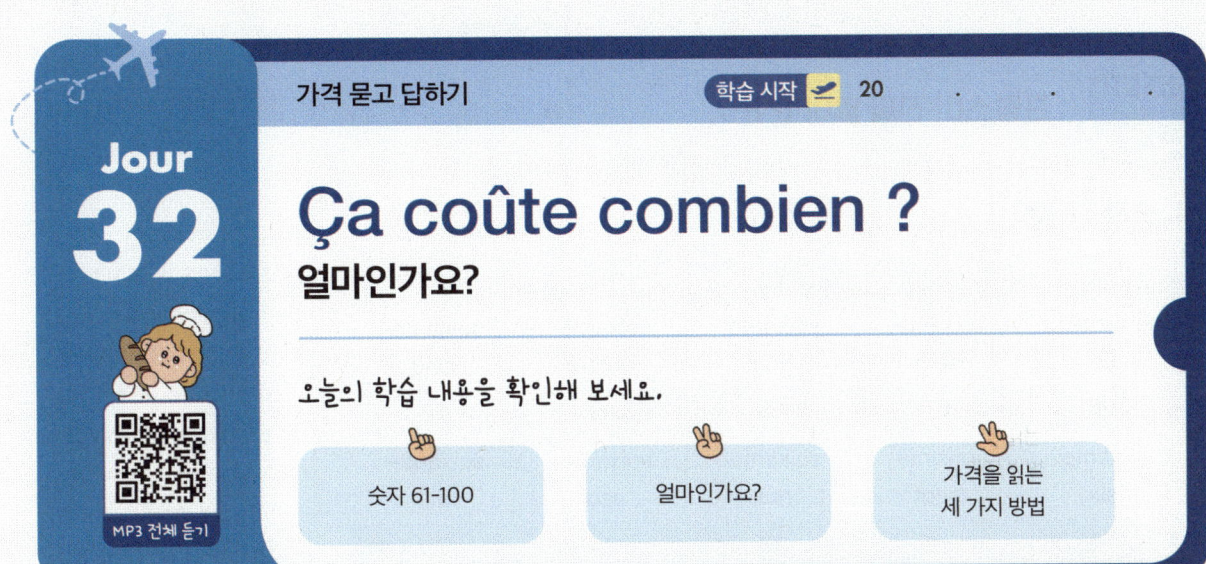

Jour 32

가격 묻고 답하기　　학습 시작 ✈ 20 ．　．　．

Ça coûte combien ?
얼마인가요?

오늘의 학습 내용을 확인해 보세요.

- 숫자 61-100
- 얼마인가요?
- 가격을 읽는 세 가지 방법

▶ 전체 강의　❓ 질문게시판　🎧 MP3

STEP 1 　프랑스어 진짜 맛보기

▶ 저자 강의　🎧 32-01　🎤 말하기 연습

오늘 배울 내용을 예문으로 먼저 만나 보세요!

C'est combien ?	얼마인가요?
Ça coûte combien ?	얼마인가요?
C'est vingt euros.	20유로입니다.
Ça coûte trois euros.	3유로입니다.

📝 MEMO

☑ 반복학습 체크체크
- MP3듣기 ○○○
- 따라읽기 ○○○

🔊 단어

coûter 값이 나가다

 진짜 여행 떠나기!

프랑스는? 바로 쇼핑의 나라! 프랑스를 여행하다 보면 내 마음에 쏙 드는 물건을 만날 수도 있겠죠? 지금이 아니면 다시 구매할 수 없다는 게 여행지 쇼핑의 묘미 아니겠어요? 그 때 가격 물어보기는 필수예요! 배웠던 대로 차분하게 질문해 보도록 해요. Ça coûte combien ?

STEP 2 프랑스어 진짜 알아가기

▶ 저자 강의 🎧 32-02

📝 MEMO

1. 숫자 61-100

61	62	63	64	65
soixante et un	soixante-deux	soixante-trois	soixante-quatre	soixante-cinq
66	67	68	69	70
soixante-six	soixante-sept	soixante-huit	soixante-neuf	soixante-dix
71	72	73	74	75
soixante et onze	soixante-douze	soixante-treize	soixante-quatorze	soixante-quinze
76	77	78	79	80
soixante-seize	soixante-dix-sept	soixante-dix-huit	soixante-dix-neuf	quatre-vingts
81	82	83	84	85
quatre-vingt-un	quatre-vingt-deux	quatre-vingt-trois	quatre-vingt-quatre	quatre-vingt-cinq
86	87	88	89	90
quatre-vingt-six	quatre-vingt-sept	quatre-vingt-huit	quatre-vingt-neuf	quatre-vingt-dix
91	92	93	94	95
quatre-vingt-onze	quatre-vingt-douze	quatre-vingt-treize	quatre-vingt-quatorze	quatre-vingt-quinze
96	97	98	99	100
quatre-vingt-seize	quatre-vingt-dix-sept	quatre-vingt-dix-huit	quatre-vingt-dix-neuf	cent

★ 프랑스어 숫자 체계가 너무 어렵게 느껴지나요? 사실 프랑스 사람들은 70을 생각할 때 60 + 10을 떠올리면서 말하지 않아요. 'soixante-dix'가 그냥 70이라는 숫자를 의미하는 한 단어라고 생각한답니다. 하나의 단어로 받아들이면 더 간단해요.

① 70은 60을 기준으로 표현해요. 70은 '60 + 10', 71은 '60 et 11' 이런 식으로 표현한답니다. 앞서 배운 숫자들과 마찬가지로 10의 자리와 1의 자리는 연결 부호 '-'를 붙여줘요.

② 80은 'quatre-vingts', 즉 4x20으로 표현하고, 80에만 vingt에 -s를 붙여줘요. 또 81, 91에는 더이상 et를 붙여서 표현하지 않아도 된답니다.

③ 마지막으로 90은 80을 기준으로 표현해요. 즉, 90은 '80 + 10', 99는 '80 + 19' 이런 식이죠.

```
70 = 60 + 10
71 = 60 et 11
     ⋮
79 = 60 + 19
80 = 4 x 20
```

```
90 = 80 + 10
91 = 80 + 11
     ⋮
99 = 80 + 19
```

2. 얼마인가요?

이건 얼마인가요?		이건 … 유로예요.
Ça coûte combien ? C'est combien ?	→	Ça coûte … euros. C'est … euros.

C'est combien ? 얼마인가요?

C'est un euro.* 1유로입니다.

Ça coûte trente-cinq euros. 35유로입니다.

> ★ 1유로는 단수이기 때문에 euro에 '-s'를 붙이지 않아요.

3. 가격을 읽는 세 가지 방법

프랑스의 돈은 큰 단위인 '유로'와 작은 단위인 '상팀'으로 나눠져요.

€ 3,20 = 3유로 20상팀	① trois euros vingt* ② trois euros et vingt centimes ③ trois vingt*

> ★ 현지에서는 ①번 방법을 일상적으로 가장 많이 사용해요. ③번은 회화에서 슬랭으로 간단하게 사용하는 방법이에요.

STEP 3 프랑스어 진짜 즐기기

🎥 저자 강의 🎧 32-03 🎤 말하기 연습

아래 대화를 들으면서 오늘 배운 내용을 확인해 보세요.

Manon: **Ça coûte combien, ces baskets ?**
이 운동화는 얼마인가요?

Vendeur: **Ça, c'est quatre-vingts euros quinze, madame.**
그건 80유로 15상팀입니다.

Manon: **Ah oui ? C'est très joli.**
아 그래요? 참 예쁘네요.

Vendeur: **Oui. Et ce n'est pas trop cher.**
그럼요. 그리고 너무 비싼 것도 아니에요.

📖 단어

baskets 운동화(n.f.pl.)

STEP 4 프랑스어 진짜 써먹기

나의 점수 ☐ / 10   정답 및 해석 p.09   ✓ 정답 보기

1 제시된 숫자를 프랑스어로 적어 보세요.

61	1.
80	2.
74	3.
99	4.
100	5.

2 다음 숫자 표현에서 틀린 부분을 찾아 올바르게 고쳐 보세요.

1. quatre-vingt (80) ▶ _____

2. soixante-onze (71) ▶ _____

3 제시된 가격을 세 가지 방법으로 표현해 보세요.

| 보기 | € 19,20 |

1. _____

2. _____

3. _____

▶ 문제 해설 강의 틀리거나 헷갈리는 문제는 문제 해설 강의로 복습하세요.
🎯 오늘의 Mission 프랑스의 한 상점에서 물건을 구매한다고 생각하고 가격을 묻고 답해 보세요.

학습 종료

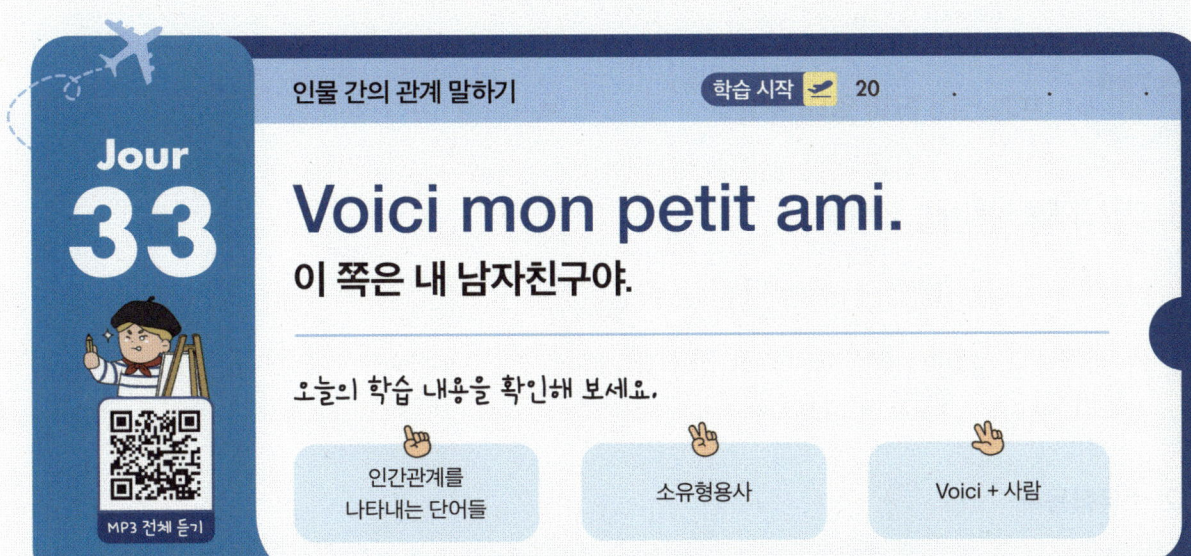

Jour 33

인물 간의 관계 말하기 · 학습 시작 20

Voici mon petit ami.
이 쪽은 내 남자친구야.

오늘의 학습 내용을 확인해 보세요.
- 인간관계를 나타내는 단어들
- 소유형용사
- Voici + 사람

▶ 전체 강의 ❓ 질문게시판 🎧 MP3

STEP 1 프랑스어 진짜 맛보기

▶ 저자 강의 🎧 33-01 🎤 말하기 연습

MEMO
✓ 반복학습 체크체크
MP3듣기 ○○○
따라읽기 ○○○

오늘 배울 내용을 예문으로 먼저 만나 보세요.

Voici Lucas.	이 쪽은 뤼꺄야.
Voici mon petit ami.	이 쪽은 내 남자친구야.
Voici ma petite amie.	이 쪽은 내 여자친구야.
Voici ma grande sœur.	이 쪽은 내 언니/누나야.

프랑스 진짜 여행 떠나기!

프랑스어 실력을 폭발적으로 향상시킬 수 있는 방법이요? 당연히 프랑스인 친구를 사귀는 거죠! 한 명의 친구를 사귀게 된다면 여러분은 친구의 친구, 가족 등 여러 사람들과 더욱 친해질 수 있을 거예요. 그때를 위해 인간관계를 의미하는 여러 표현들을 잘 알아두자구요!

STEP 2 프랑스어 진짜 알아가기

저자 강의 🎧 33-02

📝 MEMO

1. 인간관계를 나타내는 단어들

père 아빠	mère 엄마	frère 남자형제	sœur 여자형제	cousin(e) 사촌, 친척
grand-père 할아버지	grand-mère 할머니	fils 아들	fille 딸	ami(e) 친구

2. 소유형용사

	남성단수	여성단수	복수
나의	mon	ma	mes
너의	ton	ta	tes
그의/그녀의	son	sa	ses
우리들의	notre	notre	nos
당신의/너희들의*	votre	votre	vos
그들의/그녀들의	leur	leur	leurs

소유형용사도 다른 형용사와 마찬가지로 명사에 성수일치 시켜주는 게 가장 중요해요. 중요한 건 소유자의 성별이 아닌 형용사가 꾸며주는 명사의 성이에요! 예시로 살펴봐요.

mon téléphone	내 휴대폰

'내' 성별이 남성인지 여성인지는 전혀 중요하지 않아요. 'téléphone'이 남성명사이기 때문에 남성단수 형태의 소유형용사인 'mon'을 써 줘야 해요.

sa voiture	그의/그녀의 자동차

'son / sa / ses'는 '그의, 그녀의' 두 가지 의미를 가지고 있어요. 영어로는 그의 자동차(his car)와 그녀의 자동차(her car)를 다르게 표현하지만 프랑스어로는 둘 다 'sa voiture'예요. 중요한 건 'voiture'가 여성명사라는 것이죠.

잠깐!

'ma / ta / sa'를 사용하는 경우 조심해야 해요. 모음이나 무음 h로 시작하는 여성단수 명사 앞에서는 예외적으로 'mon / ton / son'으로 사용해요.

예) ma amie ❌ → mon amie ⭕   내 친구(여자)
    ta adresse ❌ → ton adresse ⭕   너의 주소
    sa école ❌ → son école ⭕   그의/그녀의 학교

★ 'votre / vos'는 단수 뜻으로 더 많이 사용해요. 자주 사용되는 순서는 아래와 같아요.
① 당신의
② 너희들/당신들의

📖 단어

adresse 주소(n.f.)

mon père 나의 아버지	ma mère 나의 어머니	mes parents 나의 부모님
ton frère 너의 남자형제	ta sœur 너의 여자형제	tes amis 너의 친구들
son stylo 그의/그녀의 펜	sa voiture 그의/그녀의 자동차	ses vêtements 그의/그녀의 옷들
notre chien 우리 강아지	notre maison 우리 집	nos parents 우리 부모님
votre nom 당신의 이름	votre nationalité 당신의 국적	vos loisirs* 당신의 취미들
leur chat 그들의 고양이	leur profession 그들의 직업	leurs devoirs* 그들의 숙제들

📝 MEMO

단어
- parents 부모님(n.m.pl)
- nom 이름(n.m.)
- nationalité 국적(n.f.)
- loisirs 여가활동(n.m.pl.)
- profession 직업(n.f.)
- devoirs 숙제(n.m.pl.)

★ '취미, 여가활동'과 '숙제'는 주로 복수형으로 사용해요.

3. Voici + 사람

'Voici + 사람'은 주변 사람을 소개할 때 자주 사용되는 표현이에요.

Voici ma grande sœur.*	자, 여기는 내 언니/누나야.
Voici James.	이 분은 제임스예요.
Voici mon petit ami.	이쪽은 내 남자친구야.

★ sœur, frère 앞에 'grand(e)'을 붙이면 연장자, 'petit(e)'를 붙이면 동생이 돼요.

STEP 3 프랑스어 진짜 즐기기

▶ 저자 강의   🎧 33-03   🎤 말하기 연습

아래 대화를 들으면서 오늘 배운 내용을 확인해 보세요.

Manon: Salut Lucas ! Ah. Qui est-ce ?
안녕 뤼꺄! 어. 누구야?

Lucas: Voici mon petit frère.
여긴 내 남동생이야.

Manon: Salut ! Tu t'appelles comment ?
안녕! 넌 이름이 뭐야?

Paul: Je m'appelle Paul. J'ai dix ans.
제 이름은 폴이에요. 전 10살이에요.

Jour 33

STEP 4 프랑스어 진짜 써먹기

나의 점수 ☐ / 10 정답 및 해석 p.10
✓ 정답 보기

1 프랑스어 단어와 우리말 뜻을 짝지어 보세요.

1. 엄마 •   • ⓐ sœur
2. 형/남동생 •   • ⓑ mère
3. 할아버지 •   • ⓒ grand-père
4. 언니/여동생 •   • ⓓ frère

2 제시된 우리말을 보고 빈칸에 알맞은 소유형용사를 채워 보세요.

1. 내 휴대폰   ▶ _____ téléphone
2. 그녀의 펜   ▶ _____ stylo
3. 그의 자동차   ▶ _____ voiture
4. 너의 주소   ▶ _____ adresse
5. 그들의 고양이   ▶ _____ chat

3 다음 문장을 프랑스어로 써 보세요.

이쪽은 내 남자친구야.

▶ _____

▶ 문제 해설 강의) 틀리거나 헷갈리는 문제는 문제 해설 강의로 복습하세요.
🎯 오늘의 Mission) 오늘 배운 표현을 활용하여 주변 사람들과의 관계를 프랑스어로 설명해 보세요.

학습 종료

4 ■ 프랑스어 진짜학습지 **첫걸음**

Jour 34

순서 설명하기

Tu es mon premier amour.
너는 내 첫사랑이야.

오늘의 학습 내용을 확인해 보세요.

- 서수 1-10
- 층수
- 처음 해 봐요
- 소유형용사 + 서수

STEP 1 — 프랑스어 진짜 맛보기

오늘 배울 내용을 예문으로 먼저 만나 보세요.

Tu es mon premier amour.	너는 내 첫사랑이야.
Je suis ici pour la première fois.	나 여기 처음 와봐.
C'est au deuxième étage.	2층에 있어요.
C'est ma première visite à Paris.	저의 파리 첫 방문이에요.

MEMO

✅ 반복학습 체크체크
- MP3듣기 ○─○─○
- 따라읽기 ○─○─○

📖 단어
- amour 사랑 (n.m.)
- fois 횟수, 번 (n.f.)
- étage 층 (n.m.)
- visite 방문 (n.f.)

프랑스 진짜 여행떠나기!

프랑스식 층수 세는 법에 대해 알고 있나요? 프랑스에는 0층(rez-de-chaussée)이라는 개념이 존재한답니다. 숙소가 엘리베이터 없는 3층이라고 되어 있어 '그 정도는 가뿐하지!'라고 생각했다가 실제로는 4층을 걸어 올라가야 하는 대참사를 겪는 여행객들이 많아요. 정확히 체크하고 준비하는 게 좋겠죠?

STEP 2 프랑스어 진짜 알아가기

▶ 저자 강의　🎧 34-02

1. 서수 1-10

서수를 만드는 방법은 쉬워요. 이미 배운 기수 형태의 숫자에 '-ième'만 붙여주면 되거든요. 단 '-e'로 끝나는 숫자에는 'e'를 떼고 붙여줘요.

첫 번째(의)	두 번째(의)	세 번째(의)	네 번째(의)	다섯 번째(의)
premier* / première	deuxième	troisième	quatrième	cinquième*
여섯 번째(의)	일곱 번째(의)	여덟 번째(의)	아홉 번째(의)	열 번째(의)
sixième	septième	huitième	neuvième*	dixième

'첫 번째'는 남성형과 여성형이 나뉘어져요. 또 '두 번째'는 'deuxième' 말고도 'second(e)'라고 표현하기도 해요. 그리고 서수도 명사의 앞에 위치해 명사를 꾸며 주는 역할을 해요.

C'est le premier amour !　　　그게 바로 첫사랑이야!
Lucas est premier et Paul est deuxième.　뤼꺄가 첫째고 폴이 둘째예요.
J'ai un billet de première classe.　저는 1등석 티켓이 있어요.

2. 층수

층수를 이야기할 때는 서수 뒤에 층을 의미하는 남성명사 'étage'를 붙여 주면 돼요. 아 참! 프랑스에는 0층이 존재한다는 사실, 여러분 알고 계신가요? 한국식 층수에서 1을 빼면 프랑스식 층수가 된답니다.

le rez-de-chaussée　　　　　0층
le premier étage　　　　　　1층 (한국의 2층)
le septième étage　　　　　7층 (한국의 8층)

'~층에'라고 표현할 때는 'au'와 함께 표현해요.

Ma chambre est au cinquième étage.　내 방은 5층에 있어요.
Le restaurant est au deuxième étage.　그 레스토랑은 2층에 있어.

3. 처음 해 봐요

pour la première fois
첫 번째로

MEMO

★ 숫자 1은 예외적으로 '-ième' 형태로 끝나지 않아요. 따로 암기해 주세요.

★ 숫자 5와 9는 예외적으로 서수의 형태가 변해요.

단어

billet 티켓(n.m.)
classe 계급, 종류(n.f.)

Je suis ici pour la première fois.	여기 처음 와 봐요.
Tu écoutes* cette chanson pour la première fois ?	너 이 노래 처음 들어?
Elle rencontre* Noah pour la première fois.	그녀는 노아랑 처음 만나요.

4. 소유형용사 + 서수

서수는 소유형용사와 자주 쓰여요.

| Tu es mon premier amour. | 네가 내 첫사랑이야. |
| C'est ma troisième visite à Paris. | 이번이 저의 세 번째 파리 방문이에요. |

잠깐!

이때 주의해야 하는 점은 소유형용사 앞에 주어로 il est, elle est 대신 c'est 구문을 사용한다는 거예요.

예) Il est mon premier amour. ✗
C'est mon premier amour. ○   그는 내 첫사랑이야.

Elle est ma première amie française. ✗
C'est ma première amie française. ○   내 첫 프랑스인 친구야. (여자)

MEMO

동사 체크

écouter 듣다
1군 동사

j'écoute
tu écoutes
il/elle/on écoute
nous écoutons
vous écoutez
ils/elles écoutent

rencontrer 만나다
1군 동사

je rencontre
tu rencontres
il/elle/on rencontre
nous rencontrons
vous rencontrez
ils/elles rencontrent

STEP 3 프랑스어 진짜 즐기기

(저자 강의) (34-03) (말하기 연습)

아래 대화를 들으면서 오늘 배운 내용을 확인해 보세요.

 Manon
C'est incroyable. Je suis à Paris !
말도 안 돼. 내가 파리에 있다니!

 Noah
C'est ta première visite à Paris ?
너의 파리 첫 방문이니?

 Manon
Oui. Euh.. Où est ma chambre ?
맞아. 음.. 내 방은 어디야?

 Noah
C'est au sixième étage.
6층이야. (한국의 7층)

단어

incroyable 믿을 수 없는

STEP 4 프랑스어 진짜 써먹기

나의 점수 ☐ / 10   정답 및 해석 p.10
✅ 정답 보기

1 프랑스어 단어와 우리말 뜻을 짝지어 보세요.

1. 네 번째 •   • ⓐ septième
2. 세 번째 •   • ⓑ dixième
3. 일곱 번째 •   • ⓒ troisième
4. 열 번째 •   • ⓓ quatrième

2 제시된 우리말을 보고 빈칸에 알맞은 표현을 채워 보세요.

1. 그 레스토랑은 2층에 있어.   ▶ Le restaurant est _____ _____ étage.

2. 내 방은 6층에 있어.   ▶ Ma chambre est _____ _____ étage.

3. 너는 내 첫사랑이야.   ▶ Tu es _____ _____ amour.

4. 그녀는 내 첫 프랑스인 친구야.   ▶ C'est _____ _____ amie française.

3 다음 문장에서 틀린 부분을 찾아 올바르게 고쳐 보세요.

1. C'est au cinqième étage.
   ▶ _____

2. C'est mon premier visite à Paris.
   ▶ _____

▶ 문제 해설 강의 틀리거나 헷갈리는 문제는 문제 해설 강의로 복습하세요.

🎯 오늘의 Mission 서수 1부터 10까지 20초 안에 연달아 말해 보세요.

학습 종료 ✈

Jour 35

좋아하는 것 말하기 (3) · 학습 시작 ✈ 20

C'est ma chanson préférée.
이건 내가 가장 좋아하는 노래야.

오늘의 학습 내용을 확인해 보세요.

- 가장 좋아하는 ~는 무엇인가요?
- 가장 좋아하는 건 ~예요.
- 좋아하는 것 질문-대답해 보기

▶ 전체 강의   ? 질문게시판   🎧 MP3

STEP 1 프랑스어 진짜 맛보기

▶ 저자 강의 🎧 35-01 🎤 말하기 연습

오늘 배울 내용을 예문으로 먼저 만나 보세요.

C'est ma chanson préférée.	이거 내가 가장 좋아하는 노래야.
C'est mon dessert préféré.	이거 내가 가장 좋아하는 디저트야.
Quel est ton film préféré ?	네가 가장 좋아하는 영화가 뭐야?
Quelle est votre fleur préférée ?	당신이 가장 좋아하는 꽃이 무엇인가요?

📝 MEMO

☑ 반복학습 체크체크
- MP3듣기 ○○○
- 따라읽기 ○○○

📖 단어
- préféré(e) 선호하는

프랑스 진짜 여행 떠나기!

여러분의 취향을 알고 있는 것은 굉장히 중요해요! 아직 잘 모르겠다구요? 그렇다면 당장 프랑스로 떠납시다! 여러분이 가장 좋아하는 디저트는 무엇인지, 어떤 음악 종류를 가장 사랑하는지 하나하나 취향을 찾는 여행을 해보는 것은 어떤가요?

STEP 2 | 프랑스어 진짜 알아가기

▶ 저자 강의 🎧 35-02   📝 MEMO

1. 가장 좋아하는 ~는 무엇인가요?

	가장 좋아하는 명사는 무엇인가요?
단수	Quel/Quelle est + 소유형용사 + 명사 + préféré(e) ?
복수	Quels/Quelles sont + 소유형용사 + 명사 + préféré(e)s ?

자, 이 표현은 예문을 보면 쉽게 파악이 가능해요. 문장 속에서 가장 중요한 건 단 한 가지, 바로 '명사'입니다. 이 명사의 성과 수에 따라 다른 모든 형용사들이 성수일치 되어야 해요.

Quel est ton film préféré ?	네가 가장 좋아하는 영화는 뭐야?

film은 '영화'라는 뜻을 가진 남성단수 명사예요. 그에 맞춰 quel, ton, préféré까지 전부 남성단수형으로 성수일치 된 것 보이죠?

Quelle est ta musique préférée ?	네가 가장 좋아하는 음악은 뭐야?

musique는 '음악'이라는 뜻을 가진 여성단수 명사죠. 마찬가지로 quelle, ta, préférée까지 전부 여성단수형으로 성수일치 되었어요.

| Quels sont vos sports préférés ? | 당신이 가장 좋아하는 운동은 뭐죠? |
| Quelles sont vos activités préférées ? | 당신이 가장 좋아하는 활동은 뭐죠? |

마찬가지로 남성복수 명사 sports, 여성복수 명사 activités에 맞추어 전부 성수일치 된 걸 알 수 있어요.

2. 가장 좋아하는 건 ~예요.

질문에 대한 대답은 c'est 구문을 사용해서 쉽게 대답할 수 있어요.

L'éclair, c'est mon dessert préféré.
에끌레어, 그건 내가 가장 좋아하는 디저트야.

Le jazz, c'est sa musique préférée.
재즈, 그게 그/그녀가 가장 좋아하는 음악이야.

혹은 이전에 배운 표현들을 활용할 수도 있죠.

J'aime bien le foot.   나는 축구를 좋아해.
J'adore les livres.   나는 책(읽는 것)을 엄청 좋아해.

📖 단어

musique 음악(n.f.)

3. 좋아하는 것 질문-대답해 보기

 MEMO

Quel est ton plat préféré ? 네가 가장 좋아하는 음식은 뭐야?
- C'est le kebab. - 케밥이야.
- C'est la soupe d'oignon. - 양파 수프야.

Quel est votre fruit préféré ? 당신이 가장 좋아하는 과일은 뭐예요?
- Ce sont les fraises. - 딸기예요.

Quelle est sa musique préférée ? 그/그녀가 가장 좋아하는 음악이 뭐죠?
- C'est le hip-hop. - 힙합이요.
- C'est la K-pop. - 케이팝이요.

Quelle est leur fleur préférée ? 그들이 가장 좋아하는 꽃이 뭐죠?
- C'est la tulipe. - 튤립이요.
- C'est la pivoine. - 작약이에요.

 **프랑스어 진짜 즐기기** (저자 강의) (35-03) (말하기 연습)

아래 대화를 들으면서 오늘 배운 내용을 확인해 보세요.

 Camille
Ah ! C'est ma chanson préférée.
아! 내가 제일 좋아하는 노래야.

Ah bon ? Je n'aime pas le hip-hop. Noah
아, 그래? 나는 힙합은 안 좋아해.

 Camille
Alors, quelle est ta musique préférée ?
그러면 넌 어떤 음악을 가장 좋아해?

C'est le jazz et le rock aussi. Noah
재즈랑 록이야.

🔹 단어

rock 록 음악(n.m.)

STEP 4 프랑스어 진짜 써먹기

나의 점수 ☐ / 10   정답 및 해석 p.10
✅ 정답 보기

1 형용사 préféré를 활용해서 빈칸을 채워 보세요.

1. C'est ma chanson _____.
2. Quels sont vos sports _____ ?
3. Quel est ton film _____ ?
4. Quel est leur fruit _____ ?

2 질문과 어울리는 답변을 짝지어 보세요.

1. Quel est ton plat préféré ?   •   • ⓐ J'adore le hip-hop.
2. Quelles sont vos activités préférées ? • • ⓑ C'est la tulipe.
3. Quelle est ta musique préférée ?   •   • ⓒ J'aime bien les livres.
4. Quelle est votre fleur préférée ?   •   • ⓓ C'est le kebab.

3 다음 문장을 프랑스어로 써 보세요.

1. 이게 내가 제일 좋아하는 디저트야.
   ▶ _____

2. 이게 내가 제일 좋아하는 꽃이야.
   ▶ _____

▶ 문제 해설 강의 틀리거나 헷갈리는 문제는 문제 해설 강의로 복습하세요.
🎯 오늘의 Mission 음악, 디저트, 음식, 취미까지 여러분들이 가장 좋아하는 것들을 목록으로 만들어 오늘 배운 표현을 사용해서 말해 보세요.

학습 종료 🛬

Jour 36

Exercice ⑥
연습 문제

Jour 31~35 복습하기

1 제시된 숫자를 프랑스어로 적어 보세요.

41	1.	60	2.
81	3.	99	4.

2 제시된 그림을 참고하여 시간을 나타내는 문장을 완성해 보세요. (복수 정답 가능)

1.  ▶ Il est _____

2.  ▶ Il est _____

3.  ▶ Il est _____

4.  ▶ Il est _____

5.  ▶ Il est _____

3 제시된 이미지를 참고하여 물건의 가격을 프랑스어로 적어 보세요. (복수 정답 가능).

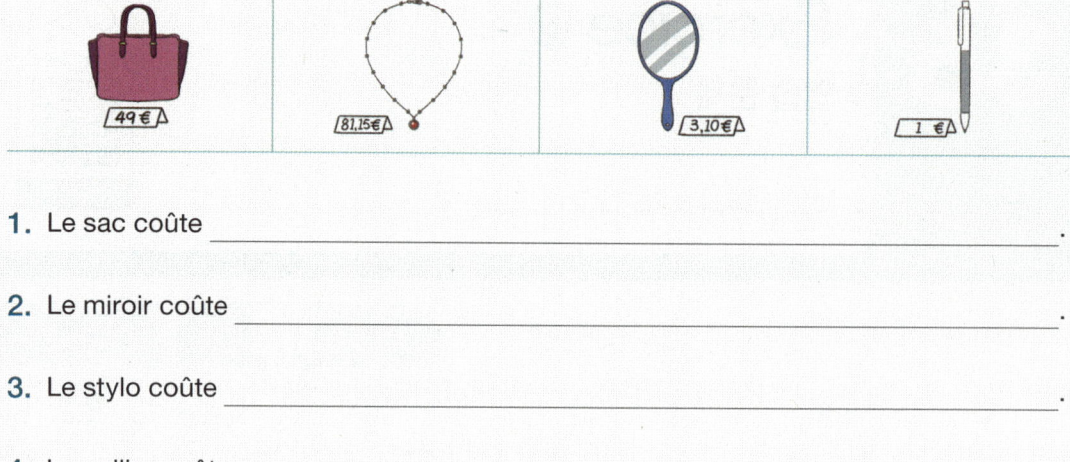

1. Le sac coûte _____.

2. Le miroir coûte _____.

3. Le stylo coûte _____.

4. Le collier coûte _____.

4 제시된 우리말을 보고 빈칸에 알맞은 소유형용사를 채워 보세요.

1. 내 친구 ▶ _____ amie

2. 우리 집 ▶ _____ maison

3. 당신의 직업 ▶ _____ profession

4. 그녀의 아버지 ▶ _____ père

5. 네 옷들 ▶ _____ vêtements

5 제시된 이미지를 참고하여 각 장소의 위치를 프랑스어로 적어 보세요. (프랑스 기준)

1. Le café est au _____ étage.

2. Les toilettes sont au _____ étage.

3. La chambre est au _____ étage.

4. Le restaurant est au _____ étage.

6 제시된 빈칸에 들어갈 수 있는 가장 알맞은 어휘를 고르세요.

1. La pivoine, c'est ma fleur _____ .

   ① préféré   ② préférée   ③ préférés   ④ préférées

2. Tu écoutes cette chanson _____ la première fois ?

   ① à   ② en   ③ pour   ④ du

3. Voici ma _____ .

   ① père   ② frère   ③ fils   ④ sœur

7 빈칸에 알맞은 단어를 채워 아래 대화문을 완성해 보세요.

C'est incroyable. Je suis à Paris !   말도 안 돼. 내가 파리에 있다니!

C'est 1. _____ 2. _____ visite à Paris ?   너의 파리 첫 방문이니?

Oui. Euh.. Où est ma chambre ?   맞아. 음.. 내 방은 어디야?

C'est au 3. _____ étage.   6층이야. (한국의 7층)

8 다음 문장을 프랑스어로 써 보세요.

1. 저는 여기 처음 와 봐요.

   ▶ _____

2. 이건 내가 가장 좋아하는 노래야.

   ▶ _____

Jour 36

쉬어가기
프랑스어 발음을 잘 하는 팁을 알려 주세요!

외국어를 처음 배울 때, 자연스러운 억양과 발음을 연습하는 것은 매우 중요해요! 프랑스어를 잘 하는 것처럼 들리게 만드는 몇 가지 팁을 알려 드릴게요!

첫째, 공기 70, 소리 30
프랑스어는 생각보다 공기가 정~말 많이 들어가야 예쁘게 들려요. 여러분이 평소에 말하는 것보다 훨씬 많은 공기를 넣어서 발음 연습을 하면 도움이 돼요.

둘째, 쫄깃함 살리기
프랑스어의 모든 단어에는 길고 짧은 박자가 있어요. 이 박자를 잘 살려야 강세가 살아나고 실제 원어민 같은 느낌을 낼 수 있답니다. 예를 들어 산책이라는 뜻의 'promenade'는 [프호므나 아~드] 이렇게 발음해야 해요.

셋째, 내 평소 목소리보다 낮게
프랑스어는 톤 자체가 낮은 톤의 언어예요. 평소 내가 말하던 목소리보다 아주 살짝 낮게 말을 해 보면 더 안정감 있는 프랑스어가 나와요.

넷째, 된소리는 살짝 흘리듯이
프랑스어 발음에는 한국어의 된소리와 비슷한 발음들이 있죠. 이런 발음들을 살짝 흘리듯 발음하면 더 트렌디한 프랑스어를 할 수 있어요. 예를 들어 테이블을 의미하는 table [따블르] 를 발음할 때 [ㄸ] - [ㅌ] 사이의 발음을 해 주면 돼요. 따블르와 타블르의 미묘한 그 사이 어딘가를 말이죠.

자, 이런 팁을 활용하여 프랑스어 발음을 연습하면 원어민처럼 자연스러운 발음을 만들 수 있을 거예요. 무엇보다 꾸준한 연습과 노력이 중요하다는 점, 잊지 마세요!

▶ **문제 해설 강의** 틀리거나 헷갈리는 문제는 문제 해설 강의로 복습하세요.

🎯 **오늘의 Mission** 프랑스어 숫자를 연습하는 가장 좋은 방법은 길을 가다 보이는 자동차 번호판을 두 개씩 끊어 읽는 연습을 하는거예요. 예를 들어 4492번을 봤다면 44와 92를 얼른 머릿속으로 떠올려 보세요. 엄청나게 효과적인 방법이랍니다.

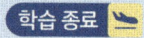

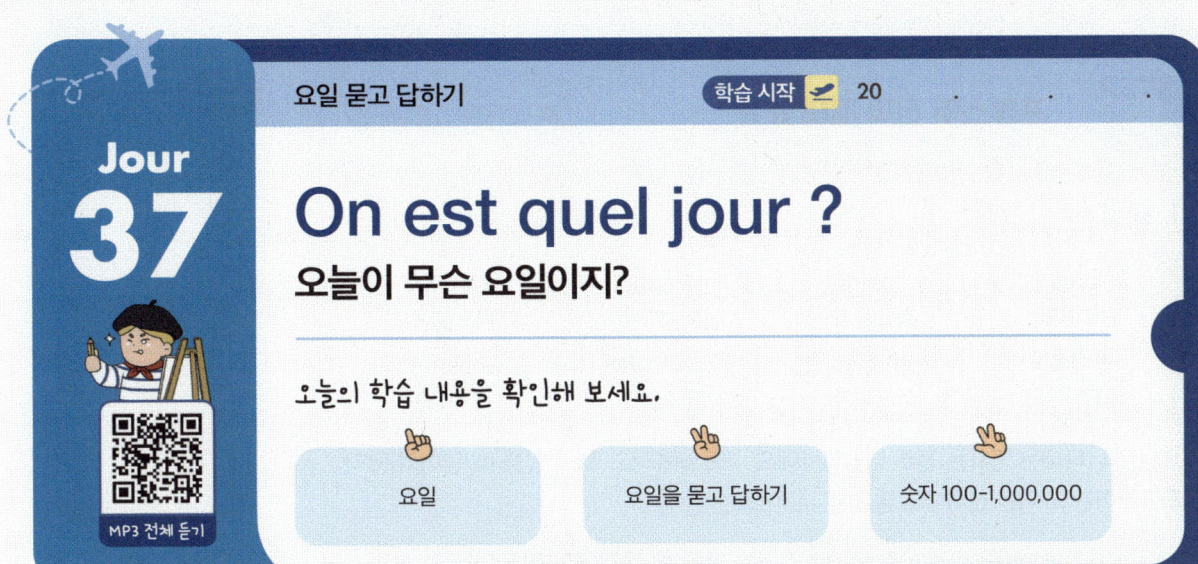

Jour 37

요일 묻고 답하기　　학습 시작 ✈ 20

On est quel jour ?
오늘이 무슨 요일이지?

오늘의 학습 내용을 확인해 보세요.

- 요일
- 요일을 묻고 답하기
- 숫자 100-1,000,000

▶ 전체 강의　❓ 질문게시판　🎧 MP3

STEP 1 — 프랑스어 진짜 맛보기

▶ 저자 강의　🎧 37-01　🎤 말하기 연습

📝 MEMO
✅ 반복학습 체크체크
MP3듣기　○─○─○
따라읽기　○─○─○

오늘 배울 내용을 예문으로 먼저 만나 보세요!

On est quel jour ?	오늘이 무슨 요일이지?
C'est samedi.	토요일이야.
On est lundi.	월요일이야.
Nous sommes mardi.	화요일이야.

프랑스 진짜 여행 떠나기!

여러분, 불금이라는 말 자주 사용하시죠? 불타는 금요일! 그런데 프랑스에는 주말이 되기 전 신나게 노는 이 불금 대신 불타는 목요일이 있답니다. 금요일에는 주로 학생들이 부모님 댁에 가거나 하기 때문에 목요일 저녁에 놀고 마시는 분위기가 형성되어 있어요. 참 흥미롭죠?

STEP 2 프랑스어 진짜 알아가기

🎥 저자 강의　🎧 37-02

1. 요일

lundi	mardi	mercredi	jeudi
월요일(에)	화요일(에)	수요일(에)	목요일(에)
vendredi	samedi	dimanche	week-end
금요일(에)	토요일(에)	일요일(에)	주말(에)

요일은 나타내는 명사는 전부 남성명사예요. '~요일에'라고 쓰고 싶을 때 영어와 달리 프랑스어는 그 어떤 전치사도 필요하지 않아요.

J'ai un rendez-vous mercredi. 　나는 수요일에 약속이 있어.
Je ne travaille pas mardi ! 　저는 화요일에 일 안 해요!

1) 지시 형용사 ce + 요일 : 이번 주 ~요일

Tu rencontres Camille ce samedi ? 　너 이번 주 토요일에 꺄미유를 만나니?
Vous êtes libre ce week-end ? 　이번 주 주말에 한가하세요?

2) 정관사 le + 요일 : 매주 ~요일

Je travaille le lundi. 　저는 월요일마다 일을 해요.
Il regarde* un film le vendredi. 　그는 금요일마다 영화를 봐요.

3) 전치사 à + 요일 : ~요일에 봐요 (인사말)

À dimanche ! 　일요일에 보자!
À jeudi ! 　목요일에 봐!

2. 요일을 묻고 답하기

(오늘) 무슨 요일인가요?
Nous sommes quel jour ?
On est quel jour ?

여기에 '오늘'을 뜻하는 aujourd'hui를 덧붙여 표현하기도 해요.

Nous sommes quel jour aujourd'hui ?　오늘 무슨 요일이야?
= On est quel jour aujourd'hui ?　오늘 무슨 요일이야?

📝 **MEMO**

📖 **단어**
libre 한가한

📖 **동사 체크**

regarder 보다
1군 동사

je regarde
tu regardes
il/elle/on regarde
nous regardons
vous regardez
ils/elles regardent

📖 **단어**
aujourd'hui 오늘

Nous sommes lundi.	오늘 월요일이야.
On est mardi.	오늘 화요일이야.
C'est vendredi.	오늘 금요일이야.

3. 숫자 100-1,000,000

100	200	210	1,000
cent	deux cents	deux cent dix	mille
2,000	10,000	100,000	1,000,000
deux mille	dix mille	cent mille	un million

200부터 cent에 '-s'를 붙이지만, 210처럼 뒤에 다른 숫자가 붙으면 그때부터는 '-s'를 붙이지 않아요. 또 천 단위인 mille은 완전 불변! 절대 '-s'가 붙지 않는답니다.

1999	mille neuf cent quatre-vingt-dix-neuf
2014	deux mille quatorze
2040	deux mille quarante

 프랑스어 진짜 즐기기

아래 대화를 들으면서 오늘 배운 내용을 확인해 보세요.

 Lucas
Nous sommes quel jour ?
오늘 무슨 요일이지?

On est mardi. Manon
화요일이야.

 Lucas
C'est encore mardi ? Oh non.
아직도 화요일이야? 안 돼.

C'est injuste. Mais c'est la vie. Manon
불공평하지. 그렇지만 그게 인생이야.

단어
injuste 불공평한
vie 인생(n.f.)

STEP 4 프랑스어 진짜 써먹기

나의 점수 ☐ / 10   정답 및 해석 p.11
✓ 정답 보기

1 다음 프랑스어 표현을 우리말로 해석해 보세요.

1. le jeudi   ▶ _____

2. À jeudi !   ▶ _____

3. ce jeudi   ▶ _____

4. ce week-end   ▶ _____

2 프랑스어 단어와 우리말 뜻을 짝지어 보세요.

1. 수요일   •   • ⓐ mardi

2. 일요일   •   • ⓑ lundi

3. 화요일   •   • ⓒ mercredi

4. 월요일   •   • ⓓ dimanche

3 제시된 우리말을 보고 빈칸에 알맞은 표현을 채워 보세요. (복수 정답 가능)

1. 오늘 무슨 요일이지?

   ▶ _____ _____ quel jour ?

2. 오늘은 토요일이야!

   ▶ C'est _____ !

▶ 문제 해설 강의   틀리거나 헷갈리는 문제는 문제 해설 강의로 복습하세요.

🎯 오늘의 Mission   특정한 요일에 하는 일이 있나요? 프랑스어로 요일별로 무엇을 하는지 말해 보세요.

학습 종료 ✈

4 ■ 프랑스어 진짜학습지 **첫걸음**

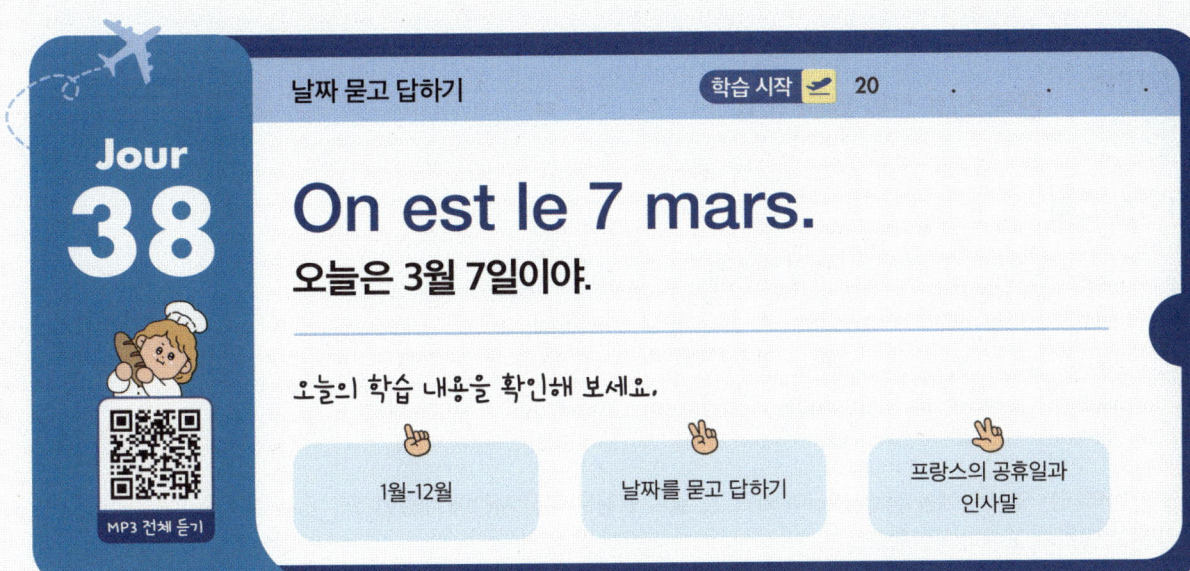

Jour 38 — 날짜 묻고 답하기

On est le 7 mars.
오늘은 3월 7일이야.

오늘의 학습 내용을 확인해 보세요.

- 1월-12월
- 날짜를 묻고 답하기
- 프랑스의 공휴일과 인사말

전체 강의 | 질문게시판 | MP3

STEP 1 — 프랑스어 진짜 맛보기

오늘 배울 내용을 예문으로 먼저 만나 보세요!

On est le combien ?	오늘이 몇 월 며칠이지?
On est en avril.	지금은 4월입니다.
Joyeux Noël !	메리 크리스마스!
Bonne année !	새해 복 많이 받아!

MEMO
☑ 반복학습 체크체크
- MP3듣기 ○─○─○
- 따라읽기 ○─○─○

프랑스 진짜 여행 떠나기!

프랑스에도 만우절이 있다는 사실 아시나요? 바로 'poisson d'avril'인데요, 직역하면 '4월의 물고기'라는 뜻이에요. 이 날에는 물고기를 종이에 그린 뒤 잘라서 사람들의 등에 붙이고 다니는 재미있는 장난을 친답니다.

STEP 2 프랑스어 진짜 알아가기

▶ 저자 강의 🎧 38-02

📝 **MEMO**

1. 1월-12월

les mois 달					
janvier 1월	février 2월	mars 3월	avril 4월	mai 5월	juin 6월
juillet 7월	août 8월	septembre 9월	octobre 10월	novembre 11월	décembre 12월

달을 나타내는 명사 앞에는 전치사 en이 와요. 또 날짜 표현은 이전 시간에 배웠던 '요일 묻고 답하기' 표현과 동일해요.

Nous sommes en juillet.	지금은 7월입니다.
On est en mars.	지금은 3월입니다.
Je visite* Paris en mai.	나는 5월에 파리에 방문한다.

모음으로 시작하는 달 앞에서는 자연스럽게 연음해 주어야 해요.

On est en avril. [어 나v브힐]	지금은 4월입니다.
Nous sommes en août. [어 누뜨]	지금은 8월입니다.

🔵 **동사 체크**

visiter 방문하다
1군 동사

je visite
tu visites
il/elle/on visite
nous visitons
vous visitez
ils/elles visitent

2. 날짜를 묻고 답하기

(오늘) 몇 월 며칠인가요?
Nous sommes le combien ?
On est le combien ?

여기에 '오늘'을 뜻하는 aujourd'hui를 덧붙여 표현하기도 해요.

On est le combien aujourd'hui ?	오늘이 몇 월 며칠이지?
Nous sommes le combien aujourd'hui ?	오늘이 몇 월 며칠이지?

몇 월 며칠인지 이야기할 때는 정관사 le와 함께 '일 → 월' 순서로 말해요.

On est le 7 mars.	오늘은 3월 7일이야.
Nous sommes le 20 avril.	오늘은 4월 20일입니다.
C'est le premier* janvier.	오늘은 1월 1일입니다.

★ 매달 1일은 서수로 사용해요.

요일과 년도를 한꺼번에 붙여 말하고 싶다면 위와 마찬가지로 정관사 le와 함께 '요일 → 일 → 월 → 년' 순서로 이야기해요. 작은 단위에서 큰 단위로 간다고 외우면 편해요.

Nous sommes le vendredi 13 mai.	오늘은 5월 13일 금요일입니다.
On est le lundi 25 décembre 2030.	2030년 12월 25일 월요일입니다.
C'est le samedi 11 février.	오늘은 2월 11일 토요일입니다.

📝 MEMO

3. 프랑스의 공휴일과 인사말

1/1	Jour de l'an 신년
3/21~4/18 (매해 변동)★	Pâques 부활절
5/1	Fête du travail 노동절
11/1	Toussaint 만성절★
12/25	Noël 크리스마스

Bonne année !	새해 복 많이 받아!
Joyeux Noël !	메리 크리스마스!

★ 부활절을 정하는 기준은 낮과 밤의 길이가 같은 '춘분'이에요. 이 '춘분' 이후 첫 번째 보름달이 뜨면 그 날을 기준으로 직후 일요일이 부활절이 된답니다. 프랑스에는 2주 간 부활절 바캉스가 있어요!

★ 만성절은 '모든 성인의 날'이라고 불리는 날이에요. 이 만성절에도 2주 간의 바캉스가 있답니다.

STEP 3 프랑스어 진짜 즐기기

▶ 저자 강의　🎧 38-03　🎤 말하기 연습

아래 대화를 들으면서 오늘 배운 내용을 확인해 보세요.

 Lucas: **Nous sommes le combien ?**
오늘이 몇 월 며칠이지?

 Manon: **On est le jeudi premier avril.**
4월 1일 목요일이야.

 Lucas: **Oh là là, c'est le poisson d'avril !**
이럴 수가, 만우절이잖아!

 Manon: **C'est déjà le poisson d'avril ?**
벌써 만우절인가?

STEP 4 프랑스어 진짜 써먹기

1 제시된 우리말을 보고 빈칸에 알맞은 표현을 채워 보세요.

1. 메리 크리스마스! ▶ Joyeux _____ !

2. 지금은 3월입니다. ▶ Nous sommes _____ _____ .

3. 새해 복 많이 받아! ▶ Bonne _____ !

2 프랑스어 단어와 우리말 뜻을 짝지어 보세요.

1. 4월 •   • a septembre

2. 11월 •   • b avril

3. 6월 •   • c novembre

4. 9월 •   • d juin

3 제시된 날짜를 세 가지 방법으로 표현해 보세요.

보기
12월 25일 일요일입니다.

1. _____

2. _____

3. _____

▶ 문제 해설 강의 틀리거나 헷갈리는 문제는 문제 해설 강의로 복습하세요.

🎯 오늘의 Mission 여러분의 생일은 언제인가요? 생년월일을 프랑스어로 말해 보세요.

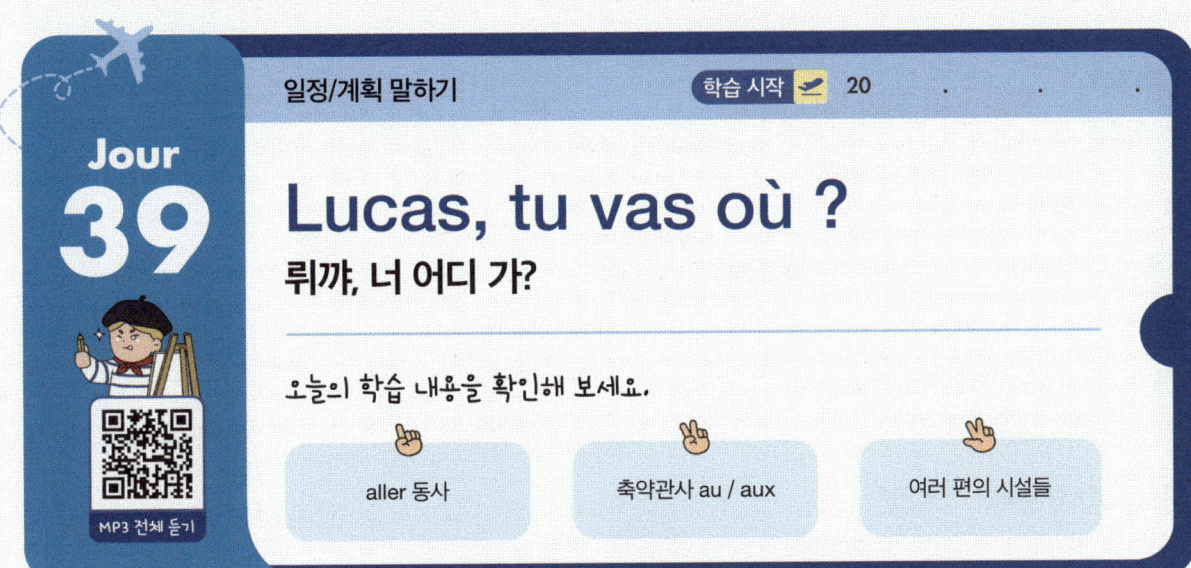

Jour 39

일정/계획 말하기

Lucas, tu vas où ?
뤼꺄, 너 어디 가?

오늘의 학습 내용을 확인해 보세요.

- aller 동사
- 축약관사 au / aux
- 여러 편의 시설들

STEP 1 프랑스어 진짜 맛보기

오늘 배울 내용을 예문으로 먼저 만나 보세요.

Tu vas où ?	너 어디 가?
Vous allez où ?	어디 가세요?
Je vais au café.	나는 카페에 가.
Je vais au restaurant.	나는 레스토랑에 가.

MEMO
☑ 반복학습 체크체크
MP3듣기 ○○○
따라읽기 ○○○

프랑스 진짜 여행 떠나기!

프랑스로 여행을 가면 여러분들은 어떤 것을 가장 해 보고 싶은가요? 먹고 싶은 것, 보고 싶은 것, 하고 싶은 것까지! 오늘 배울 표현들로 미리 정리해 본다면 더 설레는 여행과 프랑스어 공부가 될 수 있을 거예요.

STEP 2 프랑스어 진짜 알아가기

▶ 저자 강의 🎧 39-02

📝 MEMO

1. aller 동사*

aller 가다	
je **vais**	nous **allons**
tu **vas**	vous **allez**
il/elle/on **va**	ils/elles **vont**

* aller 동사는 안부를 물을 때도 사용해요. 이미 몇 가지 배운 적 있어요.
Ça va ?
Vous allez bien ?
Il va bien ?
Elles vont bien ?

1) aller + 장소 표현 : ~로 가다

Tu **vas** où ? 너 어디 가?
Vous **allez** où ? 어디 가세요?
Je **vais** en France. 저는 프랑스에 갑니다.

2) aller + 동사원형 : ~할 것이다 (근접미래 시제)

aller 동사 뒤에 동사원형이 올 경우, '~할 것이다'라는 미래의 의미를 가져요.

Tu **vas** manger ce pain ? 너 이 빵 먹을 거야?
Vous **allez** boire* du café ? 커피 좀 마실래요?

③ 동사 체크

boire 마시다
3군 동사
je bois
tu bois
il/elle/on boit
nous buvons
vous buvez
ils/elles boivent

2. 축약관사 au / aux

프랑스어의 대표적인 전치사 à 뒤에 정관사 le, les가 오면 한 단어로 축약돼요. 이게 바로 축약관사랍니다.

전치사 à	축약관사
~에, ~에서, ~에게 (= in, at, to …)	à + le = au à + les = aux

I'm going **to the** restaurant. = Je vais **au** restaurant. (à le ❌)
나는 레스토랑에 가는 중이다.

She is talking **to the** boy. = Elle parle **au** garçon. (à le ❌)
그녀는 그 소년에게 말하고 있다.

He is **in the** toilet. = Il est **aux** toilettes. (à les ❌)
그는 화장실에 있다.

We are **at the** museum. = Nous sommes **au** musée. (à le ❌)
우리는 박물관에 있다.

> **잠깐!**
> 정관사 la, l'는 전치사 à와 만나도 축약되지 않아요.
>
> 예 Il est à la poste.   그는 우체국에 있다.
>   Elle est à l'école. 그녀는 학교에 있다.

MEMO

★ 그냥 marché는 '시장'이라는 뜻의 남성명사예요.

★ aller 동사와 전치사 à는 대부분 함께해요. 그러니 aller 동사를 쓸 때는 축약관사에 유의해야겠죠?

3. 여러 편의 시설들

le café 카페	le restaurant 레스토랑	le supermarché★ 슈퍼마켓	le jardin 공원, 정원
la poste 우체국	la banque 은행	la boulangerie 빵집	la pharmacie 약국
l'épicerie 식료품점	l'aéroport 공항	l'école 학교	l'hôpital 병원

Je vais au supermarché.   나는 마트에 가는 중이야.
Elle va au café.   그녀는 카페에 가요.
Nous allons à la poste.   우리는 우체국에 가요.
Tu vas à l'aéroport ?   너는 공항에 가니?

STEP 3 — 프랑스어 진짜 즐기기

 저자 강의 · 39-03 · 말하기 연습

아래 대화를 들으면서 오늘 배운 내용을 확인해 보세요.

 Camille: Eh Lucas ! Tu vas où ?
뤼꺄! 너 어디 가?

 Lucas: Je vais au café, là-bas.
나 저기 있는 카페에 가는 중이야.

 Camille: Mais tu ne bois pas de café.
하지만 넌 커피를 안 마시잖아.

 Lucas: Ça va. Je vais boire du thé.
괜찮아. 차를 마실 거야.

STEP 4 프랑스어 진짜 써먹기

나의 점수 ☐ / 10   정답 및 해석 p.11
✅ 정답 보기

1 제시된 주어에 맞춰 aller 동사의 동사변형을 적어 보세요.

주어	동사변형	주어	동사변형
On	1.	Elles	2.
Nous	3.	Vous	4.

2 제시된 빈칸에 들어갈 수 있는 가장 적절한 어휘를 고르세요.

1. Elle parle _____ garçon.

   ⓐ à l'   ⓑ à la   ⓒ au   ⓓ aux

2. Nous allons _____ poste.

   ⓐ au   ⓑ à la   ⓒ à l'   ⓓ aux

3. Tu vas _____ aéroport ?

   ⓐ au   ⓑ à la   ⓒ à l'   ⓓ aux

4. Je vais _____ hôpital.

   ⓐ au   ⓑ à la   ⓒ à l'   ⓓ aux

3 다음 문장을 프랑스어로 써 보세요.

1. 나는 차를 좀 마실 거야.   ▶ _____

2. 어디 가세요?   ▶ _____

▶ 문제 해설 강의) 틀리거나 헷갈리는 문제는 문제 해설 강의로 복습하세요.

🎯 오늘의 Mission 여러분의 집 주위에는 어떤 시설물들이 있나요? 오늘은 어디에 갈 것인지 프랑스어로 설명해 보세요.

학습 종료 ✈

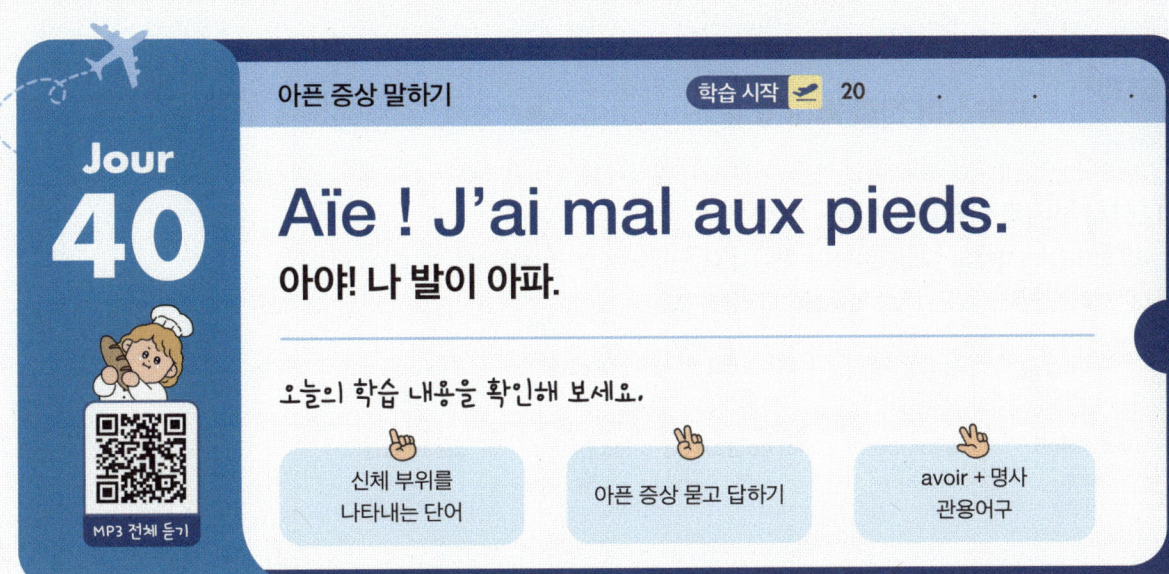

Jour 40

아픈 증상 말하기　　학습 시작 20

Aïe ! J'ai mal aux pieds.
아야! 나 발이 아파.

오늘의 학습 내용을 확인해 보세요.

- 신체 부위를 나타내는 단어
- 아픈 증상 묻고 답하기
- avoir + 명사 관용어구

▶ 전체 강의　❓ 질문게시판　🎧 MP3

STEP 1 프랑스어 진짜 맛보기

MEMO
☑ 반복학습 체크체크
MP3듣기 ○○○
따라읽기 ○○○

오늘 배울 내용을 예문으로 먼저 만나 보세요.

Tu as mal où ?	너 어디가 아프니?
J'ai mal à la tête.	나는 머리가 아파요.
Tu as envie de quoi ?	너는 무엇을 원하니?
J'ai besoin d'argent.	나는 돈이 필요해요.

프랑스 진짜 여행 떠나기!

여행을 하다 보면 다리가 아프거나 두통이 올 수도 있죠. 프랑스는 약국이 크게 활성화되어 있는 나라 중 하나예요. 오늘 배울 표현들은 약국에서 아주 유용하게 쓰이는 표현이랍니다. 어디가 얼마나 아픈지 프랑스어로 말해 보자구요.

STEP 2 프랑스어 진짜 알아가기

▶ 저자 강의   🎧 40-02   📝 MEMO

1. 신체 부위를 나타내는 단어

신체 부위를 나타내는 단어들은 주로 정관사 le, la les와 함께 사용해요. 또 두 개 이상 존재하는 신체 부위는 주로 복수형으로 사용해요.

la tête	la gorge	le ventre	le dos	le cou
머리	목(구멍)	배, 복부	등	목
les dents	les jambes	les genoux	les pieds	les mains
치아	다리	무릎	발	손

2. 아픈 증상 묻고 답하기

avoir mal à + 신체
~가 아프다 (~에 아픔을 가지고 있다)

Tu as mal où ?	어디가 아파?
Où avez-vous mal ?	어디가 아프신가요?
Où est-ce qu'il a mal ?	그는 어디가 아픈가요?
J'ai mal à la tête*.	저는 머리가 아파요.
Tu as mal au dos ?	너 등이 아프니?
Elle a mal aux pieds.	그녀는 발이 아파요.

부사를 사용해 아픔의 정도를 강조할 수 있어요.

J'ai très mal aux dents.	저는 이가 매우 아파요.
Tu as beaucoup mal au ventre ?	너는 배가 많이 아프니?

★ 전치사 à와 정관사 le, les가 만나면 축약관사가 되는 것 잊지 않으셨죠?

3. avoir + 명사 관용어구 : 필요해요, 원해요

avoir besoin de + 명사/동사원형	~이 필요하다
avoir envie de + 명사/동사원형	~을 원하다

J'ai besoin de manger beaucoup.	나는 많이 먹어야 해.
J'ai envie de chanter.	저는 노래가 하고 싶어요.
Tu as envie de quoi ?	너는 무엇을 원하니?

J'ai besoin de toi.　　　　나는 네가 필요해.

이 표현들 뒤에 명사가 올 경우 주의해야 해요. 부분관사 du, de la나 혹은 부정관사 des가 오면 관사를 생략하고 바로 사용해요.★

J'ai besoin de de l'argent. ✗ → J'ai besoin d'argent. ○
나는 돈이 좀 필요해요.

J'ai besoin de du repos. ✗ → J'ai besoin de repos. ○
나는 휴식이 좀 필요해요.

On a envie de des vacances. ✗ → On a envie de vacances. ○
우리는 휴가를 원해요.

> **MEMO**
> ★ 쉽게 알파벳 d로 시작하는 모든 관사라고 외우면 편해요.

잠깐!
모음이나 무음 h로 시작하는 표현이 오면 d'로 축약이 일어나요.

예) Tu as envie d'un chocolat chaud ?　　너 핫초코 한 잔 원하니?
　　J'ai envie d'être avec toi.　　　　　나는 너와 함께 있고 싶어.
　　Elle a besoin d'aller à la banque.　　그녀는 은행에 가야 해요.

STEP 3 프랑스어 진짜 즐기기 (저자 강의) (40-03) (말하기 연습)

아래 대화를 들으면서 오늘 배운 내용을 확인해 보세요.

Manon: **Aïe !**
아야!

Lucas: **Qu'est-ce qu'il y a ?**
무슨 일이야?

Manon: **J'ai trop mal aux pieds.**
나 발이 너무 아파.

Lucas: **Tu as besoin d'aller à l'hôpital.**
너 병원에 가야겠어.

STEP 4 프랑스어 진짜 써먹기

나의 점수 ☐ / 10 정답 및 해석 p.11
✅ 정답 보기

1 프랑스어 단어와 우리말 뜻을 짝지어 보세요.

1. cou •   • ⓐ 무릎
2. main •   • ⓑ 등
3. dos •   • ⓒ 목
4. genoux •   • ⓓ 손

2 빈칸에 알맞은 표현을 채워 보세요.

1. Tu as mal _____ tête ?

2. J'ai mal _____ pieds.

3. Il a mal _____ gorge ?

4. Elle a mal _____ ventre.

3 다음 문장에서 틀린 부분을 찾아 올바르게 고쳐 보세요.

1. J'ai besoin de l'argent.
   ▶ _____

2. Elle a envie de aller à la banque.
   ▶ _____

▶ 문제 해설 강의 틀리거나 헷갈리는 문제는 문제 해설 강의로 복습하세요.
🎯 오늘의 Mission 오늘 배운 신체에 관한 표현들을 복습한 후, 몸에 아픈 부분이 있다면 프랑스어로 표현해 보세요.

학습 종료 ✈

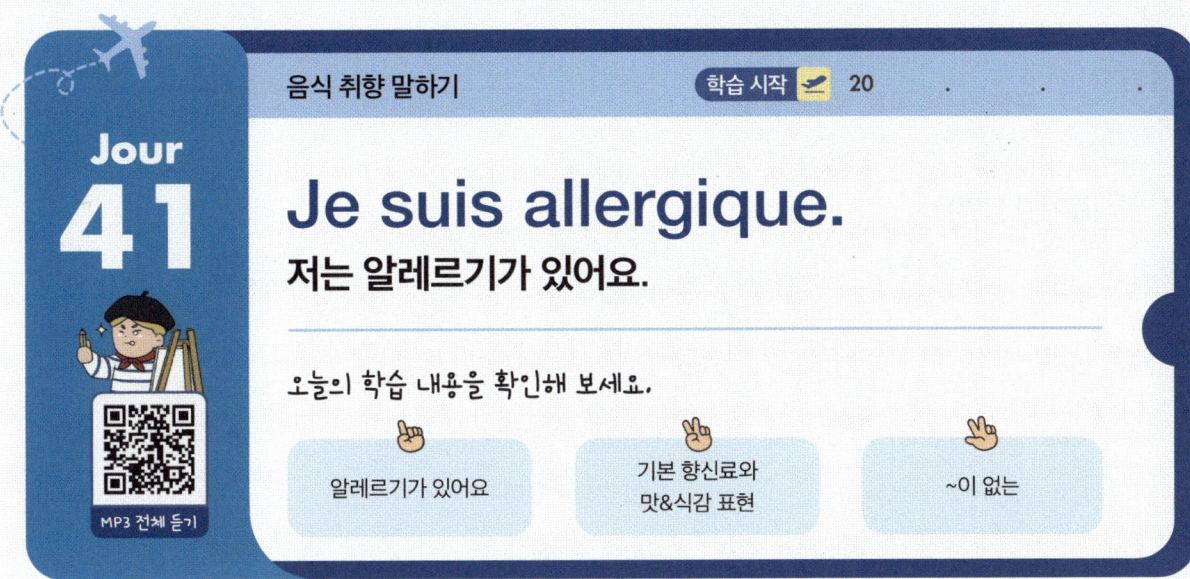

Jour 41

음식 취향 말하기　　학습 시작 ✈ 20

Je suis allergique.
저는 알레르기가 있어요.

오늘의 학습 내용을 확인해 보세요.

- 알레르기가 있어요
- 기본 향신료와 맛&식감 표현
- ~이 없는

▶ 전체 강의　❓ 질문게시판　🎧 MP3

STEP 1　프랑스어 진짜 맛보기　▶ 저자 강의　🎧 41-01　🎤 말하기 연습

> MEMO
> ✅ 반복학습 체크체크
> MP3듣기 ○○○
> 따라읽기 ○○○

오늘 배울 내용을 예문으로 먼저 만나 보세요.

Je suis allergique au lait.	저는 우유(유제품) 알레르기가 있어요.
C'est fade.	맛없어요.
Sans lait, s'il vous plaît.	우유는 빼 주세요.
C'est sans sucre ?	무설탕인가요?

프랑스 진짜 여행 떠나기!

여행 중 레스토랑에 갔는데 알레르기가 있거나 특별히 싫어하는 재료가 있다면 '~는 빼 주시겠어요?'라고 예의 있게 요청해 보세요. 혹은 음료에 카페인이나 알콜이 들어가 있는지 물어볼 수도 있겠죠!

STEP 2 프랑스어 진짜 알아가기

▶ 저자 강의 🎧 41-02

📝 **MEMO**

1. 알레르기가 있어요

être allergique à ~
~알레르기가 있다

Vous êtes allergique à quelque chose ?	혹시 어떤 알레르기 있으세요?
Je suis allergique au pollen.	저는 꽃가루 알레르기가 있어요.
Tu es allergique aux noix ?	너는 견과류 알레르기가 있니?
Elle est allergique aux fruits de mer.	그녀는 해산물 알레르기가 있어요.
Il est allergique au lait.	그는 우유(유제품) 알레르기가 있어요.

알레르기에 대해 표현할 때도 정관사 le, la, les가 사용되기 때문에 축약관사 'au, aux'로 표현된다는 것을 체크해 두세요!

📖 **단어**

quelque chose 무언가
pollen 꽃가루(n.m.)
noix 견과류(n.f.)
fruit de mer 해산물 (n.m.)

2. 기본 향신료와 맛&식감 표현

기본 향신료			
sel	sucre	poivre	vinaigre
소금(n.m.)	설탕(n.m.)	후추(n.m.)	식초(n.m.)

맛과 식감 표현하기				
salé	sucré	épicé / piquant	aigre	amer
짠	단	매운	신	쓴
croquant	dur	mou	fade	gras
바삭한	딱딱한	물렁한	싱거운, 맛없는	기름진

맛 표현은 이전에 배운 c'est 구문으로 쉽게 말할 수 있어요.

C'est salé.	이거 짜다.
C'est trop sucré.	이건 너무 달아요.
C'est très épicé.	이건 정말 맵다.
C'est fade !	이거 맛이 없어!

혹은 음식을 직접 지칭해서 맛과 식감을 표현할 수도 있죠.

Le steak est très gras.	스테이크가 엄청 기름져.
Cette tarte est chaude et croquante.	이 타르트는 따뜻하고 바삭하네.
Tu aimes le beurre dur ou mou ?	넌 딱딱한 버터가 좋아, 물렁한 버터가 좋아?

📝 MEMO

3. ~이 없는

sans	~이 없는

sans은 영어의 'without'과 같이 '~이 없는'이라는 뜻을 가지고 있어요. 이전에 배운 'pas de' 표현과도 동일한 표현이에요. 이때 sans 뒤에는 관사를 쓰지 않아요.

C'est sans sucre ?	무설탕인가요?
C'est sans caféine.	카페인 프리예요.
C'est sans alcool ?	알콜 프리인가요?
Sans cacahouète, s'il vous plaît.	땅콩은 빼 주세요.
Sans lait, s'il vous plaît.	우유는 빼 주세요.

🔖 단어

cacahouète 땅콩(n.f.)

STEP 3 프랑스어 진짜 즐기기   (▶ 저자 강의) (🎧 41-03) (🎤 말하기 연습)

아래 대화를 들으면서 오늘 배운 내용을 확인해 보세요.

 Camille
Sans cacahouète, s'il te plaît.
땅콩은 빼 줘.

 Noah
Tu es allergique aux noix ?
너 견과류 알레르기 있니?

 Camille
Non, je n'aime pas. C'est trop dur.
아니, 좋아하지 않아서. 너무 딱딱하잖아.

 Noah
Ah oui. C'est prêt.
그래. 준비됐어.

🔖 단어

prêt 준비된

STEP 4 프랑스어 진짜 써먹기

나의 점수 ☐ / 10   정답 및 해석 p.12

1 프랑스어 단어와 우리말 뜻을 짝지어 보세요.

1. aigre •   • ⓐ 매운
2. gras •   • ⓑ 신
3. piquant •   • ⓒ 싱거운
4. fade •   • ⓓ 기름진

2 제시된 이미지를 참고하여 빈칸에 알맞은 단어와 인물을 적어 보세요.

1. _____ est allergique _____ lait.
2. _____ est allergique _____ noix.
3. _____ est allergique _____ pollen.
4. _____ est allergique _____ fruits de mer.

3 다음 문장을 프랑스어로 써 보세요.

1. 이건 무설탕인가요?   ▶ _____
2. 이건 너무 딱딱해요.   ▶ _____

▶ 문제 해설 강의 │ 틀리거나 헷갈리는 문제는 문제 해설 강의로 복습하세요.
🎯 오늘의 Mission │ 오늘 여러분이 먹었던 음식의 맛과 식감을 프랑스어로 평가해 보세요.

학습 종료 ✈

Jour 42

Jour 37~41 복습하기

Exercice ⑦
연습 문제

---

1 제시된 우리말에 해당하는 단어를 프랑스어로 적어 보세요.

수요일	1.	일요일	2.
금요일	3.	화요일	4.

2 제시된 빈칸에 알맞은 프랑스어 단어를 채워 보세요.

les mois 달			
1월	2월	3월	4월
1.	février	2.	avril
5월	6월	7월	8월
mai	3.	juillet	4.
9월	10월	11월	12월
septembre	octobre	novembre	5.

3 제시된 날짜를 프랑스어로 써 보세요. (복수 정답 가능)

2024년 7월 25일 목요일입니다.

▶

4 프랑스어 단어와 우리말 뜻을 짝지어 보세요.

1. pharmacie •   • a 공원, 정원

2. jardin •   • b 공항

3. aéroport •   • c 우체국

4. épicerie •   • d 약국

5. poste •   • e 식료품점

5 다음 문장을 우리말로 해석해 보세요.

1. On est en mars.   ▶ _____

2. Joyeux Noël !   ▶ _____

3. Il va bien ?   ▶ _____

6 제시된 표현과 어울리는 이미지를 짝지어 보세요.

1. C'est épicé.   2. C'est aigre.   3. C'est salé.   4. C'est sucré.

a   b   c   d

7 제시된 문장의 빈칸에 들어갈 수 있는 가장 알맞은 어휘를 고르세요.

1. Il parle _____ fille.

   ① au   ② aux   ③ à l'   ④ à la

2. Vous avez mal _____ genoux ?

   ① au   ② aux   ③ à l'   ④ à la

3. Je suis allergique _____ noix.

   ① au   ② aux   ③ à l'   ④ à la

8 제시된 우리말을 보고 빈칸에 알맞은 단어를 채워 보세요.

1. 너 지금 어디 가는 중이야?

   ▶ Tu _____ où maintenant ?

2. 우리는 휴가가 필요해요.

   ▶ On a _____ _____ vacances.

3. 당신은 무엇을 원하시나요?

   ▶ Vous avez _____ _____ quoi ?

4. 땅콩은 빼 주세요.

   ▶ _____ cacahouète, s'il vous plaît.

5. (오늘) 무슨 요일이지?

   ▶ Nous sommes _____ _____ ?

쉬어가기

프랑스에도 SKY 같이 입학하기 어려운 명문 대학교들이 있나요?

그럼요! 프랑스에도 '그랑제꼴'이라고 불리는, 입학하기 아주 어려운 명문 대학교들이 있어요.

18세기 후반부터 설립된 그랑제꼴은 아주 엄격한 과정을 거쳐 매년 소수의 학생들만 신입생으로 선발해요. 경영, 사회, 인문, 이과, 공학 등 각 분야에서 최고의 교육과 실습을 통해 엘리트들을 양성하고 있죠!

대부분의 프랑스 대통령은 전부 이 그랑제꼴 출신입니다. 프랑스 사회에서 '그랑제꼴을 졸업했다'라는 것은 취업 시장에서의 출발선부터 달라지는 것이라고 말할 수 있어요. 프랑스 상위 40개 기업의 대표 중 8할 이상이 바로 이 그랑제꼴 출신이거든요.

그렇다면 어떻게 해야 이 그랑제꼴에 입학할 수 있을까요?

우리나라에 대학 수학 능력 시험인 '수능'이 존재한다면, 프랑스에는 '바칼로레아'라는 대학 입학 자격 시험이 존재해요. 그랑제꼴이 아닌 일반 대학의 경우에는 이 바칼로레아를 통과하면 본인이 원하는 대학의 원하는 과에 입학할 수 있어요.

그런데 그랑제꼴에 입학하려면 바칼로레아를 높은 성적으로 통과한 이후 2년 동안 그랑제꼴 준비반인 프레빠(prépa) 과정을 또 거쳐야 한답니다. 2년 간의 프레빠 과정을 이수한 후에 또 여러 시험과 면접을 통해 아주 극소수의 인원만이 그랑제꼴의 신입생으로 선발된답니다. 엄청나죠?

Tip!
les grandes écoles 고등교육기관

▶ 문제 해설 강의 — 틀리거나 헷갈리는 문제는 문제 해설 강의로 복습하세요.

🎯 오늘의 Mission — 프랑스어를 잘 공부하는 방법이요? 실제로 여러분이 쓸 수 있을 것 같은 표현을 위주로 열심히 공부하는 거예요. 내 건강 상태, 내 취미, 내 입맛 등 '나'에 대해 먼저 잘 정리해야 언어 공부도 잘 된답니다. 자, 그럼 백지를 펴고 여러분의 모든 것을 상세히 적어볼까요?

학습 종료

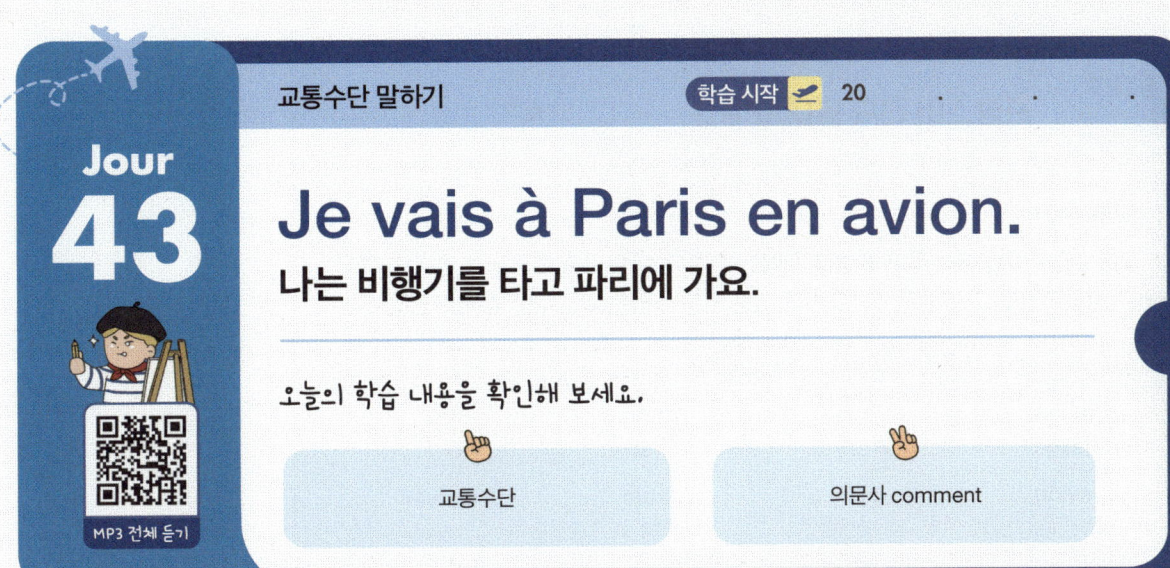

Jour 43

교통수단 말하기   학습 시작 ✈ 20

Je vais à Paris en avion.
나는 비행기를 타고 파리에 가요.

오늘의 학습 내용을 확인해 보세요.

- 교통수단
- 의문사 comment

▶ 전체 강의 ? 질문게시판 🎧 MP3

STEP 1 프랑스어 진짜 맛보기

▶ 저자 강의 🎧 43-01 🎤 말하기 연습

오늘 배울 내용을 예문으로 먼저 만나 보세요!

Je vais à Paris en avion.	나는 비행기를 타고 파리에 가요.
Tu rentres comment ?	너는 집에 어떻게 돌아가니?
Je rentre chez moi à pied.	나는 걸어서 집에 돌아가.
Il est comment ?	그는 어떤 사람이니?

✏ MEMO
☑ 반복학습 체크체크
MP3듣기 ○○○
따라읽기 ○○○

프랑스 진짜 여행 떠나기!

프랑스 여행을 하다 보면 한 번쯤은 TGV(Train à Grande Vitesse)를 타게 돼요. 이 TGV는 한국의 KTX처럼 빠른 프랑스의 고속철도예요. 프랑스 국내를 여행할 때나 주변 유럽 국가들을 방문할 때 주로 이용하게 되는 열차랍니다.

STEP 2 프랑스어 진짜 알아가기   ▶ 저자 강의   🎧 43-02   ✎ MEMO

1. 교통수단

'~ 교통수단을 이용해서'라고 표현할 때에는 전치사 en이나 à의 도움을 받아야 해요. en은 지붕이 있는 교통수단 앞에 쓰이고 à는 지붕이 없는 교통수단 앞에 쓰인답니다.

en + 교통수단			
voiture 자동차(f.)	bus 버스(m.)	métro 지하철(m.)	taxi 택시(m.)
avion 비행기(m.)	train 기차(m.)	tram 트램(m.)	bateau 배(m.)

Je vais au travail en métro. 저는 지하철로 출근해요.
Vous allez à Paris en avion ? 비행기로 파리에 가시나요?
Tu rentres* à la maison en taxi ? 너는 택시를 타고 집에 돌아가니?
Manon va à la fac en bus. 마농은 버스를 타고 (대)학교에 가요.

à + 교통수단				
pied 발(m.)	vélo 자전거(m.)	trottinette 킥보드(f.)	moto 오토바이(f.)	cheval 말(m.)

Je rentre chez moi à pied. 나는 걸어서 집에 돌아가요.
Tu vas au supermarché à vélo ? 너는 마트에 자전거를 타고 가니?
Elle va à la boulangerie à trottinette. 그녀는 킥보드를 타고 빵집에 가요.

🔎 동사 체크

rentrer 돌아가다
1군 동사

je rentre
tu rentres
il/elle/on rentre
nous rentrons
vous rentrez
ils/elles rentrent

🔎 단어

fac(ulté) 학부, 대학(n.f.)
chez ~의 집에

2. 의문사 comment

의문사 comment은 영어의 'how'와 마찬가지로 '어떻게'라는 뜻을 가지고 있어요. 의문사가 포함된 의문문은 크게 세 가지 방법으로 말 할 수 있었던 것 기억하죠?

주어(S)는 어떻게 동사(V) 하나요?	
1) 억양으로 물어보기	S + V + comment ?
2) 의문사 + est-ce que	Comment est-ce que + S + V ?
3) 동사-주어 도치	Comment + V + S ?

Il est comment ? 그는 어떤 사람이야?
- Il est sympa et cool. 그는 유쾌하고 멋있어.

Comment est-ce que tu rentres chez toi ? 너 집에는 어떻게 돌아가니?
- En métro. 지하철 타고.

Comment allez-vous ? 어떻게 지내세요?
- Ça va bien, et vous ? 잘 지내죠, 당신은요?

comment은 놀라움을 표현할 때도 자주 사용해요.

Paul est marié avec Amélie. 폴이 아멜리랑 결혼했대.
- **Comment** ? C'est choquant. 뭐라고? 충격적인데.

MEMO

단어
marié 결혼한
avec ~와 함께
choquant 충격적인

 프랑스어 진짜 즐기기 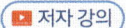 저자 강의   43-03 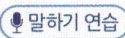 말하기 연습

아래 대화를 들으면서 오늘 배운 내용을 확인해 보세요.

 Camille: **Il est déjà 20 h. Je vais rentrer.**
벌써 20시야. 나는 집에 돌아갈게.

 Lucas: **Comment est-ce que tu rentres chez toi ?**
너 집에는 어떻게 돌아가?

 Camille: **Je vais rentrer en métro.**
지하철 타고 돌아갈 거야.

 Lucas: **Moi aussi. On y va ensemble.**
나도야. 우리 같이 가자.

단어
on y va 가자
ensemble 함께

Jour 43

STEP 4 프랑스어 진짜 써먹기

나의 점수 ☐ / 10   정답 및 해석 p.12

1 프랑스어 단어와 우리말 뜻을 짝지어 보세요.

1. avion • • a 오토바이
2. moto • • b 배
3. vélo • • c 비행기
4. bateau • • d 자전거

2 제시된 문장을 보고 빈칸에 알맞은 전치사를 채워 보세요.

1. Tu rentres à la maison _____ taxi ?
2. Je rentre chez moi _____ pied.
3. Tu vas au supermarché _____ trottinette ?
4. Manon va à la fac _____ bus.
5. Je vais au travail _____ métro.

3 제시된 단어를 우리말에 맞춰 순서대로 배치해 보세요.

| 보기 | qu'il | est-ce | Comment | est | ? |

그는 어떤 사람인가요?

▶ _____

- 문제 해설 강의: 틀리거나 헷갈리는 문제는 문제 해설 강의로 복습하세요.
- 오늘의 Mission: 여러분은 어디로 휴가를 떠나고 싶은가요? 어떤 교통수단을 사용할 예정인지 프랑스어로 말해 보세요.

학습 종료

Jour 44

위치 묻고 답하기   학습 시작 ✈ 20

Où est le musée du Louvre ?
루브르 박물관은 어디인가요?

오늘의 학습 내용을 확인해 보세요.

- 축약관사 du / des
- Où est / Où sont
- 위치 표현 장소 전치사 (2)

▶ 전체 강의   ❓ 질문게시판   🎧 MP3

STEP 1 프랑스어 진짜 맛보기

▶ 저자 강의   🎧 44-01   🎤 말하기 연습

오늘 배울 내용을 예문으로 먼저 만나 보세요!

Où est le musée du Louvre ?	루브르 박물관은 어디인가요?
Où sont les toilettes ?	화장실은 어디인가요?
Il y a un jardin à côté de l'école.	학교 옆에는 공원이 하나 있어요.
Je suis en face des toilettes.	나는 화장실 맞은편에 있어.

📝 MEMO

☑ 반복학습 체크체크
- MP3듣기 ○─○─○
- 따라읽기 ○─○─○

🔊 단어
- musée 박물관(n.m.)
- à côté de ~의 옆에
- en face de ~의 맞은편에

 진짜 여행 떠나기!

충격! 프랑스의 공중화장실에는 _____이 없다! 바로 변기 커버랍니다. 물론 호텔이나 고급 레스토랑 화장실은 커버도 있고 깨끗해요. 그런데 커피숍이나 바, 저렴한 레스토랑 같은 경우에는 변기 커버가 통째로 없는 경우가 허다해요. 프랑스를 처음 방문하는 여행객들이 놀라는 부분 중 하나랍니다.

STEP 2 · 프랑스어 진짜 알아가기

▶ 저자 강의 🎧 44-02

📝 **MEMO**

1. 축약관사 du / des

프랑스어의 대표적인 전치사 de는 뒤에 정관사 le, les가 오면 한 단어로 축약돼요. 지난번에 배웠던 전치사 à와 비슷하다고 생각하면 돼요.

전치사 de	축약관사
~의, ~로부터, ~에 관해 (= of, about, from …)	de + le = du de + les = des

Is this the address of the restaurant ?　　이게 그 레스토랑 주소야?
= C'est l'adresse du restaurant ?

She is talking about the boy.　　그녀는 그 소년에 대해 말하고 있어요.
= Elle parle du garçon.

This is the history of the United States.　　이게 미국의 역사예요.
= C'est l'histoire des États-Unis.

📌 단어

parler de　~에 대해 말하다

histoire　역사, 이야기 (n.f.)

art　예술 (n.m.)

> **잠깐!**
> 정관사 la, l'는 전치사 de와 만나도 축약되지 않아요.
> 예) Il parle de la fille.　　그는 그 소녀에 대해 말하고 있어요.
> 　　J'aime l'histoire de l'art.　　저는 예술사를 좋아해요.

2. Où est / Où sont

~은 어디에 있나요?	
Où est + 단수명사 ?	Où sont + 복수명사 ?

Où est le musée du Louvre ?　　루브르 박물관은 어디인가요?
Où est la station de métro ?　　지하철 역이 어디인가요?
Où sont les toilettes ?　　화장실은 어디인가요?
Où sont Lucas et Camille ?　　뤼꺄와 까미유는 어디 있지?

📌 단어

station　역 (n.f.)

3. 위치 표현 장소 전치사 (2)

장소 전치사 + 명사	
à droite de ~오른쪽에	Le couteau est à droite de vous. 나이프는 당신의 오른쪽에 있어요.

à gauche de ~왼쪽에	La fourchette est à gauche de vous.	포크는 당신의 왼쪽에 있어요.
au fond de ~안쪽에/깊은 곳에	Les toilettes sont au fond du magasin.	화장실은 가게 안쪽에 있어요.
à côté de ~의 옆에	Il y a un jardin à côté de l'école.	학교 옆에 공원이 하나 있어요.
en face de ~맞은편에	La boulangerie est en face de la mairie.	빵집은 시청 맞은편에 있어요.
autour de ~의 주변에	Il y a des fleurs autour de chez moi.	내 집 주변에는 꽃들이 있어요.
entre A et B A와 B 사이에	L'épicerie est entre la poste et la banque.	식료품점은 우체국과 은행 사이에 있어요.

MEMO

단어

couteau 칼(n.m.)
fourchette 포크(n.f.)
magasin 가게(n.m.)
mairie 시청(n.f.)
hôtel 호텔(n.m.)

잠깐!

de로 끝나는 장소전치사 뒤에 정관사 le, les가 오면 당연히 축약관사로 써 주어야 해요.

예) L'hôtel est à droite du restaurant. 호텔은 레스토랑 오른쪽에 있어요.
    Je suis en face des toilettes. 나는 화장실 맞은편에 있어.

STEP 3 프랑스어 진짜 즐기기

아래 대화를 들으면서 오늘 배운 내용을 확인해 보세요.

Manon: Excusez-moi, où est le musée du Louvre ?
실례합니다, 루브르 박물관이 어디인가요?

piéton: C'est en face du Jardin des Tuileries.
튈르리 정원 맞은편에 있죠.

Manon: Mais.. où est le Jardin des Tuileries ?
튈르리 정원은 어디 있는데요?

piéton: C'est à côté de la Concorde.
콩코드 광장 옆에 있어요.

단어

piéton 행인

STEP 4 프랑스어 진짜 써먹기   나의 점수 ☐ / 10   정답 및 해석 p.12
✅ 정답 보기

1 제시된 문장의 빈칸에 들어 갈 수 있는 가장 알맞은 어휘를 고르세요.

1. C'est l'adresse _____ restaurant ?
   ⓐ des   ⓑ de la   ⓒ du   ⓓ au

2. Elle parle _____ garçon.
   ⓐ aux   ⓑ de la   ⓒ des   ⓓ du

3. C'est l'histoire _____ États-Unis.
   ⓐ de la   ⓑ de l'   ⓒ du   ⓓ des

4. J'aime l'histoire _____ art.
   ⓐ des   ⓑ de la   ⓒ du   ⓓ de l'

2 각 전치사와 어울리는 이미지를 짝지어 보세요.

1. autour de   2. à gauche de   3. en face de   4. à droite de

ⓐ    ⓑ    ⓒ    ⓓ

3 다음 문장을 프랑스어로 써 보세요.

1. 화장실이 어디인가요? ▶ _____
2. 지하철역은 어디 있나요? ▶ _____

▶ 문제 해설 강의) 틀리거나 헷갈리는 문제는 문제 해설 강의로 복습하세요.
🎯 오늘의 Mission) 프랑스를 여행 중이라고 생각하고 화장실이 어디 있는지 프랑스어로 물어보세요.   학습 종료 ✈

Jour 45

출신 묻고 답하기 학습 시작 ✈ 20

Vous venez d'où ?
당신은 어디 출신인가요?

오늘의 학습 내용을 확인해 보세요.

- venir 동사
- 출신 묻고 답하기
- 의문사 quand

▶ 전체 강의 ❓ 질문게시판 🎧 MP3

STEP 1 프랑스어 진짜 맛보기

▶ 저자 강의 🎧 45-01 🎤 말하기 연습

MEMO

✔ 반복학습 체크체크
- MP3듣기 ○─○─○
- 따라읽기 ○─○─○

📖 단어
venir 오다

오늘 배울 내용을 예문으로 먼저 만나 보세요.

Vous venez d'où ?	당신은 어디 출신인가요?
Tu viens d'où ?	너는 어디 출신이니?
Je viens de Séoul.	저는 서울 출신이에요.
Je viens de Corée.	저는 한국 출신이에요.

프랑스 진짜 여행떠나기!

프랑스를 여행하다 보면 가장 많이 듣는 말이 바로 여러분의 국적을 묻는 질문일 거예요. 그런데 아직도 한국인이라고 대답하면 북한인지 남한인지 묻는 사람들이 있어요. 연세가 있는 분들일수록 물어보시는 경우가 많답니다. 그럴 때는 자연스럽게 대답해주면 되겠죠? Je viens de Corée du Sud !

STEP 2 프랑스어 진짜 알아가기

🎬 저자 강의   🎧 45-02

📝 MEMO

1. venir 동사

venir 오다	
je viens	nous venons
tu viens	vous venez
il/elle/on vient	ils/elles viennent

venir는 대표적인 3군 동사로, 규칙이 없어 형태를 전부 암기해야 해요. 주로 전치사 de와 함께 '~로부터 오다'라는 의미로 사용해요.

| Tu viens du supermarché ? | 너 마트 다녀오는 길이니? |
| Je viens de chez mon ami.* | 나는 내 친구네 집에서 오는 길이야. |

★ de 뒤에 chez가 온 것처럼 전치사 뒤에 또 다른 전치사가 올 수 있어요.

venir avec은 '~와 함께 가다'로 쓰여요. 마치 영어의 'come with' 처럼요.

| Tu viens avec moi ? | 너 나랑 같이 갈래? |
| Vous venez avec nous ? | 저희랑 함께 가실래요? |

2. 출신 묻고 답하기

venir de는 출신을 나타내기도 해요. 이때 도시 앞에는 관사를 쓰지 않아요.

| Vous venez d'où ? | 당신은 어디 출신인가요? |
| Tu viens d'où ? | 너는 어디 출신이야? |

Camille vient de Paris.	꺄미유는 파리 출신이에요.
Je viens de Séoul.	저는 서울 출신이에요.
Noah vient de Londres.	노아는 런던 출신이에요.

출신 국가를 말할 때는 축약관사에 주의해야 해요. 여성국가와 모음으로 시작하는 국가 앞에서는 관사를 생략한답니다.

~ 나라 출신이에요	venir du + 남성국가
	venir de + 여성국가
	venir des + 복수국가
	venir d' + 모음으로 시작하는 국가

| Ils viennent du Japon. | 그들은 일본 출신이에요. |
| Je viens de Corée*. | 저는 한국 출신이에요. |

★ 'Corée du Sud'는 남한을 의미하고 'Corée du Nord'는 북한을 의미해요. 알아두면 좋겠죠?

Lucas vient des États-Unis. 뤼꺄는 미국 출신이에요.
Noah vient d'Angleterre. 노아는 영국 출신이에요.

MEMO

단어
Angleterre 영국(n.f.)

3. 의문사 quand

의문사 quand은 영어의 'when'과 마찬가지로 '언제'라는 뜻을 가지고 있어요. 의문사가 포함된 의문문은 크게 세 가지 방법으로 말할 수 있었어요.

주어(S)는 언제 동사(V) 하나요?	
1) 억양으로 물어보기	S + V + quand ?
2) 의문사 + est-ce que	Quand est-ce que + S + V ?
3) 동사-주어 도치	Quand + V + S ?

Tu viens quand ? 너는 언제 오니?
- J'arrive* ce soir. 나 오늘 저녁에 도착해.

Quand est-ce qu'il vient ? 그는 언제 와?
- Il ne vient pas aujourd'hui. 그는 오늘 안 와.

Quand visitez-vous Paris ? 파리에 언제 방문하세요?
- Je vais visiter en avril. 4월에 방문할 거예요.

동사 체크

arriver 도착하다
1군 동사

j'arrive
tu arrives
il/elle/on arrive
nous arrivons
vous arrivez
ils/elles arrivent

 프랑스어 진짜 즐기기  저자 강의   45-03  말하기 연습

아래 대화를 들으면서 오늘 배운 내용을 확인해 보세요.

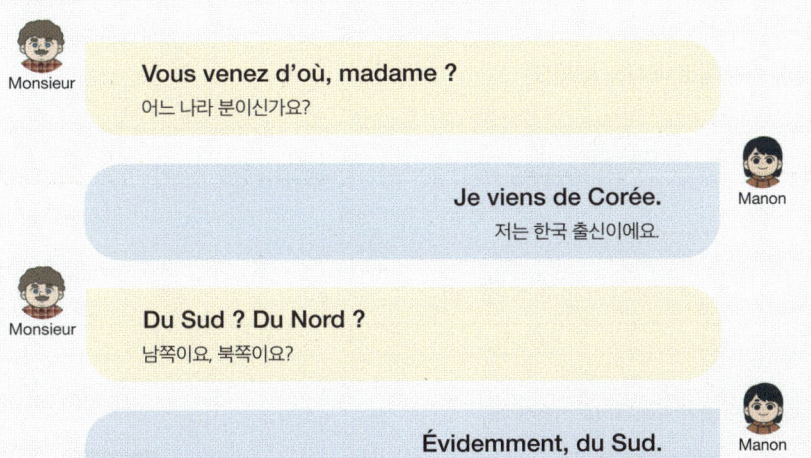

Monsieur: Vous venez d'où, madame ?
어느 나라 분이신가요?

Manon: Je viens de Corée.
저는 한국 출신이에요.

Monsieur: Du Sud ? Du Nord ?
남쪽이요, 북쪽이요?

Manon: Évidemment, du Sud.
당연히 남쪽이죠.

단어
évidemment 물론

Jour 45

STEP 4 프랑스어 진짜 써먹기

나의 점수 ☐ / 10 정답 및 해석 p.13

1 빈칸에 알맞은 venir 동사변형 형태를 적어 보세요.

1. Tu _____ du supermarché ?
2. Vous _____ d'où ?
3. Ils _____ du Japon.
4. Nous _____ de chez notre ami.

2 제시된 문장의 빈칸에 들어갈 수 있는 가장 알맞은 어휘를 고르세요.

1. Je viens _____ Corée.
   ⓐ des   ⓑ de la   ⓒ du   ⓓ de

2. Noah vient _____ Angleterre.
   ⓐ des   ⓑ de la   ⓒ de l'   ⓓ d'

3. Lucas vient _____ États-Unis.
   ⓐ de la   ⓑ des   ⓒ du   ⓓ de l'

4. Vous venez _____ Chine ?
   ⓐ des   ⓑ de la   ⓒ de   ⓓ de l'

5. Elle vient _____ Canada.
   ⓐ des   ⓑ de la   ⓒ du   ⓓ de l'

3 제시된 단어를 우리말에 맞춰 순서대로 배치해 보세요.

| 보기 | qu'il | est-ce | vient | Quand | ? |

그는 언제 오나요?

▶ _____

▶ 문제 해설 강의 틀리거나 헷갈리는 문제는 문제 해설 강의로 복습하세요.

🎯 오늘의 Mission 다음 질문에 프랑스어로 대답해 보세요. Tu viens d'où ?

학습 종료

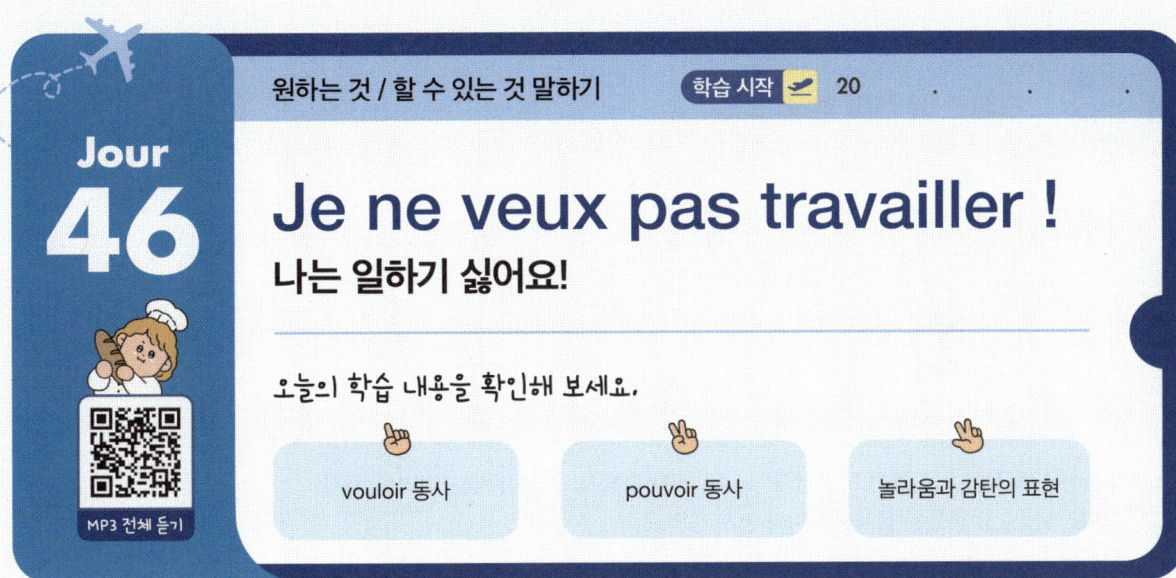

Jour 46

원하는 것 / 할 수 있는 것 말하기   학습 시작 🛫 20

Je ne veux pas travailler !
나는 일하기 싫어요!

오늘의 학습 내용을 확인해 보세요.

- vouloir 동사
- pouvoir 동사
- 놀라움과 감탄의 표현

▶ 전체 강의   ❓ 질문게시판   🎧 MP3

STEP 1 — 프랑스어 진짜 맛보기

▶ 저자 강의   🎧 46-01   🎤 말하기 연습

📝 MEMO

☑ 반복학습 체크체크
MP3듣기 ○○○
따라읽기 ○○○

📖 단어
demander 묻다
quelque chose 무언가
entrer 들어가다

오늘 배울 내용을 예문으로 먼저 만나 보세요.

Je ne veux pas travailler.	나는 일하고 싶지 않아요.
Qu'est-ce que vous voulez ?	당신은 무엇을 원하시나요?
Je peux demander quelque chose ?	뭘 좀 물어봐도 되나요?
Est-ce que je peux entrer ?	들어가도 되나요?

프랑스 진짜 여행 떠나기!

오늘 배운 표현을 여러분이 가장 잘 복습할 수 있는 노래가 하나 있답니다! 바로 Pink Martini의 sympathique예요! 노래 가사 첫 구절은 이렇게 시작한답니다. 'Je ne veux pas travailler~ Je ne veux pas déjeuner~!' 일도 하기 싫고 점심식사도 하기 싫은 '나'에게 무슨 일이 일어난 걸까요? 한번 확인해 보세요!

STEP 2 프랑스어 진짜 알아가기

▶ 저자 강의 🎧 46-02

1. vouloir 동사

vouloir 원하다	
je **veux**	nous **voulons**
tu **veux**	vous **voulez**
il/elle/on **veut**	ils/elles **veulent**

vouloir는 대표적인 3군 동사로 영어의 'want'와 비슷하게 '원하다'라는 의미를 가지고 있어요. vouloir 뒤에는 동사원형이나 명사가 와요.

Qu'est-ce que vous voulez ?	당신은 무엇을 원하시나요?
Qu'est-ce que tu veux manger ?	너는 뭘 먹고 싶니?
Elle veut une nouvelle voiture.	그녀는 새 자동차를 원해요.

부정문으로 말할 때에는 vouloir의 앞뒤로 'ne … pas'를 붙여줘요.

Je ne veux pas ce t-shirt.	나는 이 티셔츠를 원치 않아요.
Je ne veux pas travailler.	나는 일하고 싶지 않아요.
Nous ne voulons pas être ici.	우리는 여기 있고 싶지 않아요.
Il ne veut pas habiter en France.	그는 프랑스에 살고 싶지 않아요.

2. pouvoir 동사

pouvoir 할 수 있다	
je **peux**	nous **pouvons**
tu **peux**	vous **pouvez**
il/elle/on **peut**	ils/elles **peuvent**

pouvoir는 영어의 'can'과 비슷하게 '할 수 있다'라는 의미로 쓰여요. 또 허락을 구할 때도 자주 사용해요. pouvoir의 뒤에는 동사원형이 와요.

Est-ce que je peux entrer ?	들어가도 될까요?
Je peux demander quelque chose ?	뭘 좀 물어봐도 될까요?
Tu peux aller au cinéma avec moi ?	너 나랑 같이 영화관에 갈 수 있니?
Vous pouvez parler trois langues ?	당신은 3개 국어를 할 수 있나요?

📝 MEMO

부정문으로 말할 때는 pouvoir의 앞뒤로 'ne … pas'를 붙여줘요.

Je ne peux pas parler fort.	나는 큰소리로 말 못해.
Ils ne peuvent pas regarder ce film.	그들은 이 영화를 볼 수 없어요.
Vous ne pouvez pas manger ici.	이곳에서 드시면 안 됩니다.

3. 놀라움과 감탄의 표현

'C'est + 형용사' 구문을 활용하면 놀라움이나 감탄을 쉽게 표현할 수 있어요.

C'est incroyable ! 믿을 수 없어!	C'est génial ! 멋진걸!
C'est étonnant ! 놀라워요!	C'est magnifique ! 아주 굉장한데!
C'est choquant ! 충격적이에요!	C'est fantastique ! 환상적이다!

MEMO

STEP 3 — 프랑스어 진짜 즐기기

아래 대화를 들으면서 오늘 배운 내용을 확인해 보세요.

 Lucas: Je peux parler français, anglais et chinois.
나는 프랑스어, 영어, 중국어를 할 수 있어.

 Manon: C'est étonnant ! Tu parles trois langues.
놀라운걸! 넌 3개 국어를 하는 거잖아.

 Lucas: Ce n'est pas très difficile.
뭐 크게 어려운 건 아냐.

 Manon: Moi, je veux juste parler bien français !
나는 그냥 프랑스어라도 잘하고 싶어!

단어
difficile 어려운
juste 단지, 다만

STEP 4 프랑스어 진짜 써먹기

나의 점수 ☐ / 10   정답 및 해석 p.13   ✓ 정답 보기

1 빈칸에 알맞은 동사변형 형태를 채워 보세요.

1. Qu'est-ce que vous _____ ? (vouloir)

2. Ils ne _____ pas regarder ce film. (pouvoir)

3. Je ne _____ pas travailler. (vouloir)

4. Je _____ demander quelque chose ? (pouvoir)

2 MP3를 듣고, 빈칸에 알맞은 표현을 채워 보세요. 🎧 46-04

Je 1. _____ français, anglais et chinois.

2. _____ ! Tu parles trois langues.

Ce n'est pas 3. _____.

Moi, je 4. _____ bien français !

3 다음 문장을 프랑스어로 써 보세요.

1. 너는 무엇을 먹고 싶니?
   ▶ _____

2. 뭘 좀 여쭤봐도 될까요?
   ▶ _____

▶ 문제 해설 강의   틀리거나 헷갈리는 문제는 문제 해설 강의로 복습하세요.
🎯 오늘의 Mission   여러분은 지금 무엇이 필요한가요? 여러분이 원하는 것을 프랑스어로 말해 보세요!   학습 종료 ✈

Jour 47

이유와 의무 말하기   학습 시작 ✈ 20

Pourquoi tu es en retard ?
너 왜 늦었어?

오늘의 학습 내용을 확인해 보세요.

- devoir 동사
- Pourquoi ? - Parce que

▶ 전체 강의   ❓ 질문게시판   🎧 MP3

STEP 1 프랑스어 진짜 맛보기

▶ 저자 강의   🎧 47-01   🎙 말하기 연습

MEMO
✅ 반복학습 체크체크
MP3듣기 ◯◯◯
따라읽기 ◯◯◯

📖 단어
être en retard 지각하다, 늦다

오늘 배울 내용을 예문으로 먼저 만나 보세요.

Pourquoi tu es en retard ?	너는 왜 늦었니?
Pourquoi tu aimes les chiens ?	너는 왜 강아지를 좋아하니?
On ne doit pas parler ici.	여기서는 말하면 안 돼요.
Parce que je dois travailler.	왜냐하면 저는 일을 해야 하거든요.

프랑스 진짜 여행 떠나기!

여러분은 프랑스어를 '왜' 배우시나요? 여러 가지 이유가 있을 거예요. 프랑스어를 배우면 좋은 점을 하나 알려드릴게요! 여행 도중 한적한 동네 카페에서 커피 한잔을 시켜 카페 주인과 스몰 톡을 한번 해 보세요. 그 동네 주민들만 아는 맛집을 빠삭하게 다 알 수 있답니다. 프랑스어를 모르고 여행할 때는 전혀 알 수 없는 진정한 프랑스의 모습을 보게 될 거예요!

STEP 2 프랑스어 진짜 알아가기

1. devoir 동사

devoir 해야 한다, ~임에 틀림없다	
je **dois**	nous **devons**
tu **dois**	vous **devez**
il/elle/on **doit**	ils/elles **doivent**

devoir는 영어의 'must'와 비슷하게 '해야 한다' 혹은 '~임에 틀림없다'라는 의미를 가지고 있어요. devoir 뒤에는 주로 동사원형이 와요.

Je dois partir* tout de suite. — 나는 곧 출발해야 해.
Tu dois être malade. — 넌 아픈 게 틀림없어.
Ils doivent travailler dur. — 그들은 열심히 일해야 해요.

부정문으로 말할 때는 devoir의 앞뒤로 'ne … pas'를 붙여줘요. 약간 명령의 뉘앙스를 가지고 있죠.

On ne doit pas parler ici. — 여기서는 말하면 안 돼요.
Tu ne dois pas rentrer tard ! — 집에 늦게 돌아오면 안 돼!
Vous ne devez pas manger trop tard. — 너무 늦게 먹으면 안 돼요.

> **잠깐!**
> 사실 on은 여러 가지 의미로 사용돼요. 회화에서 nous 대신 '우리'라는 뜻으로 사용한다는 것 기억나시죠? 두 번째 뜻으로는 '누군가'라는 의미로 불특정한 다수나 확실히 정해지지 않은 일반적인 사람들을 이야기해요.
>
> 예) On va partir ! — 우리 떠나자!
> En France, on boit du vin. — 프랑스에서는 (사람들이) 와인을 마셔요.

2. Pourquoi ? - Parce que

pourquoi는 영어의 'why'와 비슷하게 '왜'라는 의미로 쓰여요. Pourquoi로 질문을 했다면 그에 대한 대답은 'parce que'로 할 수 있어요. 영어의 'because'처럼 '~때문에'라는 의미를 가지고 있죠.

주어(S)는 왜 동사(V) 하나요?	
1) 억양으로 물어보기	Pourquoi + S + V ? [구어체]
2) 의문사 + est-ce que	Pourquoi est-ce que + S + V ?

동사 체크

partir 떠나다
3군 동사
je pars
tu pars
il/elle/on part
nous partons
vous partez
ils/elles partent

단어

dur 심하게
tard 늦게

3) 동사-주어 도치	Pourquoi + V + S ?
주어(S)가 동사(V)하기 때문입니다.	
Parce que (qu') + S + V	

Pourquoi tu es en retard ?	너는 왜 늦었니?
- Parce que j'ai mal aux jambes.	내가 다리가 아프기 때문이야.
Pourquoi est-ce qu'elle aime Noah ?	그녀는 왜 노아를 좋아할까?
- Parce qu'il est beau et gentil.	왜냐하면 그는 잘생기고 친절하잖아.
Pourquoi partez-vous très tôt ?	왜 그렇게 일찍 떠나세요?
- Parce que je dois aller au travail.	저는 출근해야 하거든요.

단어
en retard 늦은
tôt 일찍

> **잠깐!**
> pourquoi는 다른 의문사들과 달리 문장의 끝에 오지 않아요. 그 대신, 'Pourquoi + S + V'의 어순으로 사용 가능하죠. 이 표현은 구어체에서 사용돼요.
>
> 예) Tu aimes les chiens pourquoi ? ✗ → Pourquoi tu aimes les chiens ? ○
> Pourquoi aimes-tu les chiens ? ○
> 너는 왜 강아지를 좋아하니?

STEP 3 — 프랑스어 진짜 즐기기

  47-03

아래 대화를 들으면서 오늘 배운 내용을 확인해 보세요.

 Noah: Tu peux venir à la soirée ce soir ?
오늘 저녁에 파티에 올 수 있어?

Camille: C'est dommage ! Mais je ne peux pas.
아쉽네! 나는 못 가.

 Noah: Mais pourquoi tu ne peux pas venir ?
아니, 왜 못 오는데?

Camille: Parce que je dois travailler !
왜냐하면 일을 해야 하니까!

단어
soirée 파티 (n.f.)
dommage 손해, 유감 (n.m.)

Jour 47

STEP 4 프랑스어 진짜 써먹기

나의 점수 ☐ / 10   정답 및 해석 p.13

1 제시된 우리말을 보고 빈칸에 알맞은 표현을 채워 보세요.

1. Je _____ _____ tout de suite.   나는 곧 출발해야 해.
2. Il _____ _____ malade.   그는 아픈 게 틀림없어.
3. Tu _____ _____ _____ rentrer tard !   집에 늦게 돌아오면 안 돼!
4. Ils _____ travailler dur.   그들은 열심히 일해야 해요.
5. Vous _____ _____ _____ manger trop tard.   너무 늦게 먹으면 안 돼요.

2 질문과 어울리는 대답을 짝지어 보세요.

1. Pourquoi vous êtes en retard ?   •   • ⓐ Parce qu'elle doit travailler.
2. Pourquoi est-ce qu'il aime les chiens ?   •   • ⓑ Parce qu'elle est jolie et sympa.
3. Pourquoi Lucas aime Camille ?   •   • ⓒ Parce que j'ai mal aux jambes.
4. Pourquoi elle ne peut pas venir à la soirée ?   •   • ⓓ Parce qu'ils sont très mignons.

3 제시된 단어를 순서대로 배치한 후, 우리말로 해석해 보세요.

| 보기 | tôt | partez | Pourquoi | vous | très | ? |

프랑스어 ▶ _____

우리말 해석 ▶ _____

▶ 문제 해설 강의   틀리거나 헷갈리는 문제는 문제 해설 강의로 복습하세요.

🎯 오늘의 Mission   다음 질문에 대해 프랑스어로 대답해 보세요. Pourquoi vous parlez français ?

학습 종료

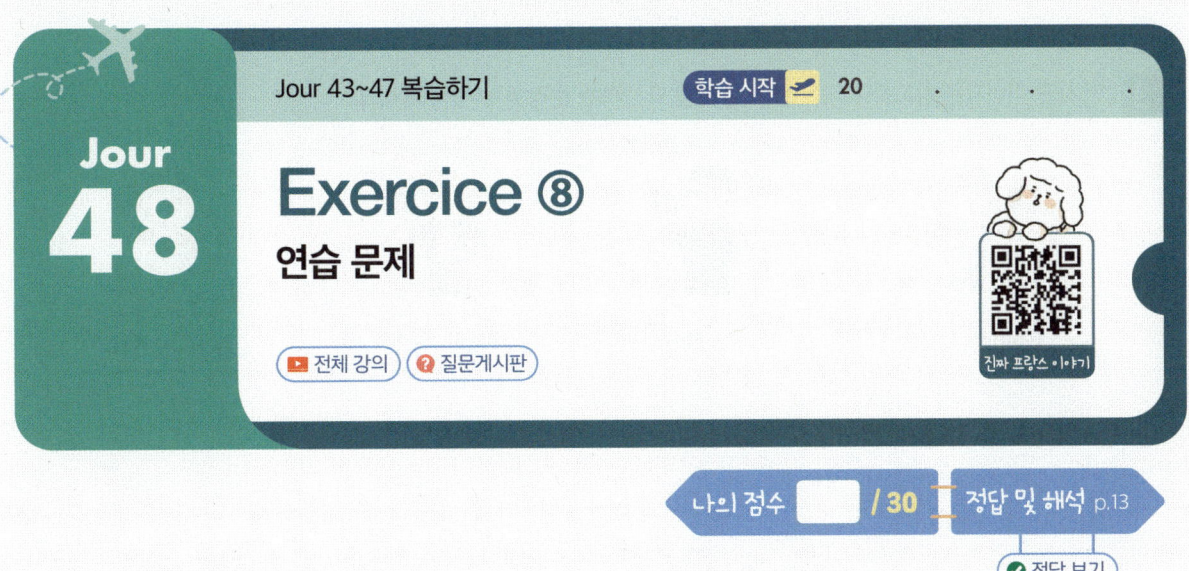

Jour 48

Exercice ⑧
연습 문제

나의 점수 ☐ / 30

1 제시된 우리말에 해당하는 표현을 전치사와 함께 프랑스어로 써 보세요.

배를 타고	1.	말을 타고	2.
킥보드를 타고	3.	비행기를 타고	4.
트램을 타고	5.		

2 프랑스어 단어와 우리말 뜻을 짝지어 보세요.

1. magasin • • ⓐ 칼
2. couteau • • ⓑ 시청
3. fac • • ⓒ 가게
4. mairie • • ⓓ 포크
5. fourchette • • ⓔ 대학

3 제시된 이미지를 참고하여 각 인물의 출신을 묘사하는 문장을 완성해 보세요.

Camille Leroy	Lucas Brown	Noah Scott	Manon Kim

1. Camille vient _____.

2. Lucas vient _____.

3. Noah vient _____.

4. Manon vient _____.

4 제시된 우리말을 보고 빈칸에 알맞은 의문사를 채워 보세요.

1. 파리는 언제 방문하세요? ▶ _____ visitez-vous Paris ?

2. 넌 집에 어떻게 돌아가? ▶ _____ est-ce que tu rentres chez toi ?

3. 화장실은 어디 있나요? ▶ _____ sont les toilettes ?

4. 뤼까는 왜 꺄미유를 좋아할까? ▶ _____ Lucas aime Camille ?

5. 당신은 무엇을 원하시나요? ▶ _____ vous voulez ?

5 다음 문장을 우리말로 해석해 보세요.

1. Il ne veut pas habiter en France. ▶ _____

2. Je peux demander quelque chose ? ▶ _____

3. Vous ne devez pas manger trop tard. ▶ _____

6 제시된 이미지와 보기를 참고하여 빈칸에 알맞은 단어를 채워 보세요.

보기: autour de / à gauche de / en face de / à droite de / entre A et B

1. Le supermarché est _____ la mairie.

2. J'habite _____ musée.

3. La boulangerie est _____ la mairie.

4. Il y a des fleurs _____ jardin.

5. La mairie est _____ le supermarché _____ la boulangerie.

7 다음 문장을 프랑스어로 써 보세요.

1. 나는 이곳에 있기 싫어요.
   ▶ _____

2. 그들은 이 영화를 볼 수 없어요.
   ▶ _____

3. 너는 아픈 게 틀림없어!
   ▶ _____

쉬어가기

파리에도 부자들이 모여 사는 부촌이 있나요?

우리나라의 강남처럼 프랑스에도 '파리의 부촌'이라고 불리는 대표적인 동네가 있답니다. 그곳은 바로 바로 파리 16구입니다!

파리의 행정구역은 중심부부터 달팽이 모양으로 뱅글뱅글 돌면서 1구부터 20구까지 나누어져 있습니다. 그중 파리 서쪽에 있는 16구에 대해 이야기해 보도록 할게요.

프랑스어로 부유한 사람들을 '부르주아'라고 부르는데, 이 부르주아 계층이 가장 많이 사는 곳이 16구예요. 실제로 16구의 길거리를 걸어 다녀보면 분위기가 상당히 조용하고 차분해서, 다른 구들과 느낌이 다르다고 느껴지실 거예요.

자, 이 16구에는 엄청나게 거대한 테니스장이 하나 있는데요, 그곳이 바로 세계에서 가장 유명한 테니스 대회 중 하나인 '롤랑 가로스'가 열리는 경기장이랍니다!

예전부터 테니스는 부자들이 주로 하는 스포츠 중 하나로 꼽히는데요, 그런 분위기가 16구에도 전반적으로 퍼져 있어서 테니스를 즐기는 사람들을 자주 목격할 수 있어요.

또 각 구의 공원에서도 그 지역만의 독특한 분위기를 느낄 수 있는데요, 16구의 경우에는 주로 부유하고 느긋한 할머니 할아버지들이 강아지와 함께 산책을 하고 있는 경우가 상당히 많아요.

파리의 그 어떤 구역보다 가장 느리고 평온하게 흘러가는 동네라고 볼 수 있겠네요!

Tip!
arrondissement 구
les bourgeois 부르주아, 부자

▶ 문제 해설 강의 : 틀리거나 헷갈리는 문제는 문제 해설 강의로 복습하세요.
🎯 오늘의 Mission : 여러분은 프랑스에 가서 꼭 하고 싶은 게 있나요? vouloir 동사를 활용해서 여러분이 하고 싶은 위시리스트를 만들어 보세요!

학습 종료

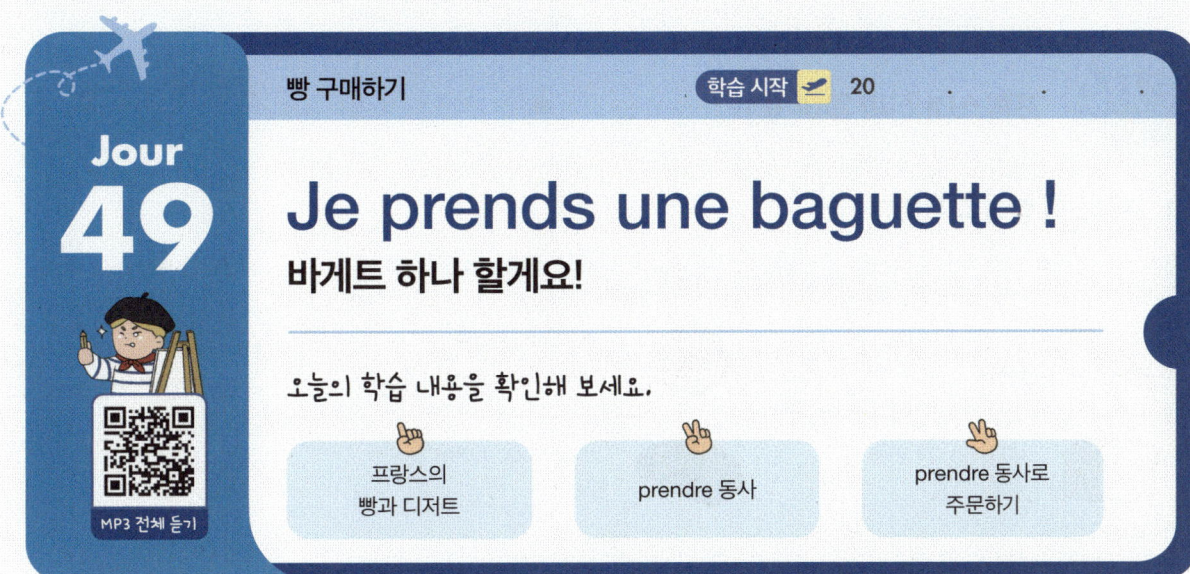

Jour 49

빵 구매하기 · 학습 시작 20

Je prends une baguette !
바게트 하나 할게요!

오늘의 학습 내용을 확인해 보세요.

- 프랑스의 빵과 디저트
- prendre 동사
- prendre 동사로 주문하기

🎥 전체 강의 ❓ 질문게시판 🎧 MP3

STEP 1 · 프랑스어 진짜 맛보기

🎥 저자 강의 🎧 49-01 🎤 말하기 연습

MEMO

☑ 반복학습 체크체크
- MP3듣기 ○○○
- 따라읽기 ○○○

📖 단어

parapluie 우산(n.m.)

오늘 배울 내용을 예문으로 먼저 만나 보세요!

Je prends une baguette.	바게트 하나 할게요.
Je vais prendre le bus.	나는 버스를 탈 거예요.
Tu dois prendre ton parapluie.	너는 네 우산을 챙겨야 해.
Je vais prendre un pain au chocolat.	저는 뺑오쇼콜라 하나요.

프랑스 진짜 여행 떠나기!

프랑스에 가면 그냥 바게트가 아니라 'tradition'을 맛보라구요? 사실, 바게트는 만드는 레시피에 따라 여러 종류가 있답니다. 그중 엄선된 밀로 만드는 옛날 방식의 전통 바게트가 있는데요, 이것이 바로 tradition이에요! 일반 바게트보다 더 바삭하고 비싼 고급형 바게트, 안 먹어볼 수 없겠죠?

STEP 2 프랑스어 진짜 알아가기

저자 강의 | 49-02

MEMO

1. 프랑스의 빵과 디저트*

Les boulangeries 빵	
une baguette 바게트	une campagne 깜빠뉴
un pain de mie 식빵	un pain complet 통밀빵

Les viennoiseries 비엔나식 빵	
un croissant 크루아상	un pain au* chocolat 빵오쇼콜라
une brioche 브리오슈	un palmier 빨미에

Les pâtisseries 빠띠쓰리	
un macaron 마카롱	un éclair 에끌레어
une tarte aux* fraises 딸기 타르트	un cannelé 꺄눌레
un financier 휘낭시에	un mille-feuille 밀푀유
une tarte aux* pommes 사과 타르트	un chou à la crème 슈크림

* 프랑스에서 빵(pain)은 밀가루와 이스트, 물만 사용해 만드는 식사 빵을 의미해요. 버터나 설탕이 들어간 것들은 비에누와즈히(viennoiserie)라고 한답니다.

* 전치사 à를 사용하면 '~ 재료로 만들어진'이라는 뜻을 추가해 줄 수 있어요.

2. prendre 동사

prendre 먹다, 마시다, 고르다, 챙기다, 타다	
je prends	nous prenons
tu prends	vous prenez
il/elle/on prend	ils/elles prennent

prendre는 영어의 'take'와 비슷하게 여러 의미로 사용되는 만능동사예요.

Je vais prendre le bus.*	나는 버스를 탈 거예요. (타다)
Vous voulez prendre un croissant ?	크루아상 하나 드시겠어요? (먹다)
Elle ne prend pas de café.	그녀는 커피를 마시지 않아요. (마시다)
Tu dois prendre ton parapluie.	너는 네 우산을 챙겨야 해. (챙기다)

3. prendre 동사로 주문하기

prendre 동사를 활용해 주문하는 표현을 쓸 수 있어요. 현재 시제로도 사용하지만 주로 aller 동사와 함께 '~을 살 거예요'라는 미래형으로 자주 쓰여요. 또 문장의 뒤에 's'il vous plaît'를 붙여주면 더 공손한 표현이 되겠죠?

Je prends un éclair, s'il vous plaît.
에끌레어 하나 할게요.

Je vais prendre un pain au chocolat, s'il vous plaît.
뺑오쇼콜라 1개 살게요.

Je vais prendre un croissant et deux macarons, s'il vous plaît.
크루아상 1개와 마카롱 2개 살게요.

On va prendre un mille-feuille, deux financiers et une brioche, s'il vous plaît.* 저희는 밀푀유 1개, 휘낭시에 2개, 브리오슈 1개 하겠습니다.

STEP 3 — 프랑스어 진짜 즐기기

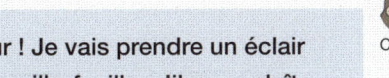

아래 대화를 들으면서 오늘 배운 내용을 확인해 보세요.

 Boulanger: **Bonjour madame ?**
안녕하세요?

 Camille: **Bonjour ! Je vais prendre un éclair et un mille-feuille, s'il vous plaît.**
안녕하세요! 저 에끌레어 하나랑 밀푀유 하나 살게요.

 Boulanger: **Ce sera tout ?***
그게 전부일까요?

 Camille: **Oui. C'est tout. Merci.**
네. 그게 다예요. 감사합니다.

MEMO

* prendre 동사는 여러 교통수단과 함께 쓸 수 있어요.
  - prendre le taxi 택시를 타다
  - prendre le métro 지하철을 타다
  - prendre le vélo 자전거를 타다
  - prendre l'avion 비행기를 타다

* 여러 개를 주문할 때는 마지막에만 et를 붙여 말하면 돼요.

단어
tout 전부

* 'sera'는 être 동사의 단순 미래 시제예요. 참고로 알아만 두자구요!

프랑스어 진짜 써먹기

나의 점수 ☐ / 10   정답 및 해석 p.14

1 제시된 단어가 어디에 속하는지 분류해 보세요.

boulangerie	viennoiserie	pâtisserie

1. pain au chocolat   2. baguette   3. croissant

4. éclair   5. macaron

2 빈칸에 알맞은 **prendre** 동사 형태를 채우고, 어떤 의미로 쓰였는지 적어 보세요.

1. Je vais _____ le bus.   ▶ _____

2. Vous voulez _____ un croissant ? ▶ _____

3. Elle ne _____ pas de café.   ▶ _____

4. Tu dois _____ ton parapluie.   ▶ _____

3 다음 문장을 프랑스어로 써 보세요. (복수 정답 가능)

에끌레어 하나랑 밀푀유 하나 할게요.

▶ _____

▶ 문제 해설 강의 틀리거나 헷갈리는 문제는 문제 해설 강의로 복습하세요.

🎯 오늘의 Mission 지금 프랑스의 한 빵집에 있다고 생각하고, prendre 동사를 이용해 먹고 싶은 빵을 프랑스어로 구매해 보세요.

학습 종료

Jour 50

음식 주문하기　학습 시작 ✈ 20

Je voudrais une ratatouille, s'il vous plaît.
라따뚜이 하나 주세요.

오늘의 학습 내용을 확인해 보세요.

- 프랑스 요리
- comme + 무관사 명사
- 고기의 굽기
- 레스토랑에서 주문하기

▶ 전체 강의　❓ 질문게시판　🎧 MP3

STEP 1 프랑스어 진짜 맛보기

▶ 저자 강의　🎧 50-01　🎤 말하기 연습

오늘 배울 내용을 예문으로 먼저 만나 보세요!

Je voudrais une ratatouille, s'il vous plaît.	라따뚜이 하나 주세요.
Qu'est-ce que vous avez comme plat ?	메인 요리는 무엇이 있나요?
Quelle cuisson pour la viande ?	고기 굽기는 어떻게 해 드릴까요?
À point, s'il vous plaît.	미디움 레어로 해 주세요.

📝 MEMO

☑ 반복학습 체크체크
- MP3듣기　◯ ◯ ◯
- 따라읽기　◯ ◯ ◯

📋 단어
- plat 요리 (n.m.)
- cuisson 굽기 (n.f.)
- viande 고기 (n.f.)

프랑스 진짜 여행 떠나기!

프랑스 레스토랑 메뉴판을 유심히 살펴보면 maison 혹은 fait maison이라고 적혀 있는 메뉴가 있어요. 말 그대로 집에서 만들었다는 의미의 홈메이드 수제 메뉴를 의미합니다. 관광지 근처 레스토랑에는 반조리나 즉석 조리 식품을 데워 나오는 경우가 있어서, 신선한 재료로 직접 조리한 요리에는 fait maison 표시를 할 수 있게 법이 제정되었답니다. 재미있죠?

STEP 2 · 프랑스어 진짜 알아가기

▶ 저자 강의 🎧 50-02

📝 **MEMO**

1. 프랑스 요리

프랑스식 식사는 기본적으로 Entrée(전채)-Plat(메인)-Dessert(디저트) 순으로 이루어져요. 각 코스를 대표하는 음식들을 알아보도록 할게요.

L'entrée 전채 요리			
	une salade 샐러드		un escargot 에스카르고
	une soupe à l'oignon 양파 수프		un foie gras 푸아그라

Le plat (principal) 메인 요리			
	un steak frites 스테이크 감자튀김		un saumon grillé 연어 스테이크
	une ratatouille 라따뚜이		un bœuf bourguignon 뵈프 부르기뇽
	une moule-frites 물프릿 (홍합 요리)		un coq au vin 꼬꼬뱅
	un steak tartare 타르타르 스테이크		un magret de canard 오리 스테이크

★ 프랑스 식당에는 세트 메뉴를 제공하는 곳이 많아요. 전채와 메인을 묶거나 메인과 디저트를 묶어서 제공하는 경우가 많답니다.

📖 **단어**

escargot 달팽이(n.m.)
foie 간(n.m.)
gras 기름진
principal 주된
frites 감자튀김(n.f.pl.)
saumon 연어(n.m.)
grillé 구워진
bœuf 소고기(n.m.)
moule 홍합(n.f.)

2. comme + 무관사 명사

comme는 영어의 'as'와 비슷한 단어예요. 뒤에 관사가 생략된 명사가 오면 '~로는'이라는 의미가 돼요.

comme entrée	전채 요리로는	comme plat	메인 요리로는
comme plat du jour★	오늘의 요리로는	comme dessert	디저트로는

Qu'est-ce que vous avez comme entrée ?
전채 요리로는 뭐가 있나요?

Qu'est-ce que vous avez comme plat du jour ?
오늘의 요리는 뭐가 있나요 ?

★ 프랑스 식당에는 그날그날 신선한 재료를 사용해 저렴한 가격으로 제공되는 스페셜 요리가 있어요. 최소 고기와 생선 두 가지를 제공하는 경우가 많아요.

3. 고기의 굽기

Quelle cuisson pour la viande ?   고기 굽기는 어떻게 해 드릴까요?
- Saignant, s'il vous plaît.   레어로 주세요.

- À point, s'il vous plaît.　　　미디엄으로 주세요.
- Bien cuit, s'il vous plaît.　　웰던으로 주세요.

4. 레스토랑에서 주문하기

'Je voudrais'는 '저는 원합니다'라는 의미예요. 이때 voudrais는 우리가 이미 배웠던 vouloir 동사의 조건법 형태랍니다. 조건법을 사용하면 더 예의 있고 공손한 표현이 되는데, 오늘은 간단히 체크하고 나중에 더 자세히 다루도록 할게요.

Je voudrais un steak frites, s'il vous plaît.　　스테이크 감자튀김 하나 주세요.
Je voudrais un escargot, s'il vous plaît.　　에스카르고 하나 주세요.

오늘 배운 comme와 함께 표현할 수도 있죠.

Qu'est-ce que vous prenez comme entrée / plat ?
전채/메인 요리로는 어떤 걸 드시겠어요?

Je voudrais une salade comme entrée, s'il vous plaît.
전채 요리로는 샐러드를 하나 주세요.

Je voudrais une ratatouille comme plat, s'il vous plaît.
메인 요리로는 라따뚜이를 하나 주세요.

MEMO

 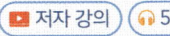 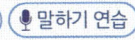

아래 대화를 들으면서 오늘 배운 내용을 확인해 보세요.

 Manon
Qu'est-ce que vous avez comme plat du jour ?
오늘의 요리로는 뭐가 있나요?

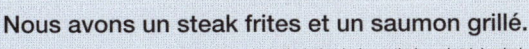 serveur
Nous avons un steak frites et un saumon grillé.
스테이크 감자튀김과 연어 스테이크가 있습니다.

 Manon
Je voudrais un steak frites, à point, s'il vous plaît.
스테이크 감자튀김 미디엄으로 하나 주세요.

 serveur
Très bien.
잘 알겠습니다.

STEP 4 프랑스어 진짜 써먹기

1 제시된 음식명과 어울리는 이미지를 짝지어 보세요.

1. saumon grillé   2. soupe à l'oignon   3. moule frites   4. escargot

 a    b    c    d

2 제시된 우리말을 보고 빈칸에 알맞은 표현을 채워 보세요.

1. Qu'est-ce que vous avez comme _____ _____ _____ ?
   오늘의 요리는 뭐가 있나요?

2. _____ _____ un steak frites, s'il vous plaît.
   스테이크 감자튀김 하나 주세요.

3. _____ _____ pour la viande ?
   고기 굽기는 어떻게 해 드릴까요?

4. _____, s'il vous plaît.
   레어로 주세요.

5. Qu'est-ce que vous prenez _____ _____ ?
   전채 요리로는 어떤 걸 드시겠어요?

3 다음 문장을 프랑스어로 써 보세요.

메인 요리로는 라따뚜이를 하나 주세요.

▶ _____

- 문제 해설 강의: 틀리거나 헷갈리는 문제는 문제 해설 강의로 복습하세요.
- 오늘의 Mission: 지금 프랑스의 한 레스토랑에 있다고 생각하고, 먹고 싶은 음식을 프랑스어로 주문해 보세요.

Jour 51

음료 주문하기

학습 시작 ✈ 20

Vous pouvez recommander un vin rouge ?
레드 와인 하나 추천해 주실래요?

오늘의 학습 내용을 확인해 보세요.

- 음료에 관한 명사
- 음료 주문하기
- 와인 추천 받기

▶ 전체 강의   ❓ 질문게시판   🎧 MP3

STEP 1 — 프랑스어 진짜 맛보기

▶ 저자 강의   🎧 51-01   🎤 말하기 연습

MEMO
✅ 반복학습 체크체크
- MP3듣기 ○─○─○
- 따라읽기 ○─○─○

📖 단어
- carafe 물병(n.f.)
- verre 잔(n.m.)
- recommander 추천하다

오늘 배울 내용을 예문으로 먼저 만나 보세요.

Je voudrais une carafe d'eau, s'il vous plaît.	물 한 병 주세요.
Je voudrais un coca zéro, s'il vous plaît.	제로 콜라 하나 주세요.
Je voudrais un verre de vin blanc, s'il vous plaît.	화이트 와인 한 잔 주세요.
Vous pouvez recommander un vin rouge ?	레드 와인 하나 추천해 주실래요?

 프랑스 진짜 여행 떠나기!

대부분의 유럽 국가들처럼 프랑스의 수돗물도 석회질을 함유하고 있답니다. 프랑스인들은 수돗물의 안전성에 대해 상당히 신뢰하는 편이에요. 수돗물 음용률이 70~80%에 달하거든요! 그런데 이런 석회질이 포함된 수돗물로 끓인 차와 미네랄워터로 끓인 차 맛이 다르다는 사실 알고 계신가요? 프랑스에서 사온 찻잎이 한국의 수돗물과 만나면 또 다른 맛이 된답니다. 참 신기하죠?

STEP 2 프랑스어 진짜 알아가기

▶ 저자 강의 🎧 51-02

1. 음료에 관한 명사

Les boissons 음료	
une carafe d'eau* 수돗물	une eau gazeuse 탄산수
un coca (zéro) (제로)콜라	un sprite 사이다
une limonade 레모네이드	

Les jus 주스	
un jus d'orange 오렌지 주스	un jus de pomme 사과 주스
un jus d'ananas 파인애플 주스	un jus de raisin 포도 주스

L'alcool 술	
une bière 맥주	un vin rouge 레드 와인
un vin blanc 화이트 와인	un vin rosé 로제 와인

Je voudrais une carafe d'eau, s'il vous plaît.
물 한 병 주세요.

Je voudrais un jus d'orange pressé*, s'il vous plaît.
오렌지 주스 하나 주세요.

Je voudrais un coca zéro, s'il vous plaît.
제로콜라 하나 주세요.

2. 음료 주문하기

음료로는 무엇을 하시겠어요?
Qu'est-ce que vous prenez comme boisson ?

먼저 와인은 한 잔, 혹은 한 병 단위로 주문할 수 있어요.

와인의 사이즈	
un verre de 한 잔의	une bouteille de 한 병의

Je voudrais un verre de vin rouge, s'il vous plaît.
레드 와인 한 잔 주세요.

Je voudrais une bouteille de vin blanc, s'il vous plaît.
화이트 와인 한 병 주세요.

MEMO

★ 식당에서 그냥 물을 달라고 하면 돈을 내고 사서 마시는 미네랄 워터를 가져다줄 수 있어요. 정확히 물병에 담긴 물(carafe d'eau)을 달라고 해야 무료로 마실 수 있답니다.

★ 음료 뒤에 'pressé'가 붙으면 착즙해서 만든 생과일 주스를 의미해요.

맥주는 작은 사이즈(25cl), 큰 사이즈(50cl) 두 가지로 주문할 수 있어요.

맥주의 사이즈	
un demi (25cl) 작은 것	une pinte (50cl) 큰 것

| Je voudrais un demi, s'il vous plaît. | 맥주 작은 거 하나 주세요. |
| Je voudrais une pinte, s'il vous plaît. | 맥주 큰 거 하나 주세요. |

3. 와인 추천받기

~ 추천해 주실래요?
Vous pouvez recommander … ?

Vous pouvez recommander un vin rouge ?
레드 와인 하나 추천해 주실래요?

Vous pouvez recommander un vin pas cher ?
가성비 좋은 와인 하나 추천해 주실래요?

Vous pouvez recommander un vin pour aller avec ?
(음식과) 잘 어울리는 와인 하나 추천해 주시겠어요?

아래 대화를 들으면서 오늘 배운 내용을 확인해 보세요.

serveur

Qu'est-ce que vous prenez comme boisson ?
음료는 무엇으로 하시나요?

Vous pouvez recommander un vin ?
와인 하나 추천해 주실 수 있으세요?
 Camille

serveur

Bien sûr. Ce vin blanc va très bien avec.
그럼요. 이 화이트 와인이 잘 어울릴 거예요.

Alors, je vais prendre ça.
그러면 그걸로 할게요.
 Camille

STEP 4 프랑스어 진짜 써먹기

나의 점수 ☐ / 10   정답 및 해석 p.14

1 프랑스어 단어와 우리말 뜻을 짝지어 보세요.

1. 레모네이드 • • a eau gazeuse
2. 파인애플 주스 • • b sprite
3. 탄산수 • • c limonade
4. 사이다 • • d jus d'ananas
5. 맥주 • • e bière

2 제시된 우리말을 보고 빈칸에 알맞은 표현을 채워 보세요.

1. Qu'est-ce que vous prenez _____ _____ ?
   음료로는 무엇을 하시겠어요?

2. Je voudrais _____ _____ _____ vin blanc, s'il vous plaît.
   화이트 와인 한 병 주세요.

3. Je voudrais _____ _____ _____ vin rouge, s'il vous plaît.
   레드 와인 한 잔 주세요.

4. Je voudrais _____ _____, s'il vous plaît.
   맥주 작은 거 하나 주세요.

3 다음 문장을 프랑스어로 써 보세요.

포도 주스 한 잔과 물 한 병 주세요.

▶ _____

▶ 문제 해설 강의   틀리거나 헷갈리는 문제는 문제 해설 강의로 복습하세요.

🎯 오늘의 Mission   지금 프랑스의 한 레스토랑에 있다고 생각하고, 웨이터에게 음식과 잘 어울리는 와인을 추천 받아 보세요!

학습 종료

Jour 52

수량을 나타내는 표현 (1)

학습 시작 20 . . .

J'ai beaucoup d'amis.
나는 친구가 많아요.

오늘의 학습 내용을 확인해 보세요.

 수량을 나타내는 표현 (1)　　 불평·불만 표현하기

MP3 전체 듣기

▶ 전체 강의　　❓ 질문게시판　　🎧 MP3

STEP 1 프랑스어 진짜 맛보기

▶ 저자 강의　　🎧 52-01　　🎤 말하기 연습

오늘 배울 내용을 예문으로 먼저 만나 보세요.

J'ai beaucoup d'amis.	나는 친구가 많아요.
Tu as trop de travail ?	너는 일이 너무 많니?
C'est nul.	이거 형편없다.
C'est énervant.	짜증이 나네.

MEMO

☑ 반복학습 체크체크
MP3듣기 ○─○─○
따라읽기 ○─○─○

📖 단어
nul 무능한, 가치 없는
énervant 짜증나게 하는

🇫🇷 진짜 여행 떠나기!

프랑스 사람들은 정말 불평을 많이 할까요? 한국인에게 불평은 대화가 끝나는 느낌을 주지만 프랑스인들에게 불평은 대화의 시작점이라고 볼 수 있어요. 불평을 하면서 자연스럽게 서로의 이야기를 주고받을 수 있다는 것이죠! 우리에겐 색다른 관점이지만 또 어떤가요? 오늘 배우는 표현들로 프랑스인처럼 자연스럽게 불평해 보자구요!

STEP 2 — 프랑스어 진짜 알아가기

🎬 저자 강의 🎧 52-02

📝 **MEMO**

1. 수량을 나타내는 표현 (1)

오늘은 명사의 앞에서 수량을 나타내는 표현을 알아볼 거예요. 수량을 나타내는 표현 뒤에 **셀 수 있는 명사**가 오면 **복수형**으로, **셀 수 없는 명사**가 오면 **단수형**으로 사용해야 해요.

beaucoup de 많은	+ 복수 명사(셀 수 있는)
	+ 단수 명사(셀 수 없는)

Il y a beaucoup de pêches ici. 여기 복숭아가 많이 있네.
J'ai beaucoup de travail. 나는 일이 많아요.

> **잠깐!**
> 수량을 나타내는 표현 뒤에는 관사를 생략해 줘요!
> 예) Il y a beaucoup des pêches ici. ❌ 여기 복숭아가 많이 있네.
>   Il y a beaucoup de pêches ici. ⭕

trop de 너무 많은	+ 복수 명사(셀 수 있는)
	+ 단수 명사(셀 수 없는)

Il a trop d'amis.★ 그는 친구가 너무 많아요.
Tu manges trop de sucre ! 너는 설탕을 너무 많이 먹어!

★ 전치사 de 뒤에 모음이나 무음 h로 시작하는 명사가 오면 자연스럽게 축약해야 해요!

assez de 충분한	+ 복수 명사(셀 수 있는)
	+ 단수 명사(셀 수 없는)

J'ai assez de vêtements. 나는 옷이 충분해.
Tu as assez d'argent ? 너는 돈이 충분하니?

🔤 **동사 체크**

acheter 구매하다
1군 동사

j'achète
tu achètes
il/elle/on achète
nous achetons
vous achetez
ils/elles achètent

un peu de 조금의	+ 복수 명사(셀 수 있는)
	+ 단수 명사(셀 수 없는)

On va acheter★ un peu de fraises. 우리 딸기를 조금 사자.
Encore un peu de café ? 커피 좀 더 드실래요?

acheter는 형태가 특이하게 변하는 1군 동사예요.

> **잠깐!**
> un peu de와 peu de는 의미에 차이가 있어요. 영어의 a few, few와 비슷한 차이랍니다.
> 예) Il y a un peu de lait. 우유가 조금 있다.
>   Il y a peu de lait. 우유가 거의 없다.

2. 불평·불만 표현하기

C'est énervant. 짜증이 난다.	C'est la catastrophe !★ 대참사군!
C'est horrible. 지독하네.	C'est nul. 형편없네.
C'est banal. 진부하네.	C'est dégueulasse.★ 구역질이 난다.

> ★ 일상에서는 더 짧게 'C'est la cata !'라고 말해요.
>
> ★ 일상에서는 더 짧게 'C'est dégueu !'라고 말해요.

실제 프랑스 사람들은 c'est 구문을 활용해서 자주 이야기해요. 같은 표현이라도 이렇게 표현하면 더 쉽고 자연스러운 느낌을 줄 수 있어요. 또 성수일치에 신경 쓸 필요도 없죠.

Ce film est nul.　　　　　이 영화 별로야.
= Ce film, c'est nul.

Cette chanson, c'est banal.　　이 노래는 진부하네.
Ce pull, c'est la cata.　　　　이 스웨터는 대참사야.
Ce lait est pourri ! C'est dégueu.　이 우유는 상했어! 구역질 나.

단어
pourri 상한

STEP 3  프랑스어 진짜 즐기기

아래 대화를 들으면서 오늘 배운 내용을 확인해 보세요.

 Lucas: On a besoin de lait et de farine.
우리는 우유랑 밀가루가 필요해.

 Camille: Il y a beaucoup de farine et assez de lait !
밀가루는 많고 우유는 충분해!

 Lucas: Ce lait, c'est pourri !
이 우유 상했는데!

 Camille: Ah non ! C'est dégueu !
으악! 구역질 나!

단어
farine 밀가루(n.f.)

STEP 4 프랑스어 진짜 써먹기

나의 점수 ☐ / 10   정답 및 해석 p.14
✅ 정답 보기

1 제시된 우리말을 보고 빈칸에 알맞은 표현을 채워 보세요.

1. J'ai _____ _____ travail.
   나는 일이 많아요.

2. On va acheter _____ _____ _____ fraises.
   우리 딸기를 조금 사자.

3. Tu as _____ _____ argent ?
   너는 돈이 충분하니?

4. Tu manges _____ _____ sucre !
   너는 설탕을 너무 많이 먹어!

2 MP3를 듣고, 빈칸에 알맞은 표현을 채워 보세요. 🎧 52-04

On a 1._____ de lait et de farine.

Il y a 2._____ farine et 3._____ lait !

Ce lait, c'est 4._____ !

Ah non ! C'est 5._____ !

3 다음 문장을 프랑스어로 써 보세요.

우유가 거의 없어요.

▶ _____

▶ 문제 해설 강의 : 틀리거나 헷갈리는 문제는 문제 해설 강의로 복습하세요.
🎯 오늘의 Mission : 여러분은 마음을 터놓고 이야기할 수 있는 친구가 몇 명이나 되나요?
얼마나 많은 친구를 가지고 있는지 오늘 배운 수량 표현을 사용해서 말해 보세요.

학습 종료 ✈

4 ■ 프랑스어 진짜학습지 **첫걸음**

Jour 53

수량을 나타내는 표현 (2)   학습 시작 ✈ 20

Je voudrais un kilo de poulet.
닭고기 1킬로 주세요.

오늘의 학습 내용을 확인해 보세요.

- 육류와 어류
- 수량을 나타내는 표현 (2)

▶ 전체 강의 ❓ 질문게시판 🎧 MP3

STEP 1 프랑스어 진짜 맛보기

▶ 저자 강의 🎧 53-01 🎤 말하기 연습

오늘 배울 내용을 예문으로 먼저 만나 보세요.

C'est du bœuf.	이건 소고기야.
J'aime bien les sandwichs au thon.	나는 참치 샌드위치를 좋아해요.
Un morceau de fromage	치즈 한 조각
Un kilo de poulet	닭고기 1킬로

📝 MEMO

☑ 반복학습 체크체크

MP3듣기 ◯─◯─◯
따라읽기 ◯─◯─◯

📖 단어

thon 참치(n.m.)
fromage 치즈(n.m.)
poulet 닭(n.m.)

프랑스 진짜 여행 떠나기!

한국인들과 프랑스인들이 선호하는 고기가 다르다는 것을 알고 있나요? 한국에서는 부드럽고 기름진 고기가 A + 등급을 받아 수많은 한국인들에게 사랑을 받고 있죠. 그런데 프랑스 사람들은 기름이 적고 뻑뻑한 고기를 더 선호한답니다. 같은 스테이크를 먹어도 더 질기고 뻑뻑하다고 느낄 수 있다는 점! 흥미롭죠?

STEP 2 프랑스어 진짜 알아가기

▶ 저자 강의 🎧 53-02

📝 MEMO

1. 육류와 어류

La viande 고기		Le poisson 물고기	
poulet 닭고기(m.)	bœuf 소고기(m.)	saumon 연어(m.)	thon 참치(m.)
porc 돼지고기(m.)	canard 오리고기(m.)	dorade 도미(f.)	maquereau 고등어(m.)
agneau 양고기(m.)	cheval 말고기(m.)	sole 가자미(f.)	bar 농어(m.)

Qu'est-ce que c'est ?   이게 뭐야?
- C'est du bœuf.   이건 소고기야.
- C'est de l'agneau.   이건 양고기야.

J'aime bien les sandwichs au thon.   나는 참치 샌드위치를 좋아해요.
Vous mangez du maquereau ?   고등어 드시나요?

2. 수량을 나타내는 표현 (2)

수량을 나타내는 표현 뒤에 셀 수 있는 명사가 오면 **복수형**으로, 셀 수 없는 명사가 오면 **단수형**으로 사용해야 하는 것 잊지 않았죠? 오늘 배우는 표현들은 자주 함께 쓰이는 명사까지 같이 외워주는 것이 좋아요!

un morceau de 한 조각	un morceau de fromage 치즈 한 조각
une tranche de 한 장	une tranche de jambon 햄 슬라이스 한 장
une bouteille de 한 병	une bouteille d'huile 오일 한 병
un verre de 한 잔(유리잔)	un verre d'eau 물 한 잔
une tasse de 한 잔(머그잔)	une tasse de café 커피 한 잔
une boîte de 한 상자/한 캔	une boîte de chocolat 초콜릿 한 상자
	une boîte de thon 참치 한 캔
un paquet de* 한 봉지	un paquet de biscuits 비스킷 한 봉지(상자)

📖 단어

jambon 햄(n.m.)
huile 오일(n.f.)

★ paquet는 영어의 'package', boîte는 'box'라고 생각하면 더 쉽게 구분할 수 있어요.

이번에는 무게와 부피를 나타내는 표현을 알아보도록 할게요.

un kilo de 1킬로	un kilo de tomates 토마토 1킬로
cent grammes de 100그램	cent grammes de porc 돼지고기 100그램
un litre de 1리터	un litre de lait 우유 1리터

잠깐!

1단위 이상의 무게와 부피를 표현하고 싶을 때는 복수형으로 사용해야 해요.

un kilo de bœuf	소고기 1킬로	un litre d'eau	물 1리터
deux kilos de bœuf	소고기 2킬로	deux litres d'eau	물 2리터

Vous désirez* ? 　　　　　　　　　　　　　어떤 것을 원하시나요?
- Je voudrais un kilo de porc, s'il vous plaît. 　돼지고기 1킬로 주세요.
- Je vais prendre cinq cents grammes de poulet. 닭고기 500그램 할게요.

MEMO

동사 체크

désirer 바라다
1군 동사

je désire
tu désires
il/elle/on désire
nous désirons
vous désirez
ils/elles désirent

STEP 3 프랑스어 진짜 즐기기

(저자 강의) (53-03) (말하기 연습)

아래 대화를 들으면서 오늘 배운 내용을 확인해 보세요.

 marchand: **Bonjour, madame. Vous désirez ?**
안녕하세요. 어떤 것을 드릴까요?

Manon: **Je voudrais un kilo de poulet, s'il vous plaît.**
닭고기 1킬로 주세요.

 marchand: **Voilà, et avec ceci ?**
여기 있습니다, 다른 것은요?

Manon: **Je vais prendre aussi cinq cents grammes de porc.**
돼지고기 500그램도 살게요.

단어

marchand 상인

STEP 4 프랑스어 진짜 써먹기

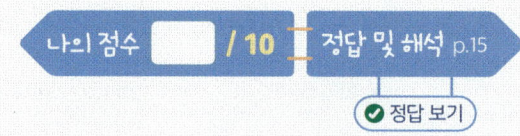

나의 점수 ☐ / 10   정답 및 해설 p.15

✅ 정답 보기

1 제시된 식재료와 어울리는 이미지를 짝지어 보세요.

1.  •   • ⓐ canard

2. 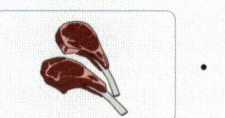 •   • ⓑ maquereau

3.  •   • ⓒ porc

4.  •   • ⓓ saumon

5.  •   • ⓔ agneau

2 제시된 수량 표현과 어울리는 명사를 짝지어 보세요.

1. une tranche de   •   • ⓐ fromage

2. une bouteille de •   • ⓑ biscuits

3. un morceau de   •   • ⓒ jambon

4. une boîte de   •   • ⓓ thon

5. un paquet de   •   • ⓔ vin

▶ 문제 해설 강의 틀리거나 헷갈리는 문제는 문제 해설 강의로 복습하세요.

🎯 오늘의 Mission 프랑스의 한 마트에서 장을 본다고 생각하고 돼지고기 1kg을 구매해 보세요!

학습 종료 ✈

4 프랑스어 진짜학습지 **첫걸음**

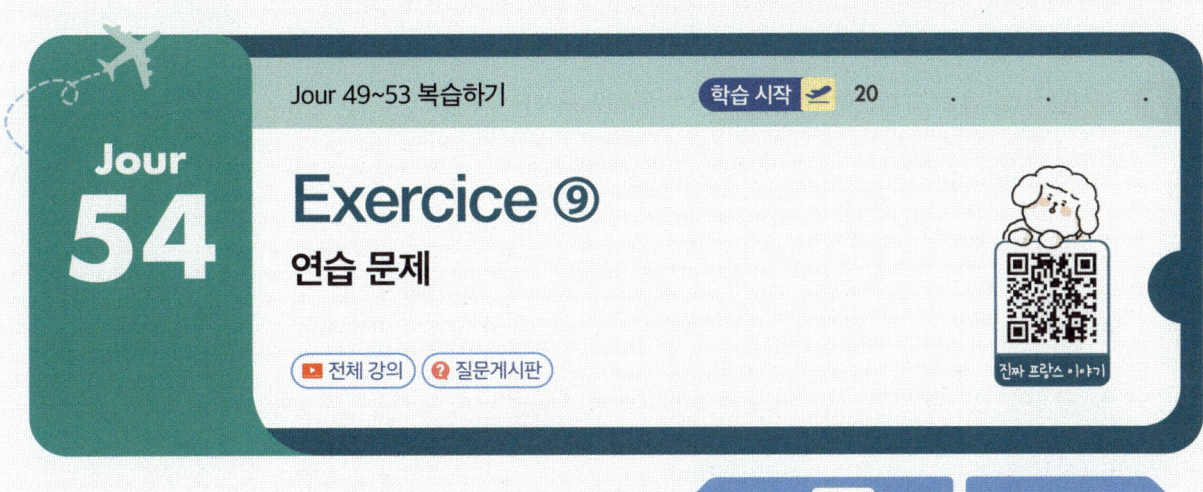

Jour 54

Exercice ⑨
연습 문제

1. 아래 문장을 읽고, 꺄미유가 먹을 빵(boulangerie)의 개수를 적어 보세요.

    Je vais manger deux macarons, une campagne, trois croissants et un éclair.

   ▶ 꺄미유는 총 _____ 개의 빵을 먹을 것이다.

2. 프랑스어 표현과 우리말 뜻을 짝지어 보세요.

   1. C'est énervant.   •   • ⓐ 대참사야.

   2. C'est nul.   •   • ⓑ 형편없네.

   3. C'est la cata.   •   • ⓒ 짜증이 나네.

   4. C'est banal.   •   • ⓓ 구역질이 나는군.

   5. C'est dégueu.   •   • ⓔ 진부하네.

3 제시된 우리말을 보고 빈칸에 알맞은 수량 표현을 채워 보세요.

1. 주스 1리터 ▶ un _____ _____ jus

2. 닭고기 1킬로 ▶ un _____ _____ poulet

3. 와인 한 잔 ▶ un _____ _____ vin

4. 차 한 잔 ▶ une _____ _____ thé

5. 참치 한 캔 ▶ une _____ _____ thon

4 다음 문장을 우리말로 해석해 보세요.

1. Ce sera tout ? ▶ _____

2. À point, s'il vous plaît. ▶ _____

3. Vous désirez ? ▶ _____

4. C'est pourri ! ▶ _____

5 제시된 이미지를 참고하여, 빈칸에 알맞은 표현을 채워 아래 대화문을 완성해 보세요.

Marchand   Bonjour madame, vous 1. _____ ?

Client   Je voudrais trois 2. _____ jambon, s'il vous plaît.

Marchand   Voilà et 3. _____ ?

Client   Je vais prendre aussi un kilo de 4. _____ et un
         5. _____ de fromage.

Marchand   Très bien. Merci. Au revoir !

6 제시된 우리말을 보고 빈칸에 알맞은 표현을 채워 보세요.

1. Qu'est-ce que vous prenez _____ _____ ?   음료는 무엇으로 하시나요?

2. Je vais _____ l'avion.   나는 비행기를 탈 거예요.

3. _____ _____ pour la viande ?   고기 굽기는 어떻게 해드릴까요?

4. Vous mangez du _____ ?   오리 고기 드시나요?

5. Il a _____ _____ amis.   그는 친구가 너무 많아요.

7 다음 문장에서 틀린 부분을 찾아 올바르게 고쳐 보세요.

1. Tu as assez de l'argents ?

   ▶ _____

2. Je voudrais cent gramme de porc.

   ▶ _____

8 다음 문장을 프랑스어로 써 보세요.

1. 음식과 잘 어울리는 와인 하나 추천해 주실래요?

   ▶ _____

2. 물 한 병 주세요.

   ▶ _____

3. 너는 설탕을 너무 많이 먹어.

   ▶ _____

쉬어가기

파리는 사실 섬이라구요?

네 맞아요!
지금 우리가 알고 있는 파리는 놀랍게도 과거에 섬에서 시작했어요.

시테 섬은 파리를 가로지르는 센느 강에 자리한 두 개의 자연섬 중 하나로, '시테'라는 단어는 '도시'를 의미한답니다. 그렇다면 파리의 발상지로 알려진 시테 섬의 역사를 거슬러 올라가 볼까요? 기원 전 1세기에는 파리시 족이라는 부족이 시테 섬을 중심으로 살고 있었어요. '파리시' 족이라니! 지금의 Paris라는 이름이 어디서 왔는지 추측할 수 있겠죠? 그게 바로 현재의 파리의 기원이랍니다.

그렇다면 지금도 그 섬이 남아있나요?

그럼요! 혹시 여러분 <퐁뇌프의 연인들>이라는 영화 아시나요? 영화의 제목인 퐁뇌프 다리가 바로 이 시테 섬과 연결되어 있는 다리예요.

그리고 그 섬에는 그 유명한 노트르담 대성당과 아름다운 스테인드 글라스가 있는 생트 샤펠 성당이 굳건하게 서 있습니다. 이 시테 섬의 많은 지역들이 유네스코 세계 문화 유산으로 등록 되어 있기도 하죠.

파리의 시작이 조그마한 섬이었다니! 굉장히 흥미롭지 않나요?

Tip!
île de la Cité 시테 섬

▶ 문제 해설 강의 틀리거나 헷갈리는 문제는 문제 해설 강의로 복습하세요.
🎯 오늘의 Mission 여러분은 불평과 불만을 자주 이야기하나요? 우리 한번 프랑스어로 불만을 나타내는 여러 상황을 생각해 보고 롤플레잉 해 보아요.

학습 종료

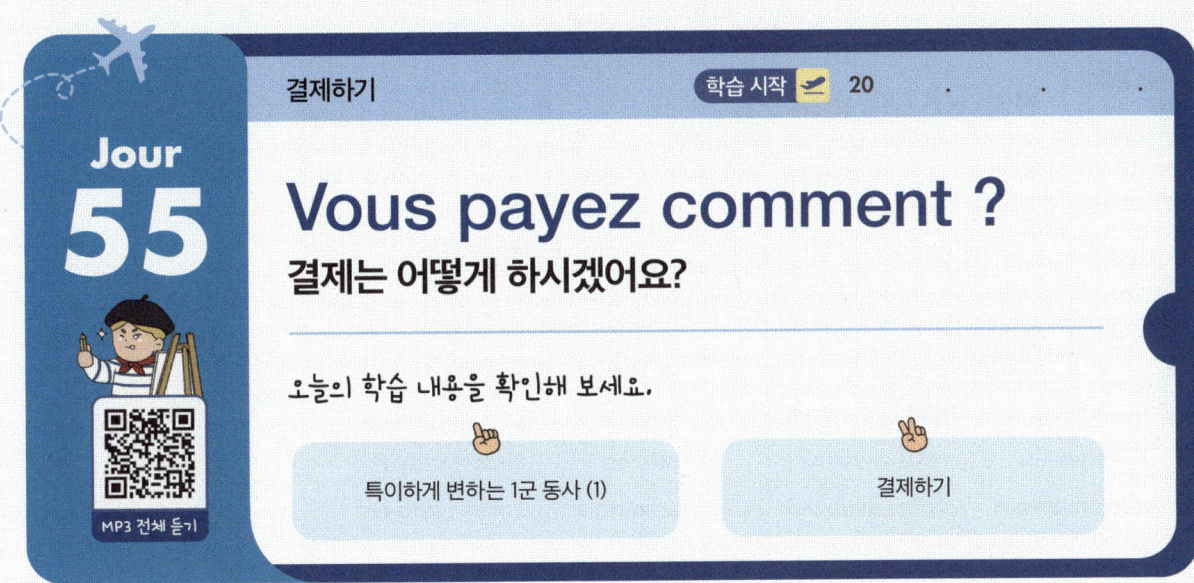

Jour 55

결제하기

Vous payez comment ?
결제는 어떻게 하시겠어요?

오늘의 학습 내용을 확인해 보세요.

- 특이하게 변하는 1군 동사 (1)
- 결제하기

STEP 1 — 프랑스어 진짜 맛보기

오늘 배울 내용을 예문으로 먼저 만나 보세요!

Vous payez comment ?	결제는 어떻게 하시겠어요?
Par carte, s'il vous plaît.	카드로 부탁합니다.
En espèces, s'il vous plaît.	현금으로 부탁합니다.
Par chèque, s'il vous plaît.	수표로 부탁합니다.

MEMO

반복학습 체크체크
- MP3듣기 ○─○─○
- 따라읽기 ○─○─○

단어
- carte 카드 (n.f.)
- espèces 화폐 (n.f.pl.)
- chèque 수표 (n.m.)

프랑스에서 카드로 결제할 때 점원이 'sans contact ?'라고 물어보는 경우가 있어요. 이 'sans contact'은 카드를 카드기에 끼워 넣지 않고 살짝 가져다 대기만 해도 결제가 되는 시스템을 이야기해요. 삼성페이나 애플페이처럼요! 프랑스는 전 세계에서 'sans contact' 기능을 4번째로 많이 사용하는 나라랍니다.

STEP 2 프랑스어 진짜 알아가기

▶ 저자 강의 🎧 55-02   📝 MEMO

1. 특이하게 변하는 1군 동사 (1)

-yer로 끝나는 동사의 경우 'nous, vous'를 제외하고 y를 i로 바꿔줘요.

y → i			
envoyer 보내다		nettoyer 청소하다	
j'envo**ie**	nous envo**y**ons	je netto**ie**	nous netto**y**ons
tu envo**ies**	vous envo**y**ez	tu netto**ies**	vous netto**y**ez
il/elle/on envo**ie**	ils/elles envo**ient**	il/elle/on netto**ie**	ils/elles netto**ient**

Qu'est-ce que vous envoyez ? 무엇을 보내시나요?

- J'envoie un colis en Corée. 저는 한국으로 택배를 보내요.

Tu ne nettoies pas ta chambre ? 너는 네 방 청소 안 하니?

- Je vais nettoyer plus tard. 이따 청소할게요.

● 단어
colis 택배(n.m.)

-ayer로 끝나는 동사의 경우 y를 i로 바꾸어도 되고 그대로 두어도 돼요. 그런데 발음이 달라져요.

y → y / i	
payer 지불하다	
je paye [paie] [뻬이] [뻬에]	nous payons [뻬이용]
tu payes [paies] [뻬이] [뻬에]	vous payez [뻬이예]
il/elle/on paye [paie] [뻬이] [뻬에]	ils/elles payent [paient] [뻬이] [뻬에]

Vous payez comment ? 결제는 어떻게 하시겠어요?

Je paye / paie l'addition. 계산하겠습니다.

● 단어
addition 계산서(n.f.)

y → y / i	
essayer 시도하다, 입어보다	
j'essaye [essaie] [에쎄이] [에쎄]	nous essayons [에쎄이용]
tu essayes [essaies] [에쎄이] [에쎄]	vous essayez [에쎄이예]

| il/elle/on essaye [essaie] | ils/elles essayent [essaient] |
| [에쎄이] [에쎄] | [에쎄이] [에쎄] |

| Tu essayes / essaies ce pull ? | 이 스웨터 입어 볼래? |
| Je peux essayer ce pantalon ? | 이 바지 입어 봐도 되나요? |

📝 **MEMO**

2. 결제하기

결제할 때 사용할 수 있는 표현을 알아보도록 할게요.

Vous payez comment ?	결제는 어떻게 하시나요?
- Par carte, s'il vous plaît.	카드로 부탁드립니다.
- Par chèque, s'il vous plaît.*	수표로 부탁드립니다.
- En espèces, s'il vous plaît.	현금으로 부탁드립니다.
- En liquide, s'il vous plaît.	현금으로 부탁드립니다.

* 프랑스에서는 큰 금액을 결제할 때 백지 수표를 사용하는 경우가 생각보다 많아요.

 프랑스어 진짜 즐기기

아래 대화를 들으면서 오늘 배운 내용을 확인해 보세요.

 Vendeuse: **Voilà ! Ce sac, c'est juste 15 euros.**
자! 이 가방은 겨우 15유로입니다.

C'est super. Alors, je paye ! Lucas
대박인데. 제가 살래요!

 Vendeuse: **Vous payez comment ?**
어떻게 결제하시겠어요?

Par carte, s'il vous plaît. Lucas
카드로 부탁합니다.

STEP 4 프랑스어 진짜 써먹기

나의 점수 ☐ / 10 정답 및 해석 p.15

1 제시된 주어에 맞춰 빈칸에 알맞은 동사의 현재형을 적어 보세요. (복수 정답 가능)

1. Je(J') _____ un colis en Corée. 저는 한국으로 택배를 보내요.

2. Tu _____ ce pull ? 이 스웨터 입어 볼래?

3. Je _____ l'addition. 계산하겠습니다.

4. Tu ne _____ pas ta chambre ? 너는 네 방 청소 안 하니?

2 제시된 우리말을 보고 빈칸에 알맞은 표현을 채워 보세요. (복수 정답 가능)

1. Qu'est-ce que vous _____ ? 무엇을 보내시나요?

2. Vous _____ comment ? 결제는 어떻게 하시겠어요?

3. _____ _____, s'il vous plaît. 카드로 부탁드립니다.

4. _____ _____, s'il vous plaît. 수표로 부탁드립니다.

5. _____ _____, s'il vous plaît. 현금으로 부탁드립니다.

3 다음 문장을 프랑스어로 써 보세요.

이 바지 입어 봐도 되나요?

▶ _____

▶ 문제 해설 강의 틀리거나 헷갈리는 문제는 문제 해설 강의로 복습하세요.

🎯 오늘의 Mission 레스토랑에 와 있다고 생각하면서 '카드로 결제할게요.'라고 프랑스어로 말해 보세요. 학습 종료

Jour 56

현재 진행형 말하기

Je suis en train d'appeler la police.
저 경찰 부르는 중이에요.

학습 시작 20

오늘의 학습 내용을 확인해 보세요.

- 특이하게 변하는 1군 동사 (2)
- 현재 진행형 : être en train de + 동사원형

MP3 전체 듣기

▶ 전체 강의 ❓ 질문게시판 🎧 MP3

STEP 1 — 프랑스어 진짜 맛보기

▶ 저자 강의   🎧 56-01   🎤 말하기 연습

오늘 배울 내용을 예문으로 먼저 만나 보세요!

Tu préfères quel parfum ?	너는 어떤 맛을 좋아하니?
Tu peux appeler le taxi ?	택시 불러 줄 수 있니?
Je suis en train de travailler.	나는 일하는 중이에요.
Il est en train de dormir.	그는 자고 있어요.

📝 MEMO

✅ 반복학습 체크체크

MP3듣기 ◯─◯─◯
따라읽기 ◯─◯─◯

📖 단어

parfum 맛(n.m.)

🧢 프랑스 진짜 여행 떠나기!

미국에 블랙 프라이데이가 있다면 프랑스에는 1년에 두 번, 여름과 겨울에 정부 주도로 4주간 진행되는 대대적인 세일 기간이 있어요. 매년 기간이 조금씩 바뀌기 때문에 여행 가기 전 꼭 검색해 보고 준비해 가면 아주 좋겠죠?

STEP 2 프랑스어 진짜 알아가기

▶ 저자 강의 🎧 56-02

📝 MEMO

1. 특이하게 변하는 1군 동사 (2)

오늘은 1군 동사들 중에서 조금 다른 형태로 변하는 동사들을 배워 볼 거예요.

약한 발음 e → 강한 발음 è		닫힌 소리 é → 열린 소리 è	
acheter 구매하다		préférer 선호하다	
j'achète	nous achetons	je préfère	nous préférons
tu achètes	vous achetez	tu préfères	vous préférez
il/elle/on achète	ils/elles achètent	il/elle/on préfère	ils/elles préfèrent

프랑스어의 여러 발음 중 가장 약한 발음은 바로 e [으] 발음이에요. 이 약한 발음이 연속으로 오는 것을 피하기 위해서 약한 발음 e [으]에서 강한 발음 é [애]로 바꿔줘요. 'nous, vous'의 경우는 강한 발음 '-ons, -ez'로 끝나니 바꿔줄 필요가 없어 원형 그대로 사용해요.

J'achète toujours des vêtements similaires.   나는 항상 비슷한 옷만 산다.
Tu vas acheter cette veste ?   너는 이 자켓을 살 거니?

긴장되고 닫힌 소리 é [에]에서 좀 더 편안하게 열린 소리 è [애]로 바꿔줘요.

Tu préfères quel parfum ?   너는 어떤 맛을 좋아하니?
- J'aime la fraise.★   나는 딸기 맛을 좋아해.

자음x2	
appeler 부르다, 전화하다	
j'appelle	nous appelons
tu appelles	vous appelez
il/elle/on appelle	ils/elles appellent

자음을 하나 더 반복해 주는 동사들이 있어요. 이 경우에도 약한 발음 [으] → 강한 발음 [에]로 바꿔준답니다.

On appelle ça l'amour.   우리는 그걸 사랑이라고 불러요.
Tu peux appeler le taxi ?   택시 불러줄 수 있니?

📖 단어

similaire 비슷한

★ 셀 수 있는 명사의 경우 aimer 동사 뒤에 단수형 명사가 오면 '~맛을 좋아한다'라는 표현이 돼요. 이때 'fraises'를 복수형으로 말하면 '딸기'를 좋아한다는 뜻이 됩니다.

2. 현재 진행형 : être en train de + 동사원형

사실 프랑스어에서는 지금까지 배운 '현재 시제'에 어느 정도 진행의 의미가 포함되어 있어요.

J'habite à Paris.
저는 파리에 살아요. = 살고 있어요.

그런데 진행의 의미를 더 강조하고 싶을 때는 'être en train de + 동사원형'을 사용할 수 있어요.

Je suis en train de travailler.	나는 지금 일하는 중이야.
Elle est en train de lire un livre.	그녀는 지금 책을 읽고 있어요.
On est en train de prendre le déjeuner.	우리는 점심을 먹고 있어요.
Il est en train de dormir dans la chambre.	그는 방에서 자고 있어요.

잠깐!
'être en train de' 뒤에 모음이나 무음 h로 시작하는 동사가 오면 축약해 주어야 해요.
예) Je suis en train d'appeler la police.   저 경찰 부르는 중이에요.
     Vous êtes en train d'écouter de la musique★ ?   당신은 음악을 듣는 중인가요?

MEMO

단어
lire 읽다
déjeuner 점심(n.m.)

★ '음악을 듣는다'라는 표현에서는 특정한 음악을 듣는 게 아닌, 전체 음악 중 한 장르를 듣는다는 의미로 부분관사 'de la'를 사용해요. 따로 암기해 두면 좋아요.

STEP 3 프랑스어 진짜 즐기기   저자 강의   56-03   말하기 연습

아래 대화를 들으면서 오늘 배운 내용을 확인해 보세요.

Camille: Allô, c'est Camille.
여보세요, 나 까미유야.

Noah: Ah oui. C'est toi. Qu'est-ce qu'il y a ?
아 응. 너구나. 무슨 일이야?

Camille: Aujourd'hui, on va prendre le déjeuner ensemble ?
오늘 점심 같이 먹을까?

Noah: Pardon, je suis en train de manger avec Lucas.
미안, 나 지금 뤼까랑 먹고 있어.

단어
allô 여보세요

STEP 4 프랑스어 진짜 써먹기

나의 점수 ☐ / 10   정답 및 해석 p.16

✓ 정답 보기

1 제시된 주어에 맞춰 각 동사의 현재형을 적어 보세요.

동사	주어	현재형	동사	주어	현재형
acheter	Je	1.	préférer	Tu	2.
appeler	Nous	3.	acheter	Elles	4.

2 다음 문장에서 틀린 부분을 찾아 올바르게 고쳐 보세요.

1. Elle achete toujours des vêtements similaires.
   ▶ _____

2. Nous sommes en train de appeler un taxi.
   ▶ _____

3. Vous préfèrez quel parfum ?
   ▶ _____

4. Je suis en train d'écouter la musique.
   ▶ _____

5. On appele ça l'amour.
   ▶ _____

3 다음 문장을 프랑스어로 써 보세요.

나는 점심을 먹고 있다.

▶ _____

▶ 문제 해설 강의 틀리거나 헷갈리는 문제는 문제 해설 강의로 복습하세요.

🎯 오늘의 Mission 오늘 배운 표현을 활용해서 사전에서 '공부하다' 동사를 찾아보고 '지금 공부하는 중이에요'라고 프랑스어로 말해보세요!

학습 종료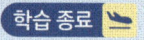

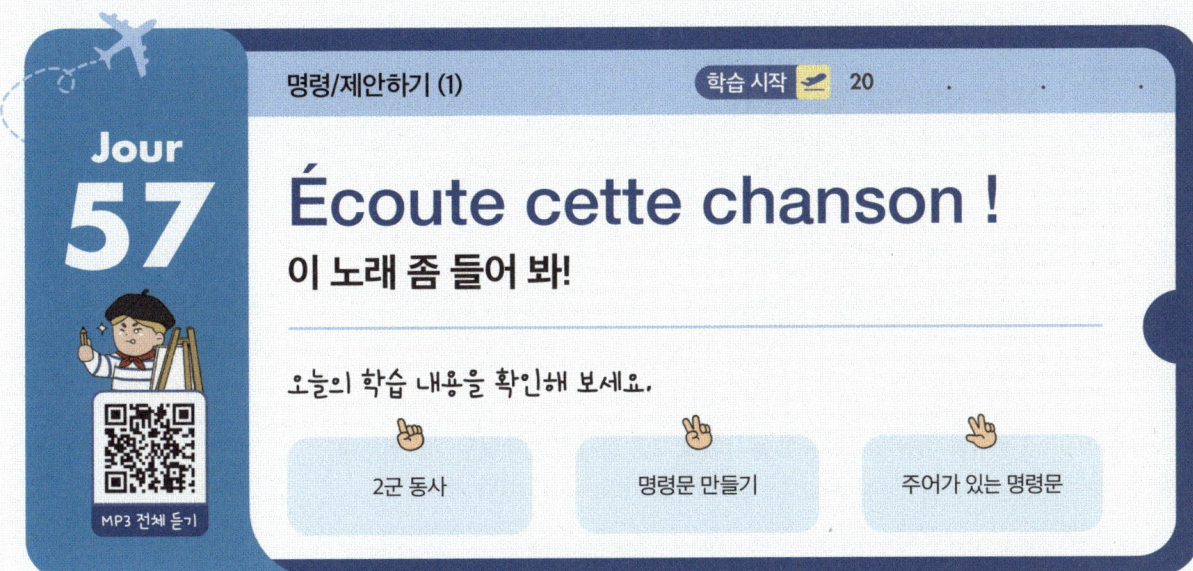

Jour 57

명령/제안하기 (1)

Écoute cette chanson !
이 노래 좀 들어 봐!

오늘의 학습 내용을 확인해 보세요.

- 2군 동사
- 명령문 만들기
- 주어가 있는 명령문

STEP 1 — 프랑스어 진짜 맛보기

오늘 배울 내용을 예문으로 먼저 만나 보세요.

Écoute cette chanson !	이 노래 좀 들어 봐!
Regardons un film d'amour.	로맨스 영화를 보자.
Goûtez ce plat.	이 음식을 맛보세요.
Mange cette baguette !	이 바게트를 먹어!

MEMO

✅ 반복학습 체크체크
- MP3듣기 ○○○
- 따라읽기 ○○○

🔊 단어
- amour 사랑(n.m.)
- goûter 맛보다

프랑스 진짜 여행 떠나기!

프랑스 사람들은 크리스마스를 연인이 아니라 가족끼리 보낸다는 사실, 알고 계신가요? 그래서 크리스마스 이브나 당일에 프랑스 여행을 하는 관광객들은 깜짝 놀라게 된답니다. 사람들이 없어 텅 빈 길거리와 닫혀 있는 상점을 보게 되거든요. 레스토랑에서 식사를 하고 싶어도 대부분 닫혀 있거나 이미 예약이 끝나 식사를 할 수 없는 상황이 생기기도 해요. 12월 크리스마스 시즌에 여행을 준비하고 있다면 이 점은 꼭 알아두어야겠죠?

STEP 2 프랑스어 진짜 알아가기

▶ 저자 강의 🎧 57-02

1. 2군 동사

동사원형의 끝부분이 -ir로 끝나면 2군 동사에 속해요.

1군 동사	2군 동사	3군 동사
-er	-ir	불규칙

2군 동사도 1군 동사와 마찬가지로 규칙 동사예요. 2군 동사의 현재형은 '-ir' 부분이 동일하게 바뀐답니다. 오늘은 대표적인 2군 동사 finir와 choisir를 배워 봐요.

finir 끝내다		choisir 선택하다	
je finis	nous finissons	je choisis	nous choisissons
tu finis	vous finissez	tu choisis	vous choisissez
il/elle/on finit	ils/elles finissent	il/elle/on choisit	ils/elles choisissent

Quand est-ce que tu finis ton travail ? 너는 네 일을 언제 끝내니?
Je vais choisir le rouge. 저는 빨간 것으로 선택할래요.

📝 MEMO

★ -ir로 끝나는 동사가 모두 2군 동사에 속하는 건 아니에요. 아래 동사들은 불규칙하게 변하는 3군 동사들이랍니다.

partir 출발하다
savoir 알다
venir 오다
voir 보다
devoir 해야 하다
vouloir 원하다
pouvoir 할 수 있다
dormir 자다
recevoir 받다

2. 명령문 만들기

명령문을 만들 때는 딱 세 가지만 생각하면 돼요.

étape 1 / 말투와 대상 선택하기

Tu (너)	Vous (당신)	Nous (우리)
~해, ~해라	~하세요	~하자

étape 2 / 선택한 주어로 현재형 문장 만들기

Vous finissez le travail jusqu'à 14 h. 당신은 14시까지 일을 끝냅니다.
Nous regardons un film d'amour. 우리는 로맨스 영화를 본다.
Tu manges cette baguette. 너는 이 바게트를 먹는다.

étape 3 / 주어를 생략하기

Finissez le travail à 14 h. 14시까지 일을 끝내세요.
Regardons un film d'amour. 로맨스 영화를 보자.
Mange cette baguette. 이 바게트를 먹어.

단어
jusqu'à ~까지

> **잠깐!**
>
> 명령형을 만들 때 1군 동사의 2인칭 단수형 Tu(~해라)의 경우 '-es'에서 s를 생략해요.
>
> 예) Regard**es** ici ! ✗ → Regard**e** ici ! ○   여기를 좀 봐!

다른 명령문 예문들을 살펴보도록 할게요.

Écoute cette chanson.	이 노래 좀 들어 봐.
Goûtez ce plat.	이 요리를 맛보세요.
Allez-y.	가세요.
Allons-y !	가자!
Vas-y.	가. (다녀와.)

단어
y 거기에, 그곳에

3. 주어가 있는 명령문

2인칭(tu, vous) 현재 시제 문장은 주어를 생략하지 않고도 명령의 의미를 나타낼 수 있어요.

Tu viens avec moi.	너는 나랑 가자.
Tu manges des fruits et des légumes.	넌 과일과 채소를 좀 먹어.
Vous prenez de l'eau.	물 좀 드세요.
Vous choisissez la date de livraison.	배송 날짜를 선택하십시오.

단어
date 날짜(n.f.)
livraison 배달, 배송 (n.f.)

 프랑스어 진짜 즐기기   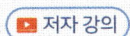 저자 강의   57-03  말하기 연습

아래 대화를 들으면서 오늘 배운 내용을 확인해 보세요.

 Camille
Noah ! Viens ! Regarde ça !
노아, 와서 이것 좀 봐 봐!

 Noah
Ah c'est quoi, ce plat ?
이 음식은 뭐야?

 Camille
C'est un barbecue coréen. Vas-y. Goûte !
이건 한국식 바비큐야. 자, 어서 맛봐!

 Noah
Oh, c'est hyper bon !
오 진짜 맛있는데!

 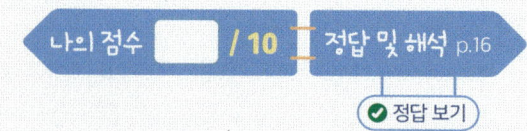

1 제시된 주어에 맞춰 각 동사의 동사변형을 적어 보세요.

동사	주어	현재형	동사	주어	현재형
choisir	Tu	1.	finir	Ils	2.
choisir	Nous	3.	finir	Vous	4.

2 제시된 우리말을 보고 알맞은 명령형 표현을 골라 보세요.

1. [Écoutons / Écoutez / Écoute] cette chanson.   이 노래를 들어 보세요.

2. [Allez / Allons / Vas]-y !   가자!

3. [Choisir / Choisis / Choisissez] la date de livraison.   배송 날짜를 선택하십시오.

4. [Finis / Finissez / Finir] le travail jusqu'à 14 h.   14시까지 일을 끝내.

5. [Prenez / Prends / Prenons] de l'eau.   물 좀 드세요.

3 다음 문장을 프랑스어로 써 보세요.

여기 봐 봐!

▶ _____

▶ 문제 해설 강의   틀리거나 헷갈리는 문제는 문제 해설 강의로 복습하세요.

🎯 오늘의 Mission   프랑스인 친구에게 좋아하는 노래를 들려준다고 생각하면서 프랑스어로 이렇게 말해 보세요. '이 노래 좀 들어 봐.'

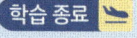

Jour 58

명령/제안하기 (2) · 학습 시작 20

Ne dramatise pas trop.
너무 나쁘게 생각하지 마.

오늘의 학습 내용을 확인해 보세요.

- 3군 동사 savoir & dire
- savoir + 의문사 + 동사원형
- 부정형 명령문 만들기
- à + 동사원형

전체 강의 · 질문게시판 · MP3

STEP 1 — 프랑스어 진짜 맛보기

저자 강의 · 58-01 · 말하기 연습

오늘 배울 내용을 예문으로 먼저 만나 보세요.

Ne bouge pas !	움직이지 마!
Ne dramatise pas trop.	너무 나쁘게 생각하지 마.
Je ne sais pas où aller.	나는 어디로 가야 할지 모르겠어.
Tu as quelque chose à manger ?	너는 먹을 게 좀 있니?

📝 MEMO

✅ 반복학습 체크체크
- MP3듣기 ○─○─○
- 따라읽기 ○─○─○

📖 단어
- bouger 움직이다
- dramatiser 심각하게 생각하다

프랑스 진짜 여행 떠나기!

프랑스 부모들은 아이를 가르칠 때 상당히 엄격하게 훈육한다는 사실, 알고 계신가요? 빵집이나 레스토랑에서 아이가 떼를 쓰거나 버릇없이 굴면 이렇게 혼을 내곤 한답니다. 'Ne bouge pas ! 움직이지 마!', 'Parle poliment ! 예의 있게 말해!'

STEP 2 프랑스어 진짜 알아가기

▶ 저자 강의 🎧 58-02

1. 3군 동사 savoir & dire

savoir 알다		dire 말하다	
je **sais**	nous **savons**	je **dis**	nous **disons**
tu **sais**	vous **savez**	tu **dis**	vous **dites**
il/elle/on **sait**	ils/elles **savent**	il/elle/on **dit**	ils/elles **disent**

'savoir + 동사원형'은 '(학습이나 훈련을 통해) ~을 할 줄 알다'라는 의미로 사용돼요.

Tu sais nager ?	넌 수영할 줄 아니?
Vous savez conduire ?	운전할 줄 아세요?
Je ne sais pas.*	몰라요.
Je veux dire merci à Lucas.	저는 뤼까에게 고맙다고 하고 싶어요.
Il est négatif. Il dit toujours non.	그는 부정적이야. 항상 안 된다고 해.
Elle est positive. Elle dit toujours oui.	그녀는 긍정적이야. 항상 알겠다고 해.
Dis la vérité !	사실대로 말해!

2. savoir + 의문사 + 동사원형

savoir 구문 뒤에는 '의문사 + 동사원형' 표현이 자주 사용돼요.

Je ne sais pas où aller.	어디로 가야 할지 모르겠어요.
Il ne sait pas quoi manger.	그는 무엇을 먹어야 할지 모른다.
Tu sais quand partir ?	너는 언제 떠나야 하는지 아니?
Vous savez comment nager ?	수영은 어떻게 하는지 아세요?

3. 부정형 명령문 만들기

부정형 명령문은 평서문과 동일하게 동사의 앞뒤로 'ne … pas'를 붙여주면 돼요.

Ne mange pas ça !	그거 먹지 마!
Ne bouge pas !	움직이지 마!
Ne dramatise pas trop.	너무 나쁘게 생각하지 마.

📝 **MEMO**

📖 **단어**

conduire 운전하다
vérité 진실(n.f.)

★ 일상 회화에서는 짧게 'Chais pas [쉐빠]'라고 표현해요. 이때 부정형 ne는 생략되고 주어 je는 발음이 거의 안 들린답니다.

Ne parle pas sans savoir ! 잘 모르면서 말하지 마!
Ne parlez pas comme ça. 그런 식으로 말하지 마세요.

4. à + 동사원형

'à + 동사원형'은 '~할 (것)'이라는 의미로 사용해요.

Tu as quelque chose à manger ? 너는 먹을 게 좀 있니?
J'ai un film à regarder. 나는 볼만한 영화가 하나 있어.
Il a un travail à finir aujourd'hui. 그는 오늘 끝내야 하는 일이 있어요.
J'ai une question à demander. 나는 물어볼 질문이 있어.

MEMO

 프랑스어 진짜 즐기기  저자 강의   58-03 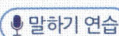 말하기 연습

아래 대화를 들으면서 오늘 배운 내용을 확인해 보세요.

 Lucas: **On va aller au cinéma ce soir.**
오늘 저녁에 영화관에 가자.

Camille: **Pardon, j'ai un travail à finir jusqu'à ce soir.**
미안, 나 오늘 저녁까지 끝내야 하는 일이 있어.

 Lucas: **Encore ? Tu dis toujours non.**
또? 넌 항상 안 된다고 하는구나.

Camille: **Oh Lucas, ne dramatise pas trop !**
오 뤼꺄, 너무 극단적으로 생각하지 마!

STEP 4 프랑스어 진짜 써먹기

나의 점수 ☐ / 10   정답 및 해석 p.16
✅ 정답 보기

1 제시된 문장에 어울리는 동사를 골라 보세요.

1. Tu [sais / dis] nager ?

2. [Sais / Dis] la vérité !

3. Je veux [savoir / dire] merci à Lucas.

4. Vous [savez / disez] conduire ?

2 제시된 우리말을 보고 빈칸에 알맞은 표현을 채워 보세요.

1. J'ai un film _____ _____.   나는 볼만한 영화가 하나 있어.

2. _____ _____ _____ trop.   너무 나쁘게 생각하지 마.

3. Tu sais _____ _____ ?   너는 언제 떠나야 하는지 아니?

4. Il a un travail _____ _____ aujourd'hui.   그는 오늘 끝내야 하는 일이 있어요.

5. _____ _____ _____ comme ça.   그런 식으로 말하지 마세요.

3 다음 문장을 프랑스어로 써 보세요.

움직이지 마!

▶ _____

▶ 문제 해설 강의   틀리거나 헷갈리는 문제는 문제 해설 강의로 복습하세요.

🎯 오늘의 Mission   여러분은 고치고 싶은 나쁜 습관이 있나요? "너무 많이 먹지 마.", "나쁜 말은 쓰지 마." 등 나쁜 습관 리스트를 적어서 부정형 명령문으로 바꿔 보세요!

학습 종료 ✈

Jour 59 — 길 묻고 답하기

Allez tout droit.
쭉 직진하세요.

오늘의 학습 내용을 확인해 보세요.

- 길을 묻는 표현
- 길을 알려 주는 표현
- 길을 알려 줄 때 자주 쓰이는 전치사

STEP 1 — 프랑스어 진짜 맛보기

오늘 배울 내용을 예문으로 먼저 만나 보세요.

Allez tout droit.	쭉 직진하세요.
Tournez à droite.	오른쪽으로 도세요.
Tournez à gauche.	왼쪽으로 도세요.
C'est près d'ici.	여기서 가까워요.

MEMO

✅ 반복학습 체크체크
- MP3듣기 ○○○
- 따라읽기 ○○○

📖 단어
- tout 완전히, 아주
- droit 똑바로
- droite 오른쪽
- gauche 왼쪽
- près 가까운

프랑스 진짜 여행 떠나기!

프랑스의 수도이자 도시 전체가 문화 유산으로 덮여 있는 파리. 사실 파리는 생각보다 굉장히 작아요. 파리의 면적은 105.4km²로 서울의 1/6보다 조금 더 작은 정도의 크기라고 할 수 있죠. 그러다 보니 대부분의 관광지는 걸어서 다닐 수 있어요. 길을 묻는 표현이 정말 유용하게 쓰이겠죠?

STEP 2 프랑스어 진짜 알아가기

▶ 저자 강의 🎧 59-02

📝 MEMO

1. 길을 묻는 표현

chercher 찾다	
je cherche	nous cherchons
tu cherches	vous cherchez
il/elle/on cherche	ils/elles cherchent

Où est le musée d'Orsay ?   오르세 미술관은 어디에 있나요?
Où sont les Champs-Élysées ?   샹젤리제는 어디 있나요?
Excusez-moi, je cherche le grand magasin.   실례합니다, 백화점을 찾고 있는데요.
Je suis perdu(e).   길을 잃어버렸습니다.

📖 단어

grand magasin 백화점(n.m.)
perdu(e) 길을 잃은

2. 길을 알려 주는 표현

tourner 돌다		traverser 건너다	
je tourne	nous tournons	je traverse	nous traversons
tu tournes	vous tournez	tu traverses	vous traversez
il/elle/on tourne	ils/elles tournent	il/elle/on traverse	ils/elles traversent

Tournez à droite. / à gauche.   오른쪽/왼쪽으로 도세요.
Allez tout droit.   쭉 직진하세요.
Prenez* la rue à droite.   오른쪽 길로 들어가세요.
Prenez cette rue.   이 길로 들어가세요.
Traversez le pont. / la rue.   다리/길을 건너세요.

* prendre 동사는 '~길로 들어가다'라는 의미로도 사용돼요.

어느 정도로 멀리 위치해 있는지 표현하는 방법을 알아보도록 해요.

C'est loin d'ici ?   여기서 멀리 있나요?
C'est près d'ici.*   여기서 가까워요.

* d'ici를 빼고 더 간단하게 표현할 수도 있어요.
C'est loin. 멀어요.
C'est près. 가까워요.

정확히 몇 분 / 몇 시간 거리에 있는지 표현할 때는 전치사 à를 사용해서 표현할 수 있어요.

C'est à 15 minutes à pied.   걸어서 15분 거리예요.
C'est à une heure en voiture.   차로 1시간 거리예요.
C'est à 14 heures en avion.   비행기로 14시간 거리예요.

C'est à 30 minutes en bus.   버스로 30분 거리예요.

> **잠깐!**
> 1분, 1시간을 제외하고는 전부 복수형으로 사용해야 해요.
> 예) une minute 1분   quinze minute**s** 15분   une heure 1시간   trois heure**s** 3시간

3. 길을 알려 줄 때 자주 쓰이는 전치사

길을 알려 줄 때 자주 사용되는 전치사를 알아보도록 할게요.

Tournez à droite **avant** la poste.   우체국을 지나기 전 오른쪽으로 돌아 가세요.

Tournez à gauche **après** le feu.   신호등을 지나서 왼쪽으로 돌아가세요.

Allez tout droit **jusqu'à** la banque.   은행까지 쭉 직진하세요.

> **잠깐!**
> '~까지'라는 뜻의 전치사 'jusqu'à'도 전치사 à로 끝나기 때문에 뒤에 정관사 le, les가 오면 축약관사로 바뀌어요.
> 예) jusqu'**au** pont   다리까지   jusqu'**aux** plages   해변까지
> jusqu'à la boulangerie   빵집까지

MEMO

단어
plage 해변(n.f.)

프랑스어 진짜 즐기기   저자 강의   59-03   말하기 연습

아래 대화를 들으면서 오늘 배운 내용을 확인해 보세요.

 Manon
Excusez-moi, je cherche la cathédrale Notre-Dame. 실례합니다, 노트르담 성당을 찾고 있는데요.

 Piéton
Allez tout droit et tournez à gauche avant la poste. 쭉 직진하시다가 우체국 지나기 전 왼쪽으로 도세요.

 Manon
C'est loin d'ici ?
여기서 먼가요?

 Piéton
Pas loin. C'est à 15 minutes à pied.
안 멀어요. 걸어서 15분 정도죠.

단어
cathédrale 성당(n.f.)

Jour 59   3

STEP 4 프랑스어 진짜 써먹기

나의 점수 □ / 10   정답 및 해석 p.16

1 제시된 동사를 빈칸에 알맞은 형태로 채워 보세요.

1. 오른쪽으로 도세요. [tourner]   ▶ _____ à droite.

2. 이 길로 들어가세요. [prendre]   ▶ _____ cette rue.

3. 은행까지 쭉 직진하세요. [aller]   ▶ _____ tout droit jusqu'à la banque.

4. 길을 건너세요. [traverser]   ▶ _____ la rue.

2 MP3를 듣고, 빈칸에 알맞은 표현을 채워 보세요. 🎧 59-04

Excusez-moi, 1. _____ la cathédrale Notre-Dame.

Allez tout droit et tournez à 2. _____ la poste.

C'est 3. _____ d'ici ?

Pas loin. C'est à 4. _____ minutes 5. _____ .

3 다음 문장을 프랑스어로 써 보세요.

버스로 30분 거리예요.

▶ _____

▶ 문제 해설 강의) 틀리거나 헷갈리는 문제는 문제 해설 강의로 복습하세요.

🎯 오늘의 Mission) 다음 질문에 프랑스어로 대답해 보세요. Où est la poste ?

Jour 60

Jour 55~59 복습하기

Exercice ⑩
연습 문제

---

1 프랑스어 표현과 우리말 뜻을 짝지어 보세요.

1. Par carte, s'il vous plaît.
2. En liquide, s'il vous plaît.
3. Par chèque, s'il vous plaît.
4. En espèces, s'il vous plaît.

ⓐ 수표로 결제할게요.
ⓑ 현금으로 결제할게요.
ⓒ 카드로 결제할게요.

2 질문과 어울리는 대답을 짝지어 보세요.

1. Tu vas acheter cette veste ?
2. Vous préférez quel parfum ?
3. On va prendre le déjeuner ensemble ?
4. Vous savez conduire ?
5. C'est loin d'ici ?

ⓐ C'est près.
ⓑ J'aime le chocolat.
ⓒ Oui. Je sais.
ⓓ Non, c'est trop cher.
ⓔ Pardon, je suis en train de manger.

3 제시된 이미지를 참고하여, 빈칸에 들어갈 알맞은 프랑스어를 골라 보세요.

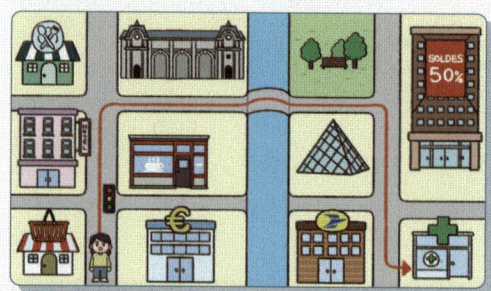

Excusez-moi, je 1. [vais / essaie / cherche] la pharmacie.

Alors, vous allez tout droit jusqu'au feu.

Tournez à droite 2. [avant / après] le feu et traversez le 3. [rue / pont].

Vous devez aller 4. [jusqu'à / jusqu'au / jusqu'à la] grand magasin.

Et puis, tournez à 5. [gauche / droite], allez tout droit.

La pharmacie est 6. [dans / avant / en face de / loin de] la poste.

4 다음 문장에서 틀린 부분을 찾아 올바르게 고쳐 보세요.

1. Nous appellons ça l'amour.

   ▶ _____

2. J'envoye un colis en Corée.

   ▶ _____

3. Vous paiez comment ?

   ▶ _____

4. Tu essaye ce pull ?

   ▶ _____

5. Il achetes toujours des vêtements similaires.

   ▶ _____

5 제시된 문장을 현재 진행형 문장으로 바꾸어 보세요.

1. Il travaille. ▶ _____

2. On prend le déjeuner. ▶ _____

3. Je dors dans la chambre. ▶ _____

4. Tu écoutes de la musique ? ▶ _____

6 제시된 우리말을 보고 알맞은 명령형 표현을 골라 보세요.

1. [Mangez / Mangeons / Mange] des fruits et des légumes.
   넌 과일과 채소를 좀 먹어.

2. [Goûtes / Goûtons / Goûtez] ce plat.
   이 요리를 맛보세요.

3. [Regardez / Regardons / Regarde] un film d'amour.
   로맨스 영화를 보자.

7 다음 문장을 프랑스어로 써 보세요.

1. 어디로 가야 할지 모르겠어요.

   ▶ _____

2. 걸어서 15분 거리예요.

   ▶ _____

3. 너무 나쁘게 생각하지 마.

   ▶ _____

쉬어가기

미슐랭 가이드는 정말 절대적인 미식의 기준이 될 수 있을까요?

미슐랭 가이드로부터 별을 받은 레스토랑을 맛보려면 우리는 인당 수십만 원의 식사 비용과 치열한 예약 경쟁 속에서 살아남아야 합니다. 그런데 이런 미슐랭 가이드는 어디까지 믿을 수 있을까요?

처음에 타이어 회사에서 사람들이 맛집을 찾아 더 멀리 자동차 여행을 떠나게 하려고 만든 것이 바로 '미슐랭 가이드'인데요. 예상보다도 더 반응이 좋았고, 이제 미슐랭 가이드는 '보증된 맛집'의 대명사가 되었죠.

그런데 최근 들어 미슐랭 가이드를 비판하는 목소리가 점차 높아지고 있어요. 심지어는 유명한 셰프들이 미슐랭 스타를 받는 것을 거부하겠다는 일도 여러 번 있었죠. 사람들이 미슐랭 가이드를 비판하는 이유는 아래와 같아요.

첫째, 평가의 기준을 정확히 알 수 없다.
둘째, 음식과는 별개인 인테리어에 상당한 점수를 부여한다.
셋째, 조사 방식을 알 수 없다.

가장 큰 이유는 평가 기준이 모호하다는 점인데요, 예전과 같은 퀄리티의 요리를 선보이지 못하는 레스토랑이 여전히 별을 받는 경우도 있고, 업계 내에서 최고라고 극찬받는 셰프가 별을 받지 못하는 경우도 있거든요.

그러나 여전히 미슐랭이 가지는 영향력은 상당해요. 미슐랭이 맛집에 대한 완벽한 기준은 아니더라도 여러분의 행복한 미식 여행을 위한 유용한 참고서는 될 수 있겠죠? 멋진 여행지에서 새로운 요리 경험을 가지면서 여러분만의 맛집을 찾아보세요. 여행지에서의 경험을 한층 더 풍부하게 만들어 줄 거예요!

▶ **문제 해설 강의** 틀리거나 헷갈리는 문제는 문제 해설 강의로 복습하세요.
🎯 **오늘의 Mission** 구글 맵을 켜서 여러분이 방문하고 싶은 장소를 미리 예습해 보세요! 그리고 어떻게 찾아가야 하는지 프랑스어로 연습해 보세요.

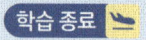

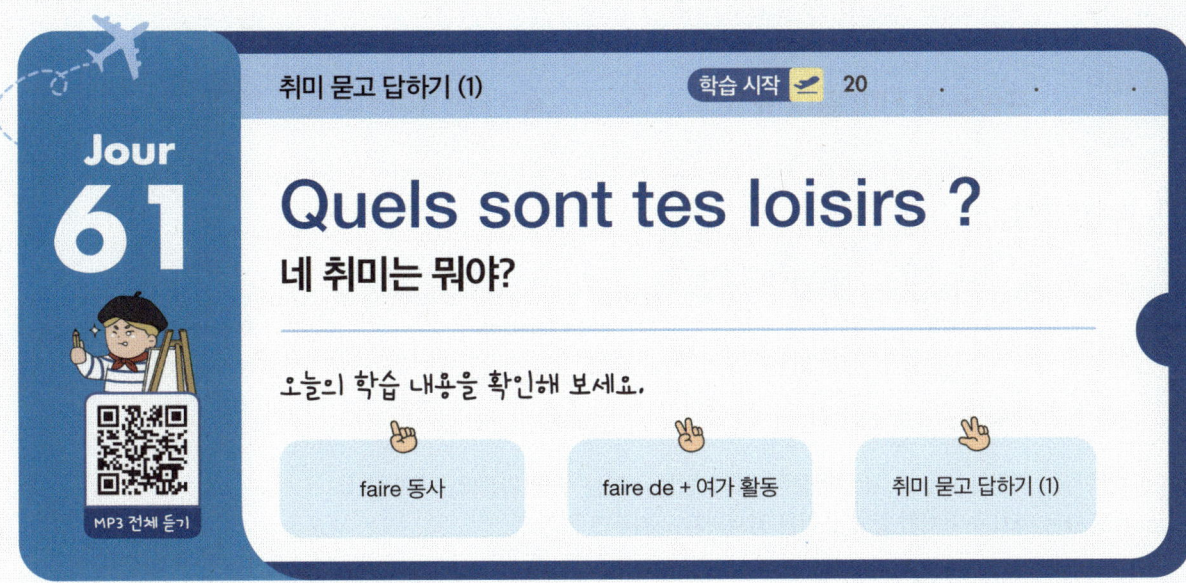

Jour 61

취미 묻고 답하기 (1)

Quels sont tes loisirs ?
네 취미는 뭐야?

오늘의 학습 내용을 확인해 보세요.

- faire 동사
- faire de + 여가 활동
- 취미 묻고 답하기 (1)

STEP 1 프랑스어 진짜 맛보기

오늘 배울 내용을 예문으로 먼저 만나 보세요!

Quels sont vos loisirs ?	당신의 취미는 무엇인가요?
Quels sont tes loisirs ?	네 취미는 뭐야?
Je fais du tennis.	나는 테니스를 쳐.
Je fais du violon.	나는 바이올린을 켜.

MEMO

☑ 반복학습 체크체크
- MP3듣기 ○○○
- 따라읽기 ○○○

📖 단어
- tennis 테니스(n.m.)
- violon 바이올린(n.m.)

프랑스 진짜 여행 떠나기!

여러분은 펜싱 경기를 본 적 있나요? 한국에도 메달을 목에 건 자랑스러운 펜싱 선수들이 많이 있죠! 시합 도중 심판이 하는 말을 들어 보면 어디선가 많이 들어 본 단어를 이야기한다는 것을 알 수 있어요. 알레! Allez ! 경기의 시작을 알리는 말이죠. 그 뿐만 아니라 En garde(기본 자세), Prêt(준비), Halte(중지), Salut(인사) 등 여러 표현을 들을 수 있어요. 프랑스가 바로 펜싱의 종주국이기 때문이랍니다.

STEP 2 프랑스어 진짜 알아가기

▶ 저자 강의　🎧 61-02

📝 MEMO

1. faire 동사

faire 하다, 만들다	
je fais	nous faisons*
tu fais	vous faites
il/elle/on fait	ils/elles font

faire 동사는 영어의 'make, do'와 같이 '하다, 만들다'라는 뜻을 가진 3군 동사예요. faire 동사는 마치 숙어처럼 함께 쓰이는 명사까지 외워주면 좋아요.

* faisons의 발음은 예외적이라 외워 주셔야 해요.
[f페종] ❌
[f프종] ⭕

Qu'est-ce que vous faites ?　　　무엇을 하고 계시나요?
- Je fais la cuisine.　　　저는 요리를 하고 있어요.

Tu vas faire quoi aujourd'hui ?　　너는 오늘 뭘 할 거니?
- Je vais faire du shopping.　　나는 쇼핑을 할 거야.

Il fait les courses.　　　그는 장을 봐요.
Elle fait la lessive.　　　그녀는 세탁을 해요.
Nous faisons le ménage.　　우리는 집안일(청소)를 해요.

📖 단어
courses 장보기(n.f.pl.)
lessive 세탁(n.f.)
ménage 집안일(n.m.)

2. faire de + 여가 활동

faire de 뒤에 여가 활동을 나타내는 명사를 붙여주면 '~활동을 하다'라는 표현이 돼요. 그런데 이때 여가 활동 명사 앞에는 정관사 le, la, les가 쓰인답니다. 전치사 de는 정관사 le, les와 만나면 축약되는 것 기억나시죠?

faire du sport 운동을 하다	
faire du foot 축구를 하다	Tu aimes faire du foot ? 너는 축구하는 걸 좋아하니?
faire du tennis 테니스를 치다	Elle fait du tennis avec ses amis. 그녀는 그녀의 친구들과 테니스를 쳐요.
faire du ski 스키를 타다	Vous savez faire du ski ? 스키 탈 줄 아세요?
faire de la natation 수영을 하다	Il fait de la natation à la piscine. 그는 수영장에서 수영을 해요.
faire de l'escrime 펜싱을 하다	Je fais de l'escrime le lundi. 저는 월요일마다 펜싱을 해요.

📖 단어
piscine 수영장(n.f.)

faire de la musique 음악을 연주하다	
faire du piano 피아노를 치다	Vous savez faire du piano ? 피아노 칠 줄 아시나요?
faire du violon 바이올린을 켜다	Je ne fais pas de violon. 저는 바이올린을 못 켜요.
faire de la guitare 기타를 치다	Tu fais de la guitare ? 너는 기타를 치니?
faire de la danse 춤을 추다	
faire de la peinture 그림을 그리다	

3. 취미 묻고 답하기 (1)

| Quels sont vos loisirs ? | 당신의 취미는 무엇인가요? |
| Quels sont tes loisirs ? | 너의 취미는 뭐니? |

J'aime bien faire du ski.	저는 스키 타는 걸 좋아해요.
Je fais de la natation.	저는 수영을 해요.
Je fais de la peinture le week-end.	저는 주말마다 그림을 그려요.
J'adore faire de la guitare.	나는 기타 치는 걸 엄청 좋아해.

 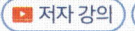 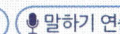

아래 대화를 들으면서 오늘 배운 내용을 확인해 보세요.

 Manon

Quels sont tes loisirs ?
너는 취미가 뭐야?

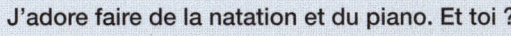

J'adore faire de la natation et du piano. Et toi ?
나는 수영하는 거랑 피아노 치는 걸 정말 좋아해. 너는? Noah

 Manon

Moi, je n'aime pas le sport. Donc, je fais de la peinture. 나는 운동을 좋아하지 않아. 그래서 난 그림을 그려.

Tu fais de la peinture ! C'est étonnant.
너 그림을 그리는구나! 놀라운걸. Noah

STEP 4 프랑스어 진짜 써먹기

나의 점수 ___ / 10   정답 및 해석 p.17

✅ 정답 보기

1 프랑스어 표현과 우리말 뜻을 짝지어 보세요.

1. faire du shopping •   • a 요리하다
2. faire la cuisine •   • b 세탁하다
3. faire la lessive •   • c 쇼핑하다
4. faire les courses •   • d 청소하다
5. faire le ménage •   • e 장보다

2 그림을 보고 각 인물의 취미를 현재 시제로 적어 보세요.

| Manon | Lucas | Camille | Noah |

1. Manon, elle _____.
2. Lucas, il _____.
3. Camille, elle _____.
4. Noah, il _____.

3 다음 문장을 프랑스어로 써 보세요.

너는 취미가 뭐니?   ▶ _____

▶ 문제 해설 강의 틀리거나 헷갈리는 문제는 문제 해설 강의로 복습하세요.

🎯 오늘의 Mission 여러분의 취미는 무엇인가요? 프랑스어로 취미를 이야기해 보세요!

학습 종료 🛬

프랑스어 진짜학습지 **첫걸음**

Jour 62

횟수 묻고 답하기 학습 시작 ✈ 20

Je fais de la gym deux fois par semaine.
저는 일주일에 두 번 헬스를 해요.

오늘의 학습 내용을 확인해 보세요.

 combien de fois
 빈도에 관한 부사
 부정형용사 tout/toute/tous/toutes

▶ 전체 강의   ❓ 질문게시판   🎧 MP3

 프랑스어 진짜 맛보기   ▶ 저자 강의   🎧 62-01   🎤 말하기 연습

MEMO
☑ 반복학습 체크체크
MP3듣기 ○○○
따라읽기 ○○○

📖 단어
semaine 주(n.f.)
mois 달, 개월(n.m.)
gym 체육(n.f.)

오늘 배울 내용을 예문으로 먼저 만나 보세요!

Une fois par semaine	일주일에 한 번
Deux fois par mois	한 달에 두 번
Je fais de la gym tous les jours.	저는 매일 헬스를 해요.
Je fais souvent du shopping.	나는 쇼핑을 자주 한다.

프랑스 진짜 여행 떠나기!

파리의 루브르 박물관 앞 넓게 펼쳐진 잔디밭 위에는 신기한 풍경이 하나 있어요. 여러 명의 사람들이 야외에서 따뜻한 햇볕을 맞으며 요가나 스트레칭을 하고 있는 모습이죠! 프랑스는 생활 체육 공간이 아주 잘 조성되어 있어요. 야외 운동을 미리 예약해서 도전해 보는 것도 여행의 색다른 묘미가 될 수 있겠네요!

STEP 2 프랑스어 진짜 알아가기

▶ 저자 강의　🎧 62-02　　📝 MEMO

1. combien de fois

fois는 '횟수'를 의미하는 여성 명사예요. 먼저 기준이 되는 기간을 알아보도록 할게요.

par jour	par semaine	par mois	par an
하루에	일주일에	한 달에	일 년에

fois 앞에 숫자를 붙여 몇 회인지 나타낼 수 있어요.

Trois fois par jour.	하루 세 번
Deux fois par semaine.	일주일에 두 번
Quatre fois par mois.	한 달에 네 번
Une fois par an.	일 년에 한 번

'combien de fois'를 사용해 무엇을 얼마나 자주 하는지 물어볼 수 있어요.

Combien de fois tu fais de l'exercice* par semaine ?
일주일에 몇 번이나 운동을 해?

- Je fais de la gym tous les jours !
  저는 매일 헬스를 해요!

Combien de fois vous faites du tennis par mois ?
한 달에 몇 번이나 테니스를 치세요?

- Je fais du tennis trois fois par mois.
  저는 한 달에 세 번 테니스를 쳐요.

단어
exercice 운동(n.m.)

* sport는 말 그대로 야구, 축구 같은 스포츠를 의미하고, exercice는 말 그대로 운동을 의미해요.

2. 빈도에 관한 부사

부사가 동사를 꾸며줄 때는 동사의 뒤에 위치해요.

toujours 항상	Elle va toujours à ce café. 그녀는 항상 그 카페에 간다.
souvent 자주	Il fait souvent du shopping. 그는 쇼핑을 자주 한다.
parfois 때때로	Je fais parfois la grasse matinée. 나는 때때로 늦잠을 자요.
rarement 드물게, 거의 (않다)	On fait rarement du sport. 우리는 운동을 거의 안 해요.

단어
grasse matinée 늦잠 (n.f.)

3. 부정형용사 tout / toute / tous / toutes

부정형용사는 명사의 수량이나 성질을 한정해주는 형용사예요. 부정형용사도 '형용사'이기 때문에 당연히 꾸며 주는 명사에 성수일치 시켜 주어야 해요.

	남성형	여성형	뜻
단수형	tout	toute	전체, 내내
복수형	tous	toutes	모든, 마다

단수형, 복수형에 따라 뜻이 달라지기 때문에 주의해야 해요.

단수형	복수형
tout le jour 하루종일	tous les jours 매일
toute la semaine 일주일 내내	toutes les semaines 매주
tout le mois 한 달 내내	tous les mois 매달
toute la nuit 밤새	toutes les nuits 매일 밤
toute l'année 일년 내내	tous les ans 매년

STEP 3 프랑스어 진짜 즐기기

아래 대화를 들으면서 오늘 배운 내용을 확인해 보세요.

Camille: Tu fais souvent de l'exercice ?
너는 운동 자주 해?

Lucas: Oui, j'adore faire de la gym.
응, 헬스하는 거 엄청 좋아해.

Camille: Combien de fois par semaine tu fais de la gym ?
너는 일주일에 얼마나 헬스를 해?

Lucas: Je fais de la gym toute la semaine !
일주일 내내 헬스하지!

STEP 4 프랑스어 진짜 써먹기

나의 점수 ☐ / 10　정답 및 해석 p.17
✓ 정답 보기

1 프랑스어 표현과 우리말 뜻을 짝지어 보세요.

1. tout le jour　　　•　　　• ⓐ 밤새
2. toutes les semaines　•　　• ⓑ 하루 종일
3. tout le mois　　　•　　　• ⓒ 매년
4. tous les ans　　　•　　　• ⓓ 한달 내내
5. toute la nuit　　　•　　　• ⓔ 매주

2 아래 문장들을 보고 빈도가 높은 순서대로 나열해 보세요.

> 1. Il fait souvent du shopping.
> 2. On fait rarement du sport.
> 3. Elle va toujours à ce café.
> 4. Je fais parfois la grasse matinée.

_____ ▶ _____ ▶ _____ ▶ _____

3 다음 문장을 프랑스어로 써 보세요.

저는 일주일에 두 번 헬스를 해요.

▶ _____

▶ 문제 해설 강의) 틀리거나 헷갈리는 문제는 문제 해설 강의로 복습하세요.
🎯 오늘의 Mission 다음 질문에 프랑스어로 대답해 보세요.
Combien de fois tu fais de l'exercice par semaine ?

학습 종료 ✈

4 ▬ 프랑스어 진짜학습지 첫걸음

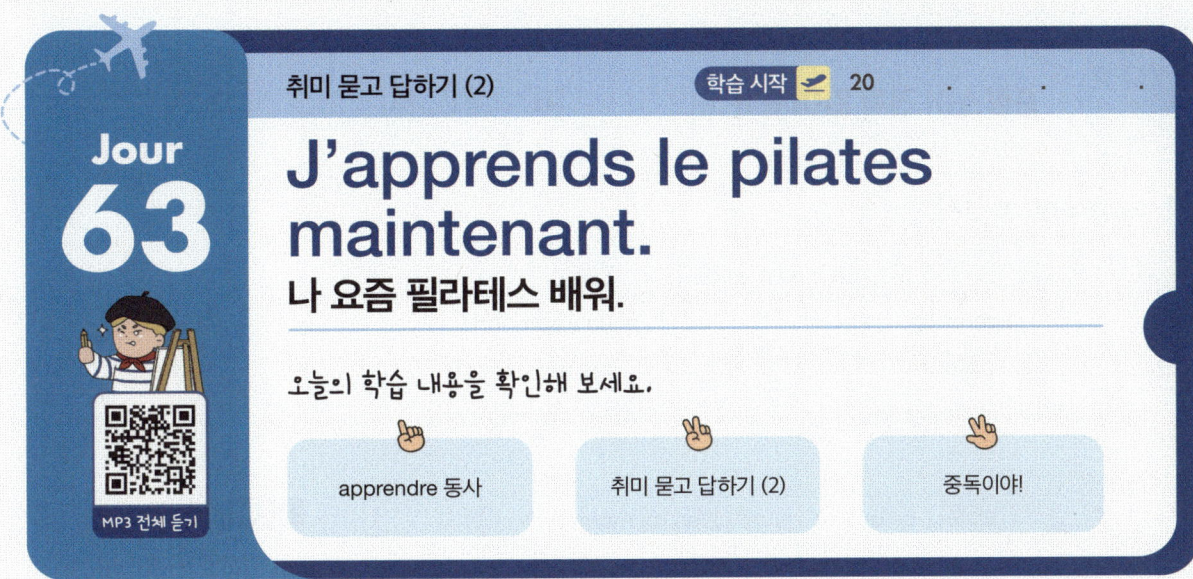

Jour 63 — 취미 묻고 답하기 (2)

J'apprends le pilates maintenant.
나 요즘 필라테스 배워.

오늘의 학습 내용을 확인해 보세요.

- apprendre 동사
- 취미 묻고 답하기 (2)
- 중독이야!

STEP 1 프랑스어 진짜 맛보기

오늘 배울 내용을 예문으로 먼저 만나 보세요.

J'apprends le pilates.	나는 필라테스를 배워요.
J'apprends la photo.	나는 사진을 배워요.
Je suis accro au téléphone.	나는 핸드폰 중독이에요.
Je sors avec mes ami(e)s.	나는 친구들과 놀러 나가요.

MEMO

✅ 반복학습 체크체크
- MP3듣기 ○─○─○
- 따라읽기 ○─○─○

📘 단어
- pilates 필라테스(n.m.)
- photo 사진(n.f.)

프랑스 진짜 여행 떠나기!

프랑스 여행 중에도 시간이 된다면 에펠탑 앞에서 드로잉을 배울 수도 있고 프렌치 쉐프에게 직접 쿠킹이나 베이킹을 배워 볼 수도 있어요. 꽃꽂이나 조향 등 매력적인 원데이 클래스에도 도전해 보면 프랑스를 더 색다르게 느낄 수 있을 거예요.

STEP 2 프랑스어 진짜 알아가기

▶ 저자 강의 🎧 63-02

📝 MEMO

1. apprendre 동사

apprendre 배우다	
j'apprends	nous apprenons
tu apprends	vous apprenez
il/elle/on apprend	ils/elles apprennent

Qu'est-ce que tu apprends en ce moment ?
너는 요즘 뭘 배우고 있니?
Qu'est-ce que vous apprenez en ce moment ?
당신은 요즘 뭘 배우고 있나요?

J'apprends le pilates maintenant.	나는 지금 필라테스를 배우고 있어.
Il apprend le français.	그는 프랑스어를 배운다.
Nous apprenons la photo.	우리는 사진을 배워요.
Elle apprend le dessin.	그녀는 그림을 배워요.

'apprendre à + 동사원형'을 사용해 '~하는 법을 배우다'라고 표현할 수 있어요.

J'apprends à conduire.	나는 운전하는 법을 배우고 있어.
Il va apprendre à nager.	그는 수영하는 법을 배울 거예요.

🔤 단어

en ce moment 요즘
dessin 그림(n.m.)
nager 수영하다

2. 취미 묻고 답하기 (2)

취미는 직접적으로 'loisirs'라는 표현을 사용해서 물어볼 수 있었죠. 그런데 취미처럼 본격적인 활동이 아니라 여유 시간에 무엇을 하는지 물어볼 때는 아래 표현들이 더 자연스러워요.

Qu'est-ce que tu fais dans ton temps libre ?
너는 한가할 때 뭘 하니?
Qu'est-ce que vous faites dans votre temps libre ?
당신은 한가할 때 무엇을 하시나요?

Je passe du temps sur mon téléphone.	저는 휴대폰 하면서 시간을 보내요.
Je vais sur les réseaux sociaux.	저는 SNS를 해요.
Je regarde Netflix.	저는 넷플릭스 봐요.

🔤 단어

temps 시간(n.m.)
passer (시간을) 보내다

Je regarde Youtube.   저는 유튜브 봐요.
Je sors* avec mes ami(e)s.   저는 친구들과 놀러 나가요.

> **MEMO**
>
> 🔊 동사 체크
>
> | sortir 외출하다 |
> | --- |
> | 3군 동사 |
> | je sors |
> | tu sors |
> | il/elle/on sort |
> | nous sortons |
> | vous sortez |
> | ils/elles sortent |

3. 중독이야!
어떤 것을 너무 좋아해서 취미를 넘어 중독되었다는 표현은 어떻게 할 수 있을까요? 바로 '중독된'이라는 뜻의 'accro à'라는 표현을 사용하면 된답니다!

Je suis accro* au téléphone.   나는 핸드폰 중독이야.
Il est accro au café.   그는 커피 중독이야.
Tu es complètement accro au travail !   너는 완전 일 중독이야!
Je suis accro à cette chanson.   나는 이 노래에 푹 빠졌어.

> 🔊 단어
>
> complètement 완전히
>
> ★ accro는 남성형과 여성형이 동일한 단일형태 형용사예요. 다만 복수형에는 '-s'를 추가해 주어야 한답니다.

STEP 3 프랑스어 진짜 즐기기    저자 강의   63-03 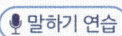 말하기 연습

아래 대화를 들으면서 오늘 배운 내용을 확인해 보세요.

 Lucas: **Tu fais quoi dans ton temps libre ?**
너는 쉴 때 뭘 해?

 Manon: **En ce moment, j'apprends la photo.**
나는 요즘 사진을 배워.

 Lucas: **La photo ? C'est difficile, non ?**
사진? 어렵지 않니?

 Manon: **Oui, un peu. Mais je suis complètement accro.**
응, 조금. 그래도 나 완전 푹 빠져 있어.

 **프랑스어 진짜 써먹기**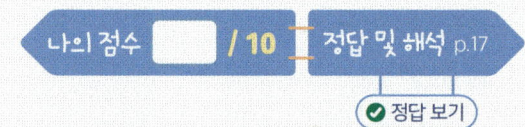

1 제시된 그림을 보고 각 인물과 취미 표현을 짝지어 보세요.

1. Manon aime •   • ⓐ passer du temps sur son téléphone.
2. Lucas aime •   • ⓑ nager.
3. Camille apprend à •   • ⓒ sortir avec ses ami(e)s.
4. Noah apprend •   • ⓓ le dessin.

2 제시된 우리말을 보고 빈칸에 알맞은 표현을 채워 보세요.

1. J'apprends _____ _____ maintenant.
   나는 지금 필라테스를 배우고 있어.

2. Tu es complètement _____ _____ travail !
   너는 완전 일 중독이야!

3. J'apprends _____ _____.
   나는 운전하는 법을 배우고 있어.

4. Je _____ _____ les réseaux sociaux.
   저는 SNS를 해요.

5. Qu'est-ce que tu _____ dans _____ _____ _____ ?
   너는 한가할 때 뭘 하니?

6. Je _____ _____ mes amis.
   저는 친구들과 놀러 나가요.

▶ 문제 해설 강의) 틀리거나 헷갈리는 문제는 문제 해설 강의로 복습하세요.

🎯 오늘의 Mission) 다음 질문에 프랑스어로 대답해 보세요. Qu'est-ce que vous apprenez ?

Jour 64

날씨 표현하기 · 학습 시작 20 . .

Il fait très chaud !
날씨가 엄청 덥다!

오늘의 학습 내용을 확인해 보세요.

- 사계절
- 날씨 묻고 답하기

▶ 전체 강의   질문게시판   MP3

STEP 1 — 프랑스어 진짜 맛보기

▶ 저자 강의   64-01   말하기 연습

MEMO
☑ 반복학습 체크체크
MP3듣기 ○─○─○
따라읽기 ○─○─○

오늘 배울 내용을 예문으로 먼저 만나 보세요.

Quel temps fait-il ?	날씨는 어때요?
Il fait chaud.	날씨가 더워요.
Il fait du vent.	바람이 불어요.
Il pleut.	비가 와요.

프랑스 진짜 여행 떠나기!

파리를 여행하기 가장 좋은 시기는 언제일까요? 프랑스는 겨울에 너무 춥지 않고, 여름에도 너무 덥지 않아요. 그래도 겨울은 여전히 춥고 해가 짧아요. 여름은 더위와 수많은 관광객들로 인해 지쳐버릴 수 있어요. 그래서 가장 적당한 시기는 5월-6월 사이와 9월-10월 사이라고 볼 수 있어요.

STEP 2 프랑스어 진짜 알아가기

▶ 저자 강의 🎧 64-02

📝 **MEMO**

1. 사계절

Les saisons 계절			
	le printemps 봄		l'été 여름
	l'automne 가을		l'hiver 겨울

계절 명사 앞에는 정관사 le를 사용해요. 계절을 나타내는 명사는 전부 남성명사이지만 봄을 제외한 나머지는 모음과 무음 h로 시작하기 때문에 축약해 준답니다.

C'est déjà le printemps !	벌써 봄이야!
Je n'aime pas l'été.	저는 여름을 좋아하지 않아요.
Tout le monde* aime l'automne.	모두들 가을을 좋아해요.
L'hiver, c'est ma saison préférée.	겨울은 내가 제일 좋아하는 계절이야.

★ '모든 사람'이라는 뜻을 가진 tout le monde는 3인칭 단수 il, elle, on과 동일한 동사변형을 취해요.

'~계절에'라고 표현할 때는 전치사의 도움이 필요해요.

~ 계절에			
au	printemps 봄에		
en	été 여름에	automne 가을에	hiver 겨울에

봄은 전치사 au와, 나머지는 발음상의 이유로 en과 함께 쓰여요.

Au printemps, il y a beaucoup de fleurs partout.	봄에는 여기저기 꽃이 많이 있다.
On va à la mer en été.	사람들은 여름에 바다에 가요.
On va à la montagne en automne.	사람들은 가을에 산에 가요.
On fait un bonhomme de neige en hiver.	사람들은 겨울에 눈사람을 만든다.

📖 **단어**

partout 여기저기에
mer 바다(n.f.)
montagne 산(n.f.)
bonhomme de neige 눈사람(n.m.)

2. 날씨 묻고 답하기

날씨를 표현 할 때에는 'il fait' 구문을 사용해요. 이때 il과 fait는 아무런 뜻이 없고 형식상으로 사용되는 비인칭 주어와 동사예요.

Quel temps* fait-il ?
날씨 어때요?

★ temps은 '시간'이라는 뜻도 있지만 '날씨'라는 의미도 가지고 있어요.

Il fait + 형용사 = 날씨가 ~하다	
Il fait beau.★	날씨가 좋다.
Il fait mauvais.	날씨가 나쁘다.
Il fait chaud.	날씨가 덥다.
Il fait froid.	날씨가 춥다.
Il fait gris.	날씨가 흐리다.

MEMO

★ 형용사 앞에 'très, trop' 같은 부사를 넣어 날씨를 강조해 줄 수 있어요.
Il fait très chaud !
날씨가 엄청 더워!
Il fait trop froid !
날씨가 너무 추워!

'il fait' 구문 뒤에는 날씨 명사도 올 수 있어요.

Il fait + 날씨 명사 = 날씨가 ~하다	
Il fait du soleil.	햇빛이 비춘다(날씨가 맑다).
Il fait du vent.	바람이 분다.
Il fait des nuages.	구름이 껴 있다.
Il fait du brouillard.	안개가 끼었다.

단어

brouillard 안개(n.m.)

날씨 동사와 함께 표현할 수도 있어요.

Il + 날씨 동사		
pleuvoir 비가 오다	Il pleut aujourd'hui.	오늘은 비가 오네요.
neiger 눈이 오다	Il neige ce soir ?	오늘 저녁에 눈이 내리나요?

STEP 3 프랑스어 진짜 즐기기   ▶ 저자 강의   🎧 64-03   🎤 말하기 연습

아래 대화를 들으면서 오늘 배운 내용을 확인해 보세요.

Camille: **Quel temps fait-il aujourd'hui ?**
오늘 날씨는 어때?

Lucas: **Il fait très beau mais un peu de vent.**
날씨 엄청 좋은데 바람이 좀 불어.

Camille: **C'est déjà le printemps !**
벌써 봄이구나!

Lucas: **Mais il pleut ce soir. Prends ton parapluie.**
근데 저녁에 비가 온대. 우산 챙겨.

STEP 4 프랑스어 진짜 써먹기

나의 점수 ☐ / 10   정답 및 해석 p.17
✅ 정답 보기

1 빈칸에 알맞은 전치사를 적고 우리말 뜻을 짝지어 보세요.

1. _____ été   •   • ⓐ 봄에
2. _____ hiver   •   • ⓑ 여름에
3. _____ printemps   •   • ⓒ 가을에
4. _____ automne   •   • ⓓ 겨울에

2 제시된 우리말을 보고 빈칸에 알맞은 표현을 채워 보세요.

1. Il fait _____ _____.   구름이 껴 있다.
2. Il fait _____.   날씨가 나쁘다.
3. Il fait _____.   날씨가 흐리다.
4. Il _____ ce soir ?   오늘 저녁에 눈이 내리나요?
5. Il fait du _____.   바람이 분다.

3 다음 문장을 프랑스어로 써 보세요.

오늘 날씨는 어때요?

▶ _____

▶ 문제 해설 강의   틀리거나 헷갈리는 문제는 문제 해설 강의로 복습하세요.
🎯 오늘의 Mission   지금 바깥 날씨는 어떤가요? 프랑스어로 묘사해 보세요!

학습 종료 ✈

4 프랑스어 진짜학습지 첫걸음

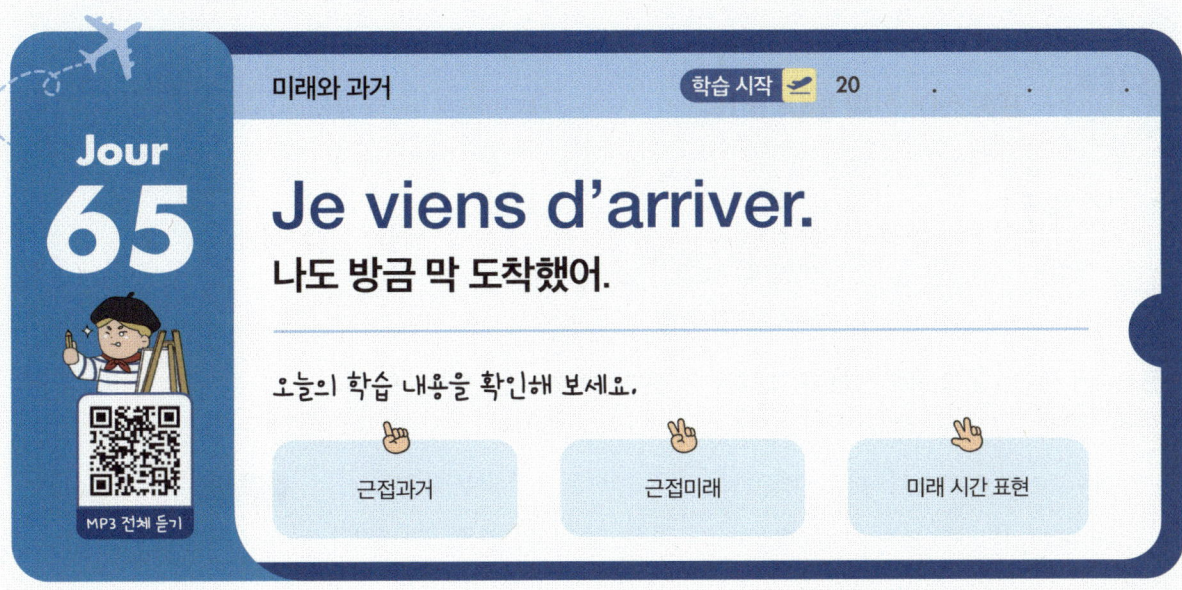

Jour 65 — 미래와 과거

Je viens d'arriver.
나도 방금 막 도착했어.

오늘의 학습 내용을 확인해 보세요.

- 근접과거
- 근접미래
- 미래 시간 표현

STEP 1 프랑스어 진짜 맛보기

오늘 배울 내용을 예문으로 먼저 만나 보세요.

Je viens d'arriver.	나는 방금 막 도착했어.
Le bus va partir.	버스가 곧 출발합니다.
Venez jeudi prochain.	다음 주 목요일에 오세요.
Je vais aller au concert ce soir.	나는 오늘 저녁 콘서트에 갈 거야.

MEMO

✅ 반복학습 체크체크
- MP3듣기 ○○○
- 따라읽기 ○○○

📖 단어
concert 콘서트 (n.m.)

프랑스 진짜 여행 떠나기!

프랑스는 유네스코로부터 가장 많은 문화 유산을 인정받은 나라 중 하나랍니다. 유네스코 세계 유산 목록에 등재된 장소와 건축물이 무려 45개에 달한다고 해요! 재미있는 것은 파리의 센느 강변도 유네스코 세계 문화 유산으로 지정되어 있다는 사실이에요. 프랑스의 역사와 아름다움을 담은 센느 강변을 따라 걷다 보면 옛 역사의 발자취를 그대로 느낄 수 있답니다!

STEP 2 프랑스어 진짜 알아가기

1. 근접과거

방금 막 ~했다
venir de + 동사원형

근접과거 시제는 말 그대로 근접한 과거, 방금 막 일어난 행동에 대해 묘사할 때 사용해요.

On vient de prendre le petit-déjeuner.	우리는 방금 막 아침식사를 했다.
Elle vient de sortir avec son petit ami.	그녀는 막 그녀의 남자친구와 나갔다.
Ils viennent de rentrer à la maison.	그들은 방금 막 집에 돌아왔다.
Je viens d'arriver.	나 방금 막 도착했어.

잠깐!

'venir de' 뒤에 모음이나 무음 h로 시작하는 동사가 오면 축약해 주어야 해요.

예) Je viens d'acheter une baguette. 나는 방금 막 바게트 하나를 샀다.
　　Nous venons d'appeler un taxi. 우리는 방금 막 택시를 불렀어요.

부정문은 venir의 앞뒤로 'ne pas'를 붙여줘요.

| Tu ne viens pas d'appeler un taxi ? | 너 방금 택시 부른 거 아니야? |

2. 근접미래

곧 ~할 것이다
aller + 동사원형

근접미래는 말 그대로 근접한 미래, 곧 일어날 행동에 대해 묘사할 때 사용해요.

Le bus va partir !	버스가 곧 출발합니다!
Je vais aller au concert ce soir.	나는 오늘 저녁 콘서트에 갈 거야.
On va marcher un peu ?	우리 조금 걸을래?

부정문은 aller의 앞뒤로 'ne pas'를 붙여줘요.

| Je ne vais pas faire ce travail. | 저는 그 일을 하지 않을 거예요. |
| Je ne vais pas dîner avec toi. | 나는 너랑 저녁 같이 안 먹을 거야. |

MEMO

단어

petit-déjeuner 아침식사(n.m.)

3. 미래 시간 표현

demain 내일	Je vais partir pour Paris demain. 나는 내일 파리로 떠난다.
après-demain 모레	J'ai un rendez-vous après-demain. 나는 모레 약속이 있어.
la semaine prochaine 다음 주	On va voir* la semaine prochaine. 우리는 다음 주에 보자.
le week-end prochain 다음 주 주말	On va faire un pique-nique le week-end prochain. 우리는 다음 주 주말에 피크닉을 할 거예요.
le mois prochain 다음 달	Elle va venir en Corée le mois prochain. 그녀는 다음 달에 한국에 올 거예요.
l'année prochaine 내년	Tu vas visiter la France l'année prochaine ? 너는 내년에 프랑스에 방문할 거니?
요일 prochain 다음 주 ~요일	Venez jeudi prochain. 다음 주 목요일에 오세요.
dans 숫자 jours ~일 뒤	Il va arriver dans trois jours. 그는 3일 뒤에 도착할 거예요.

MEMO

단어

prochain(e) 다음의

동사 체크

voir 보다
3군 동사
je vois
tu vois
il/elle/on voit
nous voyons
vous voyez
ils/elles voient

STEP 3 프랑스어 진짜 즐기기

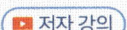 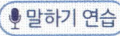

아래 대화를 들으면서 오늘 배운 내용을 확인해 보세요.

 Camille: Pardon, je suis en retard.
미안, 내가 늦었지.

 Lucas: Ça va. Je viens d'arriver.
괜찮아. 나도 방금 막 도착했어.

 Camille: Qu'est-ce qu'on va faire aujourd'hui ?
오늘 뭐 할 거야?

 Lucas: On va voir un film et après dîner au restaurant.
영화 보고 나서 레스토랑에서 저녁 먹을 거야.

STEP 4 프랑스어 진짜 써먹기

나의 점수 ☐ / 10   정답 및 해석 p.18
✅ 정답 보기

1 프랑스어 표현과 우리말 뜻을 짝지어 보세요.

1. après-demain •   • ⓐ 내년에
2. le mois prochain •   • ⓑ 다음 주에
3. la semaine prochaine •   • ⓒ 다음 달에
4. l'année prochaine •   • ⓓ 모레

2 제시된 우리말을 보고 빈칸에 알맞은 표현을 채워 보세요.

1. Le bus _____ _____ !
   버스가 곧 출발합니다!

2. On _____ _____ _____ le petit-déjeuner.
   우리는 방금 막 아침 식사를 했다.

3. Je _____ _____ au concert ce soir.
   나는 오늘 저녁 콘서트에 갈 거야.

4. On _____ _____ un pique-nique demain.
   우리는 내일 피크닉을 할 거예요.

5. Il _____ _____ _____ trois jours.
   그는 3일 뒤에 도착할 거예요.

3 다음 문장을 프랑스어로 써 보세요.

나는 방금 막 도착했어. ▶ _____

▶ 문제 해설 강의   틀리거나 헷갈리는 문제는 문제 해설 강의로 복습하세요.
🎯 오늘의 Mission   다음 주 여러분은 어떤 일이 예정되어 있나요? 다음 주의 계획을 말해 보세요!   학습 종료 ✈

4 ■ 프랑스어 진짜학습지 첫걸음

Jour 66

Exercice ⑪
연습 문제

Jour 61~65 복습하기

나의 점수 ☐ / 30   정답 및 해석 p.18

1 프랑스어 표현과 우리말 뜻을 짝지어 보세요.

1. faire la grasse matinée • • a 펜싱을 하다
2. faire de l'exercice • • b 피크닉을 하다
3. faire les courses • • c 장을 보다
4. faire de l'escrime • • d 늦잠을 자다
5. faire un pique-nique • • e 운동을 하다

2 다음 문장을 우리말로 해석한 후, 빈도가 높은 순서대로 나열해 보세요.

1. Elle va souvent au concert. ▶ _____
2. Je marche rarement. ▶ _____
3. Il neige toujours ici. ▶ _____
4. Je vais parfois à la montagne. ▶ _____

_____ ▶ _____ ▶ _____ ▶ _____

3 다음 표현을 우리말로 해석해 보세요.

1. tout le jour ▶ _____

2. tous les jours ▶ _____

3. toute la semaine ▶ _____

4. toutes les semaines ▶ _____

5. tout le mois ▶ _____

6. tous les mois ▶ _____

4 다음 Camille의 스케쥴을 보고 질문에 대답해 보세요.

1. Combien de fois elle fait du tennis par mois?

   ▶ _____ fois par mois.

2. Qu'est-ce qu'elle fait le 7 juillet ?

   ▶ Elle fait _____ _____ _____.

3. Combien de fois elle fait de la danse par semaine ?

   ▶ _____ fois par semaine.

4. Qu'est-ce qu'elle fait le samedi ?

   ▶ Elle fait _____ _____.

5 제시된 문장을 근접과거와 근접미래 문장으로 바꾸어 보세요.

1. Je prends le petit-déjeuner. (근접과거)
   ▶ _____

2. Elle sort avec son petit ami. (근접과거)
   ▶ _____

3. Je vais au concert ce soir. (근접미래)
   ▶ _____

4. Je ne dîne pas avec toi. (근접미래)
   ▶ _____

6 제시된 우리말을 보고 빈칸에 알맞은 표현을 채워 보세요.

1. J'apprends _____ _____ maintenant.
   나는 지금 필라테스를 배우고 있어.

2. Tu es complètement _____ _____ téléphone !
   너는 완전 핸드폰 중독이야!

3. On fait un bonhomme de neige _____ _____.
   사람들은 겨울에 눈사람을 만든다.

4. Je _____ _____ les réseaux sociaux.
   저는 SNS를 해요.

7 다음 문장을 프랑스어로 써 보세요.

1. 오늘 날씨 어때요?   ▶ _____

2. 날씨가 추워요.   ▶ _____

3. 바람이 불어요.   ▶ _____

쉬어가기 — 프랑스의 유명한 스포츠 대회, 롤랑 가로스

롤랑 가로스는 전 세계 테니스계에서 권위 있는 4대 그랜드 슬램 대회 중 하나예요.

사실 '롤랑 가로스'는 사람의 이름인데요, 이 대회는 1차 세계 대전 당시 프랑스의 전투기 파일럿이자 전쟁 영웅으로 활약한 롤랑 가로스를 기리기 위해 그의 이름을 붙였어요. 프랑스의 지명이나 건축물에는 이와 같이 사람의 이름을 사용하는 경우가 흔한데, 이는 그들의 공로를 기리는 전통이랍니다.

롤랑 가로스 경기장은 파리의 고급 주택가인 16구 근처에 자리하고 있는데, 총 20개의 코트로 구성된 큰 경기장이랍니다. 이곳은 세계적인 테니스 선수들과 팬들에게 사랑받는 장소로, 열기와 열정이 넘치는 경기가 펼쳐지는 장소예요.

세르비아의 대표 선수 노박 조코비치, 스페인 대표 선수 라파엘 나달과 같은 선수들이 바로 이 롤랑 가로스 경기장에서 진행된 프랑스 오픈에서 우승 트로피를 거머 쥐었어요!

특히 롤랑 가로스 대회 기간에는 기념품 샵이 굉장히 큰 규모로 운영되어 많은 관광객들이 방문해요. 롤랑 가로스는 매년 5월 말에서 6월 초에 개최되기 때문에, 여행 일정과 맞는다면 여러분도 꼭 한 번 방문해 보세요!

Tip!
Roland-Garros 롤랑 가로스

▶ **문제 해설 강의** 틀리거나 헷갈리는 문제는 문제 해설 강의로 복습하세요.

🎯 **오늘의 Mission** 지금까지 배운 여러 동사들을 근접미래와 근접과거 시제로 바꿔보는 연습을 해 보세요.

학습 종료

Jour 67

옷에 대해 말하기   학습 시작 ✈ 20 . . .

Ce jean a l'air très chic.
그 청바지 완전 시크해 보여.

오늘의 학습 내용을 확인해 보세요.

- 옷에 관한 단어
- 물건을 구매할 때 자주 쓰는 표현
- avoir l'air + 형용사

▶ 전체 강의 ❓ 질문게시판 🎧 MP3

STEP 1 — 프랑스어 진짜 맛보기

▶ 저자 강의 🎧 67-01 🎤 말하기 연습

오늘 배울 내용을 예문으로 먼저 만나 보세요!

Ce pull est en promo.	이 스웨터는 할인 중이에요.
Est-ce que c'est en solde ?	이거 할인 중인가요?
Je regarde juste, merci.	그냥 둘러볼게요, 감사합니다.
Ça a l'air banal.	그건 평범해 보여.

📝 MEMO

✅ 반복학습 체크체크
- MP3듣기 ⭕-⭕-⭕
- 따라읽기 ⭕-⭕-⭕

💬 단어
- **promo(tion)** 세일(n.f.)
- **solde** 세일(n.m.)

프랑스 진짜 여행 떠나기!

프랑스를 여행한다면 꼭 방문해야 하는 곳이 있죠! 바로 벼룩시장입니다! 앤티크한 가구부터 고풍스러운 식기, 프랑스 감성이 물씬 풍기는 여러 소품들까지 다 만나 볼 수 있어요. 거기에 가장 중요한 사실 한 가지! 바로 흥정이 가능하다는 것이죠! 오늘 배운 표현들을 꼭 한 번 실전에서 써 보세요.

STEP 2 프랑스어 진짜 알아가기

▶ 저자 강의 🎧 67-02

📝 MEMO

1. 옷에 관한 단어

les vêtements 옷				
pantalon 바지(m.)	T-shirt 티셔츠(m.)	jupe 치마(f.)	robe 원피스(f.)
jean 청바지(m.)	short 반바지(m.)	chemise 셔츠(f.)	sweatshirt 맨투맨(m.)
blouson 자켓(m.)	pull 스웨터(m.)	manteau 외투(m.)	doudoune 패딩(f.)

2. 물건을 구매할 때 자주 쓰는 표현

먼저 할인에 관한 표현들부터 정리해 보도록 할게요.

Est-ce que c'est en solde ?	이거 할인 중인가요?
Ce pull est en promo.	이 스웨터는 할인 중이에요.
Regarde ! Cette jupe est en solde !	이거 봐! 이 치마 할인 중이야!

자, 그럼 이번에는 가격에 대해 언급하고 흥정을 해 볼까요?

C'est bon marché !	저렴하네요!
Ce n'est pas donné.	싸지는 않네요.
C'est un peu cher.	조금 비싸네요.
Il n'y a pas de réduction ?	할인은 안 되나요?
Je n'ai pas assez d'argent.	돈이 충분하지 않네요.

옷가게에서 쓸 수 있는 표현들도 추가로 알아보도록 할게요.

Je peux essayer ça ?	이거 입어볼 수 있나요?
Où est la cabine d'essayage ?	피팅룸은 어디에 있나요?
Où est-ce que je peux essayer ça ?	어디서 입어볼 수 있나요?
Je regarde juste, merci.	그냥 둘러볼게요, 감사합니다.
Je vais réfléchir.*	좀 더 생각해 볼게요.

📖 **단어**

marché 거래(n.m.)
donné 저렴한
réduction 할인(n.f.)
cabine 부스(n.f.)
essayage 입어 보기 (n.m.)

📖 **동사 체크**

réfélchir 생각하다
2군 동사

je réfléchis
tu réfléchis
il/elle/on réfléchit
nous réfléchissons
vous réfléchissez
ils/elles réfléchissent

3. avoir l'air + 형용사

~한 것처럼 보이다
avoir l'air + 형용사

이 표현은 주어를 사람으로 쓸 수도 있고 사물로 쓸 수도 있어요.

Tu as l'air fatigué.	너 피곤해 보여.
Vous avez l'air content.	행복해 보이시네요.
Tu as l'air mignonne avec cette robe !	그 원피스를 입으니 귀여워 보여!
Il a l'air bien en ce moment.	그는 요즘 좋아 보여.
Ce jean a l'air très chic.	이 청바지 엄청 시크해 보여.
Ça a l'air banal.	그건 평범해 보여.
Ça a l'air très bon.	이거 아주 맛있어 보여.
Ça a l'air vraiment délicieux.*	이거 정말 맛있어 보여.

MEMO

* délicieux 앞에는 très를 쓸 수 없어요. délicieux는 이미 '매우 맛있다'라는 의미를 가진 형용사예요. 강조할 때에는 주로 vraiment을 사용해요.

STEP 3 · 프랑스어 진짜 즐기기   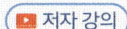 저자 강의   67-03  말하기 연습

아래 대화를 들으면서 오늘 배운 내용을 확인해 보세요.

 Camille: Voilà. Je suis bien ?
짜잔. 나 좀 괜찮아?

 Lucas: Oui. Tu as l'air très jolie avec cette robe.
응. 그 원피스를 입으니까 정말 예뻐 보여.

 Camille: Regarde ! Ça, c'est même en solde !
봐 봐! 이거 심지어 할인 중이야.

 Lucas: C'est bon marché. Tu as de la chance !
가격이 저렴하네. 잘 됐다!

 프랑스어 진짜 써먹기

나의 점수 ☐ / 10 정답 및 해석 p.18
✓ 정답 보기

1 프랑스어 단어와 우리말 뜻을 짝지어 보세요.

1. pull •   • ⓐ 셔츠
2. blouson •   • ⓑ 반바지
3. chemise •   • ⓒ 자켓
4. short •   • ⓓ 패딩
5. doudoune •   • ⓔ 스웨터

2 제시된 우리말을 보고 빈칸에 알맞은 표현을 채워 보세요.

1. Il n'y a pas de _____ ?   할인은 안 되나요?

2. Je vais _____.   좀 더 생각해 볼게요.

3. Ce n'est pas _____.   싸지는 않네요.

4. Tu _____ _____ mignonne avec cette robe !   그 원피스를 입으니 귀여워 보여!

3 다음 문장을 프랑스어로 써 보세요. (복수 정답 가능)

이 치마 할인 중인가요?

▶ _____

▶ 문제 해설 강의   틀리거나 헷갈리는 문제는 문제 해설 강의로 복습하세요.
🎯 오늘의 Mission   여러분의 옷장을 한번 둘러보고 오늘 배운 표현을 활용해 어떤 옷들이 있는지 프랑스어로 말해 보세요.

학습 종료

4 프랑스어 진짜학습지 첫걸음

Jour 68

옷과 신발 사이즈 말하기   학습 시작 ✈ 20

Quelle taille faites-vous ?
옷 사이즈가 어떻게 되세요?

오늘의 학습 내용을 확인해 보세요.

- 옷 사이즈
- 신발에 관한 단어
- 신발 사이즈

▶ 전체 강의   ❓ 질문게시판   🎧 MP3

STEP 1 프랑스어 진짜 맛보기

▶ 저자 강의   🎧 68-01   🎤 말하기 연습

📝 MEMO

✅ 반복학습 체크체크
- MP3듣기 ○-○-○
- 따라읽기 ○-○-○

📖 단어
- **taille** 사이즈(n.f.)
- **pointure** 신발 사이즈(n.f.)

오늘 배울 내용을 예문으로 먼저 만나 보세요!

Quelle taille faites-vous ?	옷 사이즈가 어떻게 되세요?
Je fais du S.	저는 S사이즈를 입어요.
Quelle pointure faites-vous ?	신발 사이즈가 어떻게 되세요?
Je fais du 37.	저는 37(235) 사이즈를 신어요.

프랑스 진짜 여행 떠나기!

프랑스로 떠나기 전 꼭 알아 두어야 하는 것은 무엇일까요? 바로 여러분의 옷과 신발 사이즈 예요! 프랑스에만 있는 여러 브랜드에서 직접 입어 보고 신어볼 수 있는 절호의 기회! 프랑스와 한국은 사이즈 기준이 다르기 때문에 꼭 미리 알아두세요-!

STEP 2 프랑스어 진짜 알아가기

▶ 저자 강의 🎧 68-02

📝 MEMO

1. 옷 사이즈
사이즈를 나타낼 때에는 faire 동사를 사용해서 이야기할 수 있어요.

| Quelle taille faites-vous ? | 옷 사이즈가 어떻게 되세요? |
| Vous faites quelle taille ? | 옷 사이즈가 어떻게 되세요? |

대답할 때에는 'faire du + 사이즈'를 사용해요. 아래 프랑스와 한국의 사이즈 표를 보면서 연습해 보도록 할게요.

	XS	S	M	L	XL
한국	44(85)	55(90)	66(95)	77(100)	88(105)
프랑스	34	35	36	37	38

Je fais du 35.	저는 35사이즈를 입어요.
Je fais du 36.	저는 36사이즈를 입어요.
Je fais du 37.	저는 37사이즈를 입어요.
Je fais du S.	저는 S사이즈를 입어요.

또 다른 표현으로 '입다'라는 뜻을 가진 동사 porter를 활용할 수 있어요.

Je porte du 35.	저는 35사이즈를 입어요.
Je porte du L.	저는 L사이즈를 입어요.
Je porte du M.	저는 M사이즈를 입어요.

🔍 단어

porter 입다

이번에는 다른 사이즈가 있는지 물어보는 표현도 알아보도록 할게요.

| Vous avez ce pull en M ? | 이 스웨터 M 사이즈 있나요? |
| Vous avez cette jupe en S ? | 이 치마 S 사이즈 있나요? |

2. 신발에 관한 단어
프랑스어로 신발을 표현할 때는 전부 복수형으로 사용해요.

les chaussures 신발			
baskets 운동화(f.pl.)	tennis 스니커즈(m.pl.)	bottes 부츠(m.pl.)	escarpins 힐(m.pl.)
ballerines 플랫슈즈(f.pl.)	sandales 샌들(f.pl.)	rangers 워커(m.pl.)	pantoufles 실내화(f.pl.)

3. 신발 사이즈

신발 사이즈는 'pointure'라고 해요. 마찬가지로 faire 동사와 사용해요.

한국	225	230	235	240	245	250	255
프랑스	36	36.5	37	37.5	38	38.5	39

Quelle pointure faites-vous ?	신발 사이즈가 어떻게 되세요?
Vous faites quelle pointure ?	신발 사이즈가 어떻게 되세요?
Je fais du 37.	저는 37(235) 사이즈를 신어요.
Je fais du 36.5 (trente-six et demi).	저는 36.5(230) 사이즈를 신어요.

STEP 3 프랑스어 진짜 즐기기

아래 대화를 들으면서 오늘 배운 내용을 확인해 보세요.

Manon: Je peux essayer ces baskets ?
이 운동화 신어볼 수 있을까요?

Vendeur: Vous faites quelle pointure ?
신발 사이즈가 어떻게 되시나요?

Manon: Je fais du 37.5.
37.5 사이즈를 신어요.

Vendeur: Désolé, madame. C'est épuisé.
죄송합니다, 품절이네요.

단어
épuisé 소진된

프랑스어 진짜 써먹기

나의 점수 ☐ / 10 정답 및 해석 p.19

✅ 정답 보기

1 프랑스어 단어와 우리말 뜻을 짝지어 보세요.

1. baskets • • ⓐ 워커
2. bottes • • ⓑ 힐
3. sandales • • ⓒ 운동화
4. rangers • • ⓓ 샌들
5. escarpins • • ⓔ 부츠

2 제시된 우리말을 보고 빈칸에 알맞은 표현을 채워 보세요. (복수 정답 가능)

1. Quelle _____ faites-vous ?   옷 사이즈가 어떻게 되세요?

2. Quelle _____ faites-vous ?   신발 사이즈가 어떻게 되세요?

3. Vous avez ce pull _____ M ?   이 스웨터 M 사이즈 있나요?

4. Je _____ _____ M.   저는 M사이즈를 입어요.

3 다음 문장을 프랑스어로 써 보세요.

품절입니다.

▶ _____

▶ 문제 해설 강의 틀리거나 헷갈리는 문제는 문제 해설 강의로 복습하세요.
🎯 오늘의 Mission 여러분의 옷과 신발 사이즈는 어떻게 되나요? 오늘 배운 표현을 활용해서 연습해 보세요.

학습 종료 ✈

4 ■ 프랑스어 진짜학습지 **첫걸음**

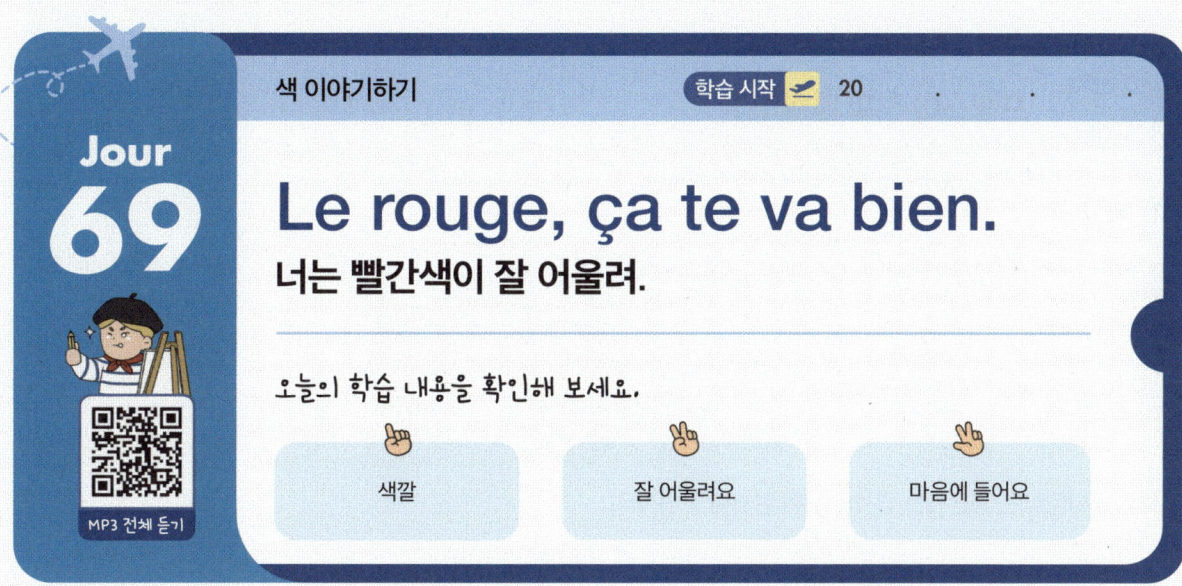

Jour 69 — 색 이야기하기

Le rouge, ça te va bien.
너는 빨간색이 잘 어울려.

오늘의 학습 내용을 확인해 보세요.

- 색깔
- 잘 어울려요
- 마음에 들어요

STEP 1 — 프랑스어 진짜 맛보기

오늘 배울 내용을 예문으로 먼저 만나 보세요.

C'est le feu vert ! Allons-y !	초록불이야! 가자!
Ça me va bien ?	저한테 잘 어울리나요?
Le rouge, ça te va très bien !	빨간색이 너한테 엄청 잘 어울려!
Ça me plaît.	마음에 들어요.

MEMO

☑ 반복학습 체크체크
- MP3듣기 ○○○
- 따라읽기 ○○○

🔊 단어
- vert 초록의

프랑스 진짜 여행 떠나기!

'프랑스'하면 떠오르는 상징적인 색이 있죠! 바로 프랑스 국기의 색인 파랑, 하양, 빨강이에요. 그런데 각 색상이 의미하는 바가 있다는 사실, 알고 계신가요? 파랑은 자유(liberté), 하양은 평등(égalité), 빨강은 박애(fraternité)를 나타낸답니다.

STEP 2 : 프랑스어 진짜 알아가기

▶ 저자 강의 🎧 69-02

📝 MEMO

1. 색깔

Les couleurs 색				
rouge	rose	orange	jaune	vert(e)
빨간색(의)	분홍색(의)	주황색(의)	노란색(의)	초록색(의)
bleu(e)	bleu ciel	violet(te)	blanc(he)	noir(e)
파란색(의)	하늘색(의)	보라색(의)	하얀색(의)	검은색(의)

색깔을 나타내는 형용사는 명사의 뒤에 위치해 꾸며줘요.

Je vais porter un pull jaune.	나는 노란 스웨터를 입을래.
Tu aimes les baskets blanches ?	너는 흰 운동화가 좋아?
C'est le feu vert ! Allons-y !	초록불이야! 가자!
Tu as un stylo rouge ?	너 빨간 펜 가지고 있니?

★ 색깔은 명사로 쓰일 때 전부 남성 명사예요.

2. 잘 어울려요

옷이나 신발, 그 외의 어떤 것이 잘 어울린다고 말할 때는 aller 동사를 사용해서 표현할 수 있어요.

Ça me va bien ?	저한테 잘 어울리나요?
Ça te va bien !	너한테 잘 어울려!
Ça vous va bien !	당신에게 잘 어울리네요.
Ça ne me va pas bien.	이건 나한테 안 어울려.

이때 me는 '나에게', te는 '너에게', vous는 '당신에게'라는 의미를 가지고 있는 '간접목적보어 인칭대명사'*예요. 지금은 딱 이 세 가지만 알아 두어도 충분해요. 주의할 점은 이 인칭대명사들은 항상 동사의 앞에 위치해요. 나중에 더 자세히 배워 보도록 할게요.

Le noir, ça me va bien ?	검은색이 나한테 잘 어울리나요?
Le rouge, ça te va très bien !	빨간색이 너한테 엄청 잘 어울려!
Ce blouson, ça vous va bien !	이 점퍼가 당신에게 엄청 잘 어울려요!
Cette robe, ça te va bien !	이 원피스 너에게 잘 어울려!

★ 간접목적보어 인칭대명사를 다시 한번 한눈에 정리해 볼게요.

me	나에게
te	너에게
vous	당신에게

3. 마음에 들어요

'잘 어울린다'라는 표현과 비슷한 형태로 '마음에 든다'라고 말할 수 있어요. 이때 plaire 동사는 '~의 마음에 들다'라는 의미를 가지고 있어요. 우리가 이미 많이 보았던 's'il vous plaît'의 바로 그 plaît랍니다.

Ça te plaît ?	네 마음에 드니?
Ça vous plaît ?	마음에 드시나요?
Oui, ça me plaît.	네, 마음에 들어요.
Non, ça ne me plaît pas.	아뇨, 마음에 안 들어요.
Le jaune, ça me plaît beaucoup.	노란색이 엄청 마음에 들어요.
Le bleu, ça te plaît ?	너는 파란색 마음에 드니?

MEMO

STEP 3 프랑스어 진짜 즐기기 저자 강의 69-03 말하기 연습

아래 대화를 들으면서 오늘 배운 내용을 확인해 보세요.

 Manon
Le bleu, ça me plaît. Mais le jaune aussi !
파란색이 마음에 들어. 근데 노란색도 그래!

 Noah
C'est pas grave. C'est clair !
별거 아니네. 명확한걸!

 Manon
Mais je ne peux pas choisir !
그치만 난 고를 수가 없어!

 Noah
Le jaune ! Ça te va très bien.
노란 거! 그게 너한테 아주 잘 어울려.

STEP 4 프랑스어 진짜 써먹기

나의 점수 ☐ / 10   정답 및 해석 p.19
✓ 정답 보기

1 프랑스어 단어와 우리말 뜻을 짝지어 보세요.

1. bleu ciel •   • a 하얀색
2. blanc •   • b 보라색
3. violet •   • c 분홍색
4. rose •   • d 하늘색
5. rouge •   • e 빨간색

2 제시된 우리말을 보고 빈칸에 알맞은 표현을 채워 보세요

1. C'est le _____ _____ ! Allons-y !   초록불이야! 가자!
2. Le _____, ça me _____ bien ?   검은색이 나한테 잘 어울리나요?
3. Le _____, ça me _____ beaucoup.   노란색이 엄청 마음에 들어요.
4. Ça _____ me _____ _____ bien.   이건 나한테 안 어울려.

3 다음 문장을 프랑스어로 써 보세요.

그건 제 마음에 들지 않아요.

▶ _____

▶ 문제 해설 강의 틀리거나 헷갈리는 문제는 문제 해설 강의로 복습하세요.
🎯 오늘의 Mission 여러분의 퍼스널 컬러는 무엇인가요? 어떤 색이 제일 잘 어울리는지 프랑스어로 이야기해 보세요.

학습 종료 ✈

4 ■ 프랑스어 진짜학습지 **첫걸음**

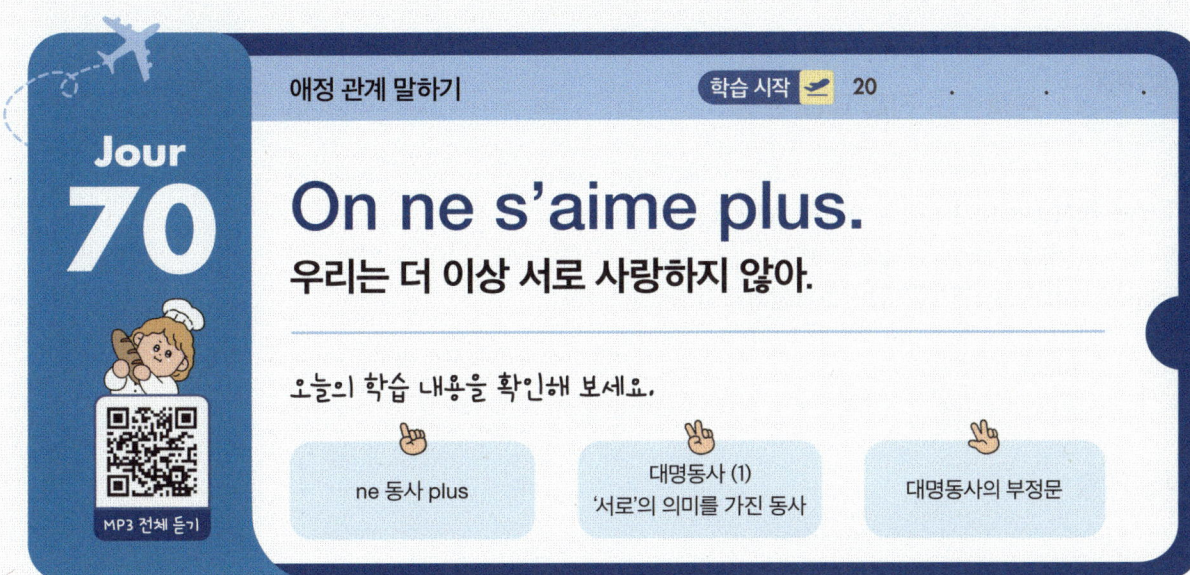

Jour 70

애정 관계 말하기   학습 시작 📘 20 . . .

On ne s'aime plus.
우리는 더 이상 서로 사랑하지 않아.

오늘의 학습 내용을 확인해 보세요.

- ne 동사 plus
- 대명동사 (1) '서로'의 의미를 가진 동사
- 대명동사의 부정문

▶ 전체 강의 ❓ 질문게시판 🎧 MP3

STEP 1 — 프랑스어 진짜 맛보기

▶ 저자 강의 🎧 70-01 🎤 말하기 연습

MEMO
☑ 반복학습 체크체크
MP3듣기 ○○○
따라읽기 ○○○

오늘 배울 내용을 예문으로 먼저 만나 보세요.

Je n'ai plus faim.	배가 불러요.
On se téléphone ?	우리 통화할까?
Ils ne se parlent plus.	그들은 더 이상 대화를 안 해요.
On ne s'aime plus.	우리는 더 이상 서로 사랑하지 않아.

프랑스 진짜 여행 떠나기!

상대에게 사랑을 표현할 수 있는 대표적인 프랑스어 'Je t'aime', 다들 아시죠? 그런데 실제로 프랑스에서 Je t'aime는 쉽고 가볍게 툭 던지는 말이 아니랍니다. 실제로 프랑스인들은 연인에게 Je t'aime를 말하기까지 꽤나 오랜 시간이 걸린다고 해요. 호감에서 좋아하는 감정으로, 또 그보다 더 진중하게 사랑의 감정을 가지게 되었을 때에야 이 Je t'aime를 사용할 수 있답니다. 흥미롭죠?

STEP 2 프랑스어 진짜 알아가기

▶ 저자 강의　🎧 70-02　　✏ MEMO

1. ne 동사 plus : 더 이상 ~하지 않아요

우리는 부정문을 만들 때 동사의 앞뒤로 'ne pas'를 붙여줬어요. 이때 'pas'의 자리에 'plus'를 대신 사용하면 '더 이상 ~ 하지 않아요'라는 의미가 돼요.

Je n'ai plus faim.	배가 불러요. (더 이상 배가 고프지 않아요.)
On n'a plus de lait.	우리 우유가 더 없어.

잠깐!

'ne plus' 뒤에도 부정의 de 용법이 사용돼요.

예) Je n'ai plus d'ami.   나는 더 이상 친구가 없다.
　　Tu n'as plus d'argent ?   너는 돈이 더 이상 없니?

2. 대명동사 (1) '서로'의 의미를 가진 동사

대명동사는 동사의 앞에 'se'라는 '재귀대명사'가 붙어있는 형태의 동사예요. 어떤 동사의 앞에 재귀대명사 se가 붙으면 의미가 추가된답니다. 오늘은 그 중에서도 '서로'라는 의미가 추가된 동사들을 보도록 할게요.

parler 말하다	se parler 대화하다 (서로 말하다)
téléphoner 전화를 걸다	se téléphoner 통화하다 (서로 전화하다)
voir 보다	se voir 만나다 (서로 보다)
aimer 사랑하다	s'aimer 서로 사랑하다
détester 싫어하다	se détester 서로 싫어하다
quitter 떠나다	se quitter 헤어지다 (서로가 떠나다)
disputer 다투다, 경쟁하다	se disputer 말다툼하다

동사 앞에 있는 재귀대명사 se는 주어에 따라 형태를 바꿔 주어야 해요. 'se parler' 동사를 예시로 함께 보도록 해요.

se parler 대화하다	
	nous nous parlons
	vous vous parlez
on se parle	ils / elles se parlent

★ 재귀대명사가 지난 시간 배웠던 간접목적보어 인칭대명사와 똑같이 생겼죠? 그렇다면 어떻게 구분하냐구요? 재귀대명사는 항상 주어와 일치시킨다는 점! 꼭 기억하세요.

동사 변형은 이전에 배웠던 것과 똑같이 해 주면 돼요. 이때 '서로'의 의미를 가진 대명동사는 주어가 복수형이라는 걸 알 수 있어요.

Elles se parlent encore ?	그녀들은 아직도 대화하고 있나요?
On se voit à 18 h devant la mairie !	우리 저녁 6시에 시청 앞에서 만나자.
Vous vous disputez beaucoup ?	여러분은 말다툼을 많이 하시나요?
On se téléphone ?	우리 통화할까?

3. 대명동사의 부정문

대명동사 문장을 부정문으로 만들 때도 동사의 앞뒤로 'ne pas'를 붙여 주면 돼요. 재귀대명사까지 동사에 포함되기 때문에 어순에 주의해 주세요.

On ne se dispute pas.	우리는 말다툼 안 해요.
Ils ne se parlent plus.	그들은 더 이상 대화를 안 해요.
Ils ne s'aiment plus.	그들은 더 이상 서로 사랑하지 않아요.
Ils ne se voient plus.	그들은 더 이상 만나지 않아요.

  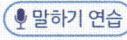

STEP 3 프랑스어 진짜 즐기기

아래 대화를 들으면서 오늘 배운 내용을 확인해 보세요.

 Camille: On va se quitter, Lucas.
우리 헤어지자, 뤼꺄.

 Lucas: Non. Pas question.
아니. 그건 말도 안 돼.

 Camille: On ne s'aime plus. On se dispute tout le temps.
우린 더 이상 사랑하지 않아. 항상 말다툼만 하는걸.

 Lucas: Non, non. Ça va aller.
아냐. 괜찮아질 거야.

단어
Pas question 말도 안 돼
tout le temps 항상

STEP 4 프랑스어 진짜 써먹기

나의 점수 ☐ / 10   정답 및 해석 p.19

✅ 정답 보기

1 제시된 대명동사의 우리말 뜻을 적어 보세요.

se parler	1.	se voir	2.
se détester	3.	se téléphoner	4.
s'aimer	5.		

2 MP3를 듣고, 빈칸에 알맞은 표현을 채워 보세요. 🎧 70-04

👩 On va 1. _____, Lucas.

👨 Non. 2. _____.

👩 On 3. _____. On 4. _____ tout le temps.

👨 Non, non. Ça va aller.

3 다음 문장을 프랑스어로 써 보세요.

나는 배가 불러요.

▶ _____

▶ 문제 해설 강의 틀리거나 헷갈리는 문제는 문제 해설 강의로 복습하세요.

🎯 오늘의 Mission 프랑스인 애인과 말다툼을 한다고 생각하면서 오늘 배운 표현을 복습해 보세요.

학습 종료

Jour 71

생활 루틴 말하기   학습 시작 ✈ 20

Je me lève à 7 h tous les jours.
나는 매일 7시에 일어나요.

오늘의 학습 내용을 확인해 보세요.

| ne 동사 rien | 대명동사 (2)
'스스로'의 의미를 가진 동사 |

▶ 전체 강의   ❓ 질문게시판   🎧 MP3

STEP 1 — 프랑스어 진짜 맛보기

▶ 저자 강의   🎧 71-01   🎤 말하기 연습

MEMO
☑ 반복학습 체크체크
MP3듣기 ○─○─○
따라읽기 ○─○─○

오늘 배울 내용을 예문으로 먼저 만나 보세요.

Je ne veux rien.	나는 아무것도 원하지 않아요.
Je me lève à 7 h.	나는 7시에 일어난다.
Je me douche tous les jours.	나는 매일 샤워를 해요.
Je veux me reposer chez moi.	저는 집에서 쉬고 싶어요.

🍎 **프랑스 진짜 여행 떠나기!**

살인적인 집값을 자랑하는 프랑스 파리, 돈이 여유롭지 못한 학생들은 어떻게 집을 구할까요? 대부분의 학생들은 함께 거주하는 공동생활 colocation으로 집을 찾는답니다. 거실이나 부엌을 함께 공유하고 각자의 방에서 거주하는 시스템이죠. 마치 어느 시트콤 드라마의 한 장면 같지 않나요?

Jour 71 1

STEP 2 프랑스어 진짜 알아가기

🎬 저자 강의 🎧 71-02

📝 MEMO

1. ne 동사 rien : 아무것도 ~하지 않다

우리는 부정문을 만들 때 동사의 앞뒤로 'ne pas'를 붙여줬어요. 이때 'pas'의 자리에 'rien'을 대신 사용하면 '아무것도 ~하지 않아요'라는 의미가 돼요.

Tu veux boire quelque chose ?	너 뭐 좀 마실래?
- Non, je ne veux rien.	아니. 난 아무것도 원하지 않아.
Tu vas manger quelque chose ?	너 뭐 좀 먹을래?
- Je ne veux rien manger.	나는 아무것도 먹고 싶지 않아.
Il fait du brouillard.	안개가 끼었네.
- Oui, on ne voit* rien !	그러게, 아무것도 안 보여!
Pourquoi tu ne dis rien ?	왜 아무 말도 하지 않니?
Pourquoi vous ne faites rien ?	왜 아무것도 하지 않으세요?

★ regarder와 voir의 차이점을 아시나요? 'regarder'는 의지를 가지고 보는 행동에 집중하는 것을 말해요. 'voir'는 큰 노력 없이 보이는 것을 의미하죠. 영어 표현과 비교해 보면 더 쉽게 알 수 있어요.
regarder = watch
voir = see

2. 대명동사 (2) '스스로'의 의미를 가진 동사

오늘은 재귀대명사 se가 붙어 '자기 스스로'의 의미가 추가된 동사들을 살펴봐요.

coucher 눕히다	se coucher 눕다 (자신을 눕히다)
lever 일으키다	se lever 일어나다 (자신을 일으키다)
laver 씻기다	se laver 씻다 (자신을 씻기다)
reposer 쉬게 하다	se reposer 쉬다 (자신을 쉬게 하다)
réveiller 깨우다	se réveiller (잠에서) 깨다 (자신을 깨우다)
doucher 샤워시키다	se doucher 샤워하다 (자신을 샤워시키다)
promener 산책시키다	se promener 산책하다 (자신을 산책시키다)

동사 앞에 있는 재귀대명사 se는 주어에 따라 형태를 바꿔 주어야 해요. 'se lever' 동사와 'se promener' 동사를 예시로 함께 보도록 해요.

se lever 일어나다		se promener 산책하다	
je me lève	nous nous levons	je me promène	nous nous promenons
tu te lèves	vous vous levez	tu te promènes	vous vous promenez
il / elle / on se lève	ils / elles se lèvent	il / elle / on se promène	ils / elles se promènent

지난번에 배웠던 acheter 동사가 발음 때문에 특이하게 변했던 것 기억나죠? lever 와 promener 역시 약한 발음 [으]가 연속으로 오는 것을 피하기 위해 'e'를 'è'로 바꿔 줘요.

> **MEMO**

Je me réveille à 7 h.	저는 7시에 잠에서 깨요.
Je me lève à 7 h 30.	저는 7시 30분에 (침대에서) 일어나요.
Tu te couches à quelle heure ?	너는 몇 시에 잠을 자?
Elle ne se lave pas le week-end.	그녀는 주말에 씻지 않아요.
Il se douche presque tous les jours.	그는 거의 매일 샤워를 해요.
On se promène après le déjeuner.	우리는 점심 식사 후 산책을 해요.
Je veux me reposer chez moi.	저는 집에서 쉬고 싶어요.

> 단어
>
> presque 거의

잠깐!
조동사와 함께 동사원형으로 쓰일 때도 재귀대명사는 주어에 일치시켜야 해요.
예) Je vais me promener. 나는 산책을 할 거예요.

STEP 3 프랑스어 진짜 즐기기 ▶저자 강의 🎧 71-03 🎤 말하기 연습

아래 대화를 들으면서 오늘 배운 내용을 확인해 보세요.

 Manon
Camille, elle ne mange rien.
꺄미유가 아무것도 먹지를 않아.

 Noah
Lucas non plus. Il ne dit rien !
뤼까도 그래. 아무 말도 안 한다니까!

 Manon
En ce moment, elle se lève à 15 h et se couche à 5 h. 요즘엔 낮 3시에 일어나서 아침 5시에 잠을 자더라.

 Noah
Lucas, il ne se repose pas.
뤼까는 쉬지를 않아.

 Manon
C'est quoi l'amour !
사랑이란 대체 뭘까!

STEP 4 프랑스어 진짜 써먹기

나의 점수 ☐ / 10   정답 및 해석 p.19

✅ 정답 보기

1 제시된 대명동사의 우리말 뜻을 적어 보세요.

se réveiller	1.	se coucher	2.
se promener	3.	se doucher	4.
se lever	5.		

2 제시된 우리말을 보고 빈칸에 알맞은 표현을 채워 보세요

1. Je _____ veux _____ manger.
   나는 아무것도 먹고 싶지 않아.

2. Elle ne _____ _____ pas le week-end.
   그녀는 주말에 씻지 않아요.

3. On _____ _____ après le déjeuner.
   우리는 점심 식사 후 산책을 해요.

4. Je _____ _____ à 7 h 30.
   저는 7시 30분에 (침대에서) 일어나요.

3 다음 문장을 프랑스어로 써 보세요.

저는 집에서 쉬고 싶어요.

▶ _____

▶ 문제 해설 강의) 틀리거나 헷갈리는 문제는 문제 해설 강의로 복습하세요.

🎯 오늘의 Mission) 여러분의 라이프 스타일은 어떤가요? 여러분의 하루 일과를 프랑스어로 설명해 보세요.

학습 종료

Jour 72

Exercice ⑫
연습 문제

Jour 67~71 복습하기

나의 점수 ☐ / 30   정답 및 해설 p.20

1 프랑스어 단어와 우리말 뜻을 짝지어 보세요.

1. réduction •   • a 스웨터
2. pantoufles •   • b 스니커즈
3. doudoune •   • c 할인
4. pull •   • d 실내화
5. tennis •   • e 패딩

2 프랑스어 단어에 해당하는 색을 짝지어 보세요.

1. orange •   • a 노란색
2. vert •   • b 검은색
3. jaune •   • c 주황색
4. noir •   • d 초록색
5. bleu ciel •   • e 하늘색

3 각 인물들의 설명을 보고 빈칸에 들어갈 알맞은 말을 프랑스어로 적어보세요. (복수 정답 가능)

	Manon	Lucas	Noah	Camille
옷 사이즈	35	38	XL	M
신발 사이즈	36.5	41	43	38
좋아하는 색상	rouge	blanc	bleu	violet

1. Manon, quelle pointure faites-vous ?

   ▶ Je _____ _____ _____ _____ _____.

2. Lucas, quelle taille faites-vous ?

   ▶ Je _____ _____ _____.

3. Noah, quelle couleur aimes-tu ?

   ▶ J'aime le _____.

4. Camille, quelle taille faites-vous ?

   ▶ Je _____ _____ _____.

4 다음 문장에서 틀린 부분을 찾아 올바르게 고쳐 보세요.

1. Je vais se laver !   ▶ _____

2. Il se leve à 8 h.   ▶ _____

3. Tu n'as plus de l'argent ?   ▶ _____

4. On se promene après le déjeuner. ▶ _____

5. Je vais porter un pull blanche. ▶ _____

5 제시된 우리말을 보고 빈칸에 알맞은 단어를 채워 보세요.

1. Je _____ veux _____ manger.   나는 아무것도 먹고 싶지 않아.

2. Je _____ _____ à 7 h.   저는 7시에 잠에서 깨요.

3. Nous _____ nous aimons _____.   우리는 더 이상 사랑하지 않아.

4. C'est _____.   품절입니다.

6 제시된 문장을 부정문으로 바꾸어 보세요.

1. Ça me va bien.   ▶ _____

2. Ça vous plaît ?   ▶ _____

3. On se dispute beaucoup.   ▶ _____

4. Il y a une réduction ?   ▶ _____

7 다음 문장을 프랑스어로 써 보세요.

1. 그냥 둘러볼게요.
   ▶ _____

2. 좀 더 생각해 볼게요.
   ▶ _____

3. 너 피곤해 보여.
   ▶ _____

쉬어가기

정말 프랑스 와인이 세계에서 제일 맛있을까?

1976년, 한 와인 블라인드 테스트가 프랑스 파리에서 개최되었어요. 전 세계 와인을 대상으로 진행된 이 테스트에서, 사람들은 모두 최고급의 품질을 자랑하는 프랑스 와인이 다른 와인들을 압도적으로 이길 것이라 예측했어요. 특히 프랑스 국내에서는 이렇게 생각했죠.

"아무리 다른 나라 와인의 품질이 높아진다고 해도 프랑스 와인에 견줄 것은 아니지!"

이러한 자부심은 프랑스인뿐만 아니라 국제적인 와인 전문가들 사이에서도 일반적으로 퍼져 있었어요. 그 당시 미국, 특히 캘리포니아의 와인 산업이 발전하고 있던 중인데도 프랑스인들은 외국 와인에 대해 냉담한 태도를 보였습니다.

그리고 대망의 블라인드 테스트 날. 파리의 한 호텔에서 11명의 평론가들이 참석한 가운데 와인 테스트가 진행되었어요. 11명의 평론가들 중 9명은 프랑스 사람이었는데, 당시 와인 전문가는 대부분 프랑스 출신이었기 때문에 이상한 일은 아니었어요. 게다가 블라인드 테스트였기 때문에 공정성에 문제는 없었죠.

맞아요. 공정성은 전혀 문제가 되지 않았어요! 이 심사의 결과는 프랑스인들에게 큰 충격을 안겼거든요!

- ☑ 레드 와인 부문 1등: **미국**의 1973년산 스택스 립 와인 셀러 카베르네 소비뇽
- ☑ 화이트 와인 부문 1등: **미국**의 1973년산 샤또 몬텔레나

놀랍게도 레드 와인 부문 상위 5위권 안에는 미국산 와인이 무려 3병이나 포함되어 있었어요. 화이트 와인 부문에서 1등을 차지한 와인의 가격은 2등이었던 프랑스 와인의 1/3 밖에 되지 않았다는 점도 충격적이었죠.

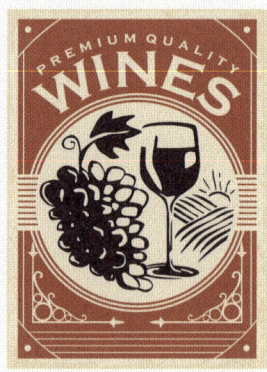

이 충격적인 사건은 '파리의 심판'으로 불리며, 프랑스 와인의 우월성에 대한 인식을 변화시키는 중요한 사건으로 기억되고 있답니다.

▶ 문제 해설 강의 틀리거나 헷갈리는 문제는 문제 해설 강의로 복습하세요.
🎯 오늘의 Mission 지금까지 배운 여러 표현들의 긍정문과 부정문을 자유자재로 사용할 수 있을 때까지 연습해 보세요.

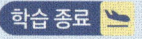

프랑스어 진짜학습지 첫걸음 부록

발음편

프랑스어 진짜학습지 첫걸음 부록 발음편

학습 목차

Jour 01 프랑스어 알파벳과 모음 발음하기	p. 3
Jour 02 프랑스어 자음 발음하기	p. 6
Jour 03 프랑스어 자음 완성하기	p. 10
Jour 04 악썽(accent)과 복합모음	p. 14
Jour 05 비모음	p. 20
Jour 06 반모음	p. 24
Jour 07 복합자음	p. 28
Jour 08 빵과 디저트 발음하기	p. 30
Jour 09 프랑스 요리 발음하기	p. 32
Jour 10 프랑스어의 연음	p. 34
Jour 11 프랑스어 문장 읽기	p. 38

Jour 01

알파벳과 모음

학습 시작 20

프랑스어 알파벳과 모음 발음하기

오늘의 미션
- ☑ 프랑스어 알파벳 읽어보기
- ☑ 프랑스어 모음 6개 발음하기

전체 강의 | 질문게시판 | MP3

1 프랑스어 알파벳 읽기

A	B	C	D	E
아	B베	쎄	데	으
F	G	H	I	J
에-프	줴	아-슈	이	쥐
K	L	M	N	O
꺄	엘-르	엠-므	엔-느	오
P	Q	R	S	T
뻬	뀌	에-흐	에-쓰	떼
U	V	W	X	Y
위	V베	두블르V베	익-쓰	이그헥-끄
Z				
제-드				

TIP 프랑스어는 마지막 발음이 늘어지는 경향이 있어요.

2 프랑스어 모음

프랑스어의 모음은 6개예요.

A a   E e   I i   O o   U u   Y y

A a 정직한 [아]

sala**de**
[쌀라-드]
샐러드

ami
[아미]
친구

> TIP 프랑스어에는 장단이 있어요.

O o 정직한 [오]

m**o**t**o**
[모↘또]
오토바이

orange
[오헝쥬]
오렌지

> TIP 프랑스어는 점점 음이 내려가요.

I i 살짝 웃는 [이]

Par**i**s
[빠히]
파리

l**i**t
[리]
침대

> TIP 프랑스어에서는 마지막 자음을 발음하지 않아요.

U u 입술은 우, 발음은 [위]

buffet
[뷔페]
뷔페

tu
[뛰]
너

> TIP 입술이 움직이지 않는 [위]

Y y 살짝 웃는 [이]

stylo
[스띨로]
펜

bicyclette
[비씨끌레뜨]
자전거

E e 대부분 [으], 어떤 때는 [에]

1) [으]로 발음하는 경우 ([으]는 발음 중 최약체!)

samedi
[싸므디]
토요일

madame
[마담므]
마담

2) [에]로 발음하는 경우 : er, es, et, el

papier
[빠삐에]
종이

ciel
[씨엘르]
하늘

🎯 오늘의 Mission   MP3를 들으며 오늘 배운 내용을 여러 번 따라 읽어 보세요.   학습 종료

Jour 02

자음 ①

학습 시작 20 . . .

프랑스어 자음 발음하기

오늘의 미션

☑ 영어와는 꽤 다른 프랑스어 자음 5개 발음하기 (R / C / G / H / K)

전체 강의 질문게시판 MP3

1 프랑스어 자음

A	B	C	D	E
아↘	B베	쎄	데	으
F	G	H	I	J
에-프	줴	아-슈	이	쥐
K	L	M	N	O
꺄	엘-르	엠-므	엔-느	오
P	Q	R	S	T
뻬	뀌	에-흐	에-쓰	떼
U	V	W	X	Y
위	V베	두블르V베	익-쓰	이그헥-끄
Z				
제-드				

2 영어와는 발음이 다른 프랑스어 자음

R r   코고는 소리 [흐]

rose [호오즈] 장미꽃	mer [메흐] 바다

C c   쎄쎄쎄~ [쓰]

ciel [씨엘르] 하늘	cil [씰르] 속눈썹

알파벳 C는 모음 o, a, u 와 만나면 발음이 바뀌어요.

co [꼬]	ca [까(꺄)]	cu [뀌]
coca [꼬꺄] 콜라	canard [꺄나흐] 오리	culture [뀔뛰흐] 문화

단, 아래 **돼지 꼬리(cédille)**가 붙으면(ç) 다시 [쎄~] 발음으로 돌아와요.

ço [쏘]	ça [싸]	çu [쒸]
leçon [르쏭] 수업	ça [싸] 이것, 저것, 그것	reçu [흐쒸] 영수증

G g   쥬세요~ [쥬]

	**g**ym [쥠므] 헬스장		**g**irafe [쥐하프] 기린

알파벳 G도 모음 o, a, u 와 만나면 발음이 바뀌어요.

go [고]	**ga** [가(갸)]	**gu** [귀]
gorge [고흐쥬] 목(구멍)	**ga**rçon [갸흐쏭] 소년	ai**gu** [에귀] 날카로운, 뾰족한

단, 바로 뒤에 e가 붙으면 다시 [쥬~] 발음으로 돌아와요.

geo [죠]	**geu** [쥬]	
pi**geo**n [삐죵] 비둘기	avanta**geu**x [아v벙따쥬] 유리한, 유익한	coura**geu**x [꾸하쥬] 용감한

H h   H는 묵음이야~ [∅]

	**h**omme [옴므] 남자		**h**iver [이v베흐] 겨울

K k   정직한 된소리 [ㄲ]

	**kiwi** [끼위] 키위		**ketchup** [께첩쁘] 케첩

TIP ▶ K는 외래어에서 쓰이는 알파벳이에요.

오늘의 Mission MP3를 들으며 오늘 배운 내용을 여러 번 따라 읽어 보세요.

학습 종료

Jour 03 자음 ②

프랑스어 자음 완성하기

오늘의 미션
☑ 프랑스어의 모든 자음을 마스터한다!

학습 시작 20 . .

전체 강의 | 질문게시판 | MP3

MP3 전체 듣기

1 프랑스어 자음 연습

B b 두 입술을 딱 붙였다가 떼면서 [브]

ballet
[발레]
발레

bus
[뷰쓰]
버스

V v 입술과 이가 스치며 [v브]

vert
[v베흐]
초록색

vase
[v바즈]
꽃병

D d 정직한 디귿 발음 [드]

diable
[디아블르]
악마

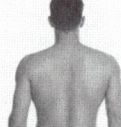
dos
[도]
등

F f   입술과 이가 스치며 [f프]

farine
[f파힌느]
밀가루

fil
[f필르]
실, 끈

P p   정직한 [쁘]

pomme
[뽐므]
사과

police
[뽈리쓰]
경찰

> **TIP** 원어민 같은 P 발음 꿀팁! 한글 '쁘' 발음에 숨을 3배 더 섞어요.

J j   핸드폰 진동모드 [쥬]

joli
[죨리]
예쁜

jupe
[쥡쁘]
치마

L l   굴리지 않고 담백하게 [르]

lit
[리]
침대

lune
[륀느]
달

M m   그라데이션으로 커지는 [음므]

	**miel** [(음)미엘르] 꿀		**mars** [(음)마흑쓰] 3월

N n   그라데이션으로 커지는 [은느]

	**note** [(은)노뜨] 기록		**nez** [(은)네] 코

Q q   정직한 [끄]

	**coq** [꼬끄] 수탉		**quatre** [꺄트흐] 숫자 4

T t   정직한 [뜨]

	**petit** [쁘띠] 작은	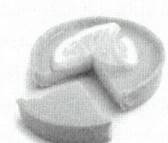	**tarte** [따흐뜨] 타르트

S s   정직한 [쓰]

	**sac** [싹끄] 가방		**soldat** [쏠다] 군인

W w   숨소리 가득 [우], 극히 드물게 [v브]

	**whisky** [위쓰끼] 위스키		**wagon** [v바공] 객차, 차량

TIP W는 외래어에서 쓰이는 알파벳이에요.

X x   정직한 [쓰]

	**six** [씨쓰] 숫자 6		**dix** [디쓰] 숫자 10

Z z   핸드폰 진동모드 [즈]

	**zoo** [z조오] 동물원		**zip** [z집쁘] 지퍼

TIP 아주 멀리서부터 진동을 모아오면서 즈-!

오늘의 Mission MP3를 들으며 오늘 배운 내용을 여러 번 따라 읽어 보세요.   학습 종료

Jour 04 프랑스어만의 특이한 발음 ① 학습 시작 20 . . .

악썽(accent)과 복합모음

오늘의 미션

☑ 악썽을 배워요.   ☑ 복합모음을 배워요.

전체 강의   질문게시판   MP3

1 Accent 악썽

Accent은 모음 위에 붙여진 철자 기호예요.

é	accent aigu [악썽 떼귀]	ë ï ü	tréma [트헤마]
à è ù	accent grave [악썽 그하브]	â ê î ô û	accent circonflexe [악썽 씨흐꽁f플렉스]

Q Accent 악썽은 왜 쓰나요?

1) 발음을 바꿔주려고 사용해요.

e [으] ➡ é [에]

2) 뜻을 구별해주려고 사용해요. 악썽은 스펠링에 포함되기 때문에 악썽이 틀리면 다른 단어가 돼요.

ou [우] 또는 ➡ où [우] 어디

é ê è 악썽의 종류와 관계없이 모두 [에]

é 예쁘게 웃는 [에]

café
[꺄페]
커피

été
[에떼]
여름

ê 무표정으로 크게 [에]

fête
[f페뜨]
축제

tête
[떼뜨]
머리

è 무표정으로 크게 [에]

père
[뻬흐]
아버지

mère
[메흐]
어머니

à â 악썽이 있으나 없으나 [아]

à 정직한 [아]

oh là là
[올랄라]
어머나

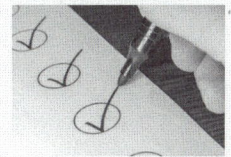
déjà
[데쟈]
이미

â	정직한 [아]		
	**âge** [아쥬] 나이		**âne** [안느] 당나귀

û ù	악썽이 있으나 없으나 입술은 우, 발음은 [위]		
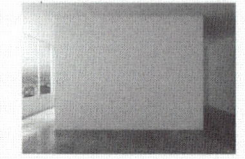	**mur** [뮈흐] 벽		**mûr** [뮈흐] (과일이) 익은

TIP ù는 거의 사용되지 않아요.

ô	악썽이 있으나 없으나 정직한 [오]		
	**hôtel** [오뗄] 호텔	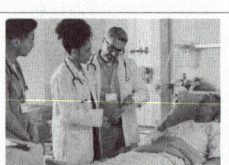	**hôpital** [오삐딸] 병원

î	악썽이 있으나 없으나 정직한 [이]		
	**île** [일르] 섬		**huître** [위트흐] 굴

2 복합모음

> 복합모음 : 모음 + 모음 = 새로운 발음
>
> a + i = ai
> [아] [이] [에]

ai   [아이]가 아니라 [에]

mai**son**
[메종]
집

pai**x**
[뻬]
평화

ei   [에이]가 아니라 [에]

nei**ge**
[네쥬]
눈

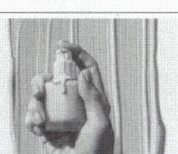
bei**ge**
[베쥬]
베이지색

au   [아우]가 아니라 [오]

restau**rant**
[헤쓰또헝]
식당

au**truche**
[오뜨휘슈]
타조

17

eau   정직한 [오]

bateau
[바또]
배

châ**t**eau
[샤또]
성

ou   [오우]가 아니라 [우]

s**ou**pe
[숩쁘]
수프

t**ou**s les j**ou**rs
[뚤레쥬흐]
매일

eu   입술은 우 발음은 [으/외]

bl**eu**
[블뢰]
파란색

h**eu**re
[외흐]
시간

œu   입술은 우 발음은 [으/외]

v**œu**
[v뵈]
맹세

œuf
[외f프]
달걀

TIP oeu와 œu는 같은 철자예요! 정확한 철자는 œu지만, 프랑스인들은 편의상 oeu로 많이 사용한답니다.

oi 놀란듯이 [우아]

	**cro**i**ssant** [크후아썽] 크로와상		**b**oi**s** [부아] 숲, 나무

오늘의 Mission   MP3를 들으며 오늘 배운 내용을 여러 번 따라 읽어 보세요.   학습 종료

Jour 05

프랑스어만의 특이한 발음 ② 학습 시작 20

비모음

오늘의 미션
- ☑ 콧소리 비모음을 배워요.

전체 강의 질문게시판 MP3

비모음

> 비모음 : 코가 찡 울리는 소리
> 코에서 숨이 나와야 한다.
>
> **ã õ ɛ̃ œ̃**
> [엉] [옹] [앙] [앙]
>
> 모음 뒤에 n 과 m이 오면 **콧소리 'ㅇ'** 가 난다.
> 모음 + n → 'ㄴ' 소리가 아니라 'ㅇ'
> 모음 + m → 'ㅁ' 소리가 아니라 'ㅇ'

비모음 ã   엉 80% 앙 20% [엉]

an	
 **or**a**nge** [오헝쥬] 오렌지	 **an**glais [엉글레] 영어(의)

am

lampe
[렁쁘]
램프

jambon
[졍봉]
햄

en

enfant
[엉f펑]
아이

encore
[엉꼬흐]
아직, 다시 (또)

em

ensemble
[엉썽블]
함께

décembre
[데썽브흐]
12월

비모음 ɛ̃   앙 80% 엉 20% [앙]

in

vin
[v방]
와인

intelligent
[앙뗄리졍]
똑똑한

im

simple
[쌩쁠르]
간단한

important
[앙뽀흐떵]
중요한

yn / ym   yn는 드물게 등장

sympa
[쌩빠]
호감을 주는

symbole
[쌩볼르]
상징

ain / aim

p**ain**
[빵]
빵

f**aim**
[f팡]
배고픔

ein / eim   eim는 드물게 등장

r**ein**s
[항]
허리

pl**ein**
[쁠랑]
가득 찬

비모음 œ̃   입 작게 열고 앙 60% 엉 40% [앙]

un / um

lundi
[랑디]
월요일

par**fum**
[빠흐f팡]
향수

> **TIP** 비모음 œ̃ 과 ɛ̃ 은 발음에 거의 차이가 없어요.

비모음 õ   코가 찡 울리는 [옹]

on

b**on**b**on**
[봉봉]
사탕

macar**on**
[마꺄홍]
마카롱

om

b**om**be
[봉브]
폭탄

ombre
[옹브흐]
그늘

오늘의 Mission MP3를 들으며 오늘 배운 내용을 여러 번 따라 읽어 보세요.

학습 종료

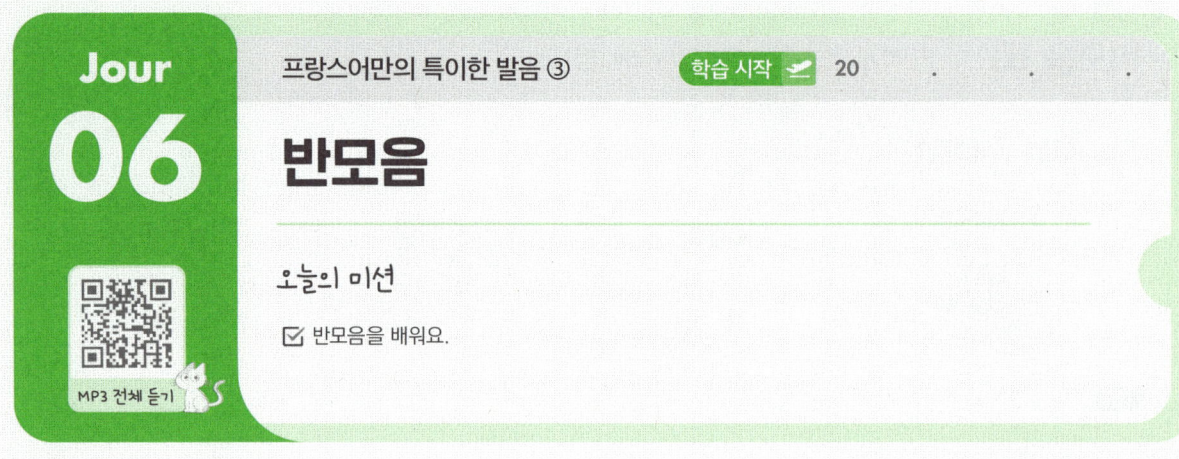

반모음

> 반모음 (= 반자음) : 아주 짧게 소리나는 모음 (입술이나 혀가 움직인다.)
>
> ㅑ ㅕ ㅛ ㅠ …
>
> TIP 끊어 읽지 않고 부드럽게 이어 발음하면 반모음은 끝~

반모음 j [이유]

모음 + y : y = i + i 로 발음

ay	ey
[ai + i] [에이]	[ei + i] [에이]
crayon	Asseyez-vous
[크헤이용]	[아쎄이예 v부]
연필	앉으세요

TIP ey는 드물게 등장해요.

-il	빠르게 [이유]

 **ail** [아이유] 마늘

 **soleil** [쏠레이유] 태양

-ill	빠르게 [이유]

 **famille** [f파미유] 가족

 **vanille** [v바니유] 바닐라

-ill	정직하게 [일르]

 **ville** [v빌르] 도시

 **mille** [밀르] 숫자 1000

euil / œil	빠르게 [외이유]

 **mille-feuille** [밀 f푀이유] 밀푀유

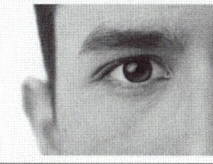 **œil** [외이유] 눈

반모음 ɥ [위외]

u + 모음

ua / ue
[위야] / [위예]

nuage
[뉘야쥬]
구름

muet
[뮈예]
무음의

ui
[위이]

nuit
[뉘이]
밤

cuisine
[뀌진]
부엌

ue
[으]

bague
[바그]
반지

disque
[디쓰끄]
음반

TIP 단어의 마지막에 오면 [으]

반모음 w [우워]

ou + 모음

oui
[우위]

oui
[우위]
네

épanoui
[에빠누위]
꽃이 핀

oue
[우웨]

ouest
[우웨쓰뜨]
서쪽

jouet
[쥬웨]
장난감

oy
[oi + i] [우아 이]

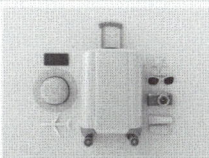
voyage
[v부아야쥬]
여행

royal
[후아얄]
왕의, 왕립의

오늘의 Mission MP3를 들으며 오늘 배운 내용을 여러 번 따라 읽어 보세요.   학습 종료

Jour 07

프랑스어만의 특이한 발음 ④ 학습 시작 20

복합자음

오늘의 미션
- [ ] 복합자음을 배워요.

복합자음

> 복합자음 : 자음 + 자음 = 새로운 발음
>
> p + h = ph
> [ㅃ] + [Ø] = [fㅍ]

ph [fㅍ]

photo
[f포또]
사진

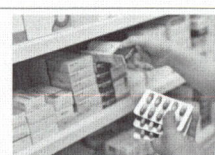

pharmacie
[f파흐마씨]
약국

ch [슈] / [ㄲ]

chocolat
[쇼꼴라]
초콜릿

or**ch**estre
[오흐께스트흐]
오케스트라

gn [(으)뉴]

	**campa**gne [껑빤뉴] 시골		**mi**gn**on** [미뇽] 귀여운

th [ㄸ]

	**th**é [떼] 차		**th**on [똥] 참치

sc   뒤따르는 모음에 따라서 [ㅆ] / [ㅆㄲ]

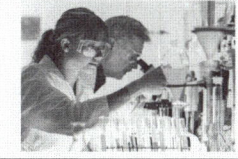	**sc**ience [씨엉쓰] 과학		**sc**ène [쎈] 장면

알파벳 C처럼 SC도 모음 o, a, u 와 만나면 발음이 바뀌어요.

sco [쓰꼬]	**sca** [쓰까(까)]	**scu** [쓰뀌]
scolaire [쓰꼴레흐] 학교의	**sca**ndale [쓰껑달] 스캔들	**scu**lpture [쓰뀔뛰흐] 조각상

오늘의 Mission   MP3를 들으며 오늘 배운 내용을 여러 번 따라 읽어 보세요.

학습 종료

Jour 08 — 빵과 디저트 발음하기

틀리기 쉬운 발음 체크

학습 시작 📘 20 . . .

오늘의 미션
- ☑ 틀리기 쉬운 발음들을 체크해요.
- ☑ 빵과 디저트 이름을 읽어 보며 이제까지 배운 발음들을 복습해요.

1 단어 끝에서 자주 발음되는 자음 : C, R, F, L, Q

	**sac** [싹끄] 가방	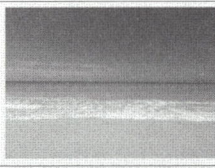	**mer** [메흐] 바다
	**positif** [뽀지띠f프] 긍정적인		**hôtel** [오뗄] 호텔
	**coq** [꼬끄] 수탉		

2 빵 발음하기

	**baguette** [바겔뜨] 바게트		**pain de mie** [빵 드 미] 식빵
	**croissant** [크후아썽] 크루아상		**pain au chocolat** [빵 오 쇼꼴라] 초코빵

 **brioche** [브히오슈] 브리오슈	

3 디저트 발음하기

	**macaron** [마꺄홍] 마카롱		**éclair** [에끌레흐] 에끌레어
	**financier** [f피넝씨에] 휘낭시에		**cannelé** [꺄늘레]/[깐레] 까눌레
	**mille-feuille** [밀 f푀이유] 밀푀유		**chou à la crème** [슈 알 라 크헴] 슈크림

오늘의 Mission MP3를 들으며 오늘 배운 내용을 여러 번 따라 읽어 보세요.

Jour 09

프랑스어 발음 체크

학습 시작 ✈ 20

프랑스 요리 발음하기

오늘의 미션

☑ 맛있는 프랑스 요리 이름을 읽어 보며 발음을 복습해요.

MP3 전체 듣기

▶ 전체 강의   ❓ 질문게시판   🎧 MP3

요리 발음하기

jambon beurre
[졍봉 뵈흐]
잠봉뵈르

quiche
[끼슈]
키쉬

croque monsieur
[크호끄 므씨유]
크로크무슈

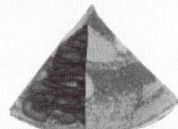
crêpe
[크헵쁘]
크레페

escargot
[에쓰꺄흐고]
에스카르고 (달팽이)

ratatouille
[하따뚜이으]
라따뚜이

foie gras
[f푸아 그하]
푸아그라

bœuf bourguignon
[뵈f프 부흐귀뇽]
뵈프 부르기뇽

 **coq au vin**
[꼬 꼬 v뱅]
꼬꼬뱅

 **bouillabaisse**
[부이야베쓰]
부야베스

 **pot au feu**
[뽀 또 f푀]
포토푀

 **soupe à l'oignon**
[쑵빠로뇽]
양파 수프

오늘의 Mission MP3를 들으며 오늘 배운 내용을 여러 번 따라 읽어 보세요.

Jour 10 — 연음

프랑스어의 연음

오늘의 미션
- ☑ 프랑스어의 연음(liaison)을 익혀요.

---

1 연음이란?

liaison [리에종] : 발음이 나지 않는 자음 + 모음/무음 h
= 자음이 발음되는 현상

pet**i**t [쁘띠]	작은	**a**mi [아미]	친구	pet**it a**mi [쁘띠 따미]	애인, 남자친구
gran**d** [그헝]	큰	**h**omme [옴므]	남자	gran**d h**omme [그헝 똠므]	키가 큰 남자

2 연음 규칙

1) s, x, z

> **TIP** 연음이 되면서 자음 발음은 강하고 센 발음으로 바뀐다.
>
> -s / -x / -z ➡ [ㅈ]

grand**s** [그헝]	큰	**h**ommes [옴므]	남자들	grand**s h**ommes [그헝 좀므]	키가 큰 남자들
deu**x** [되]	숫자 2	**e**nfants [엉펑]	아이들	deu**x e**nfants [되 정펑]	두 명의 아이들

chez [쉐]	~집에(서)	elle [엘르]	그녀	chez elle [쉐 젤르]	그녀의 집에서

2) d, t

복습! 연음이 되면서 자음 발음은 강하고 센 발음으로 바뀐다.

-d / -t ➡ [ㄸ]

grand [그헝]	큰	amour [아무흐]	사랑	grand amour [그헝 따무흐]	큰 사랑
petit [쁘띠]	작은	ami [아미]	친구	petit ami [쁘띠 따미]	애인, 남자친구

3) n

주의! 연음이 되면서 비모음은 사라진다.

-n ➡ [ㄴ]

mon [몽]	나의	ami [아미]	친구	mon ami [모나미]	내 친구
mon [몽]	나의	école [에꼴]	학교	mon école [모네꼴]	내 학교

4) f

-f ➡ [vㅂ]

neuf [뇌f프]	숫자 9	heures [외흐]	시간	neuf heures [뇌v뵈흐]	9시

3 연음하지 않는 경우

1) 유음 h

> **liaison [리에종]** : 발음이 나지 않는 자음 + 모음/무음 h
> = 자음이 발음되는 현상
>
> 주의! 유음 h는 연음하지 않는다.
>
> ## H h [아쉬]
>
> 대부분의 H는 무음 h
> 유음 h는 매우 드물다.
>
> **TIP** 유음 h가 들어간 단어는 사전에서 십자 표시가 있다.
>
> ## † héros
>
> 1. 영웅 2. 위인 3. 주인공

un [앙]	숫자 1	hibou [이부]	부엉이	un hibou [앙 이부]	부엉이 한 마리
trois [트후아]	숫자 3	héros [에호]	영웅들	trois héros [트후아 에호]	3명의 영웅들

2) et 뒤에서

un café et un croissant   커피 한 잔과 크루아상 한 개
[앙 까페 에 앙 크후아썽]

3) 주어가 고유명사일때

Louis est gentil.   루이는 친절해요.
[루이 에 정띠]

Paris est beau.   파리는 예뻐요.
[빠히 에 보]

4) 단수명사 + 형용사

un chien adorable 사랑스러운 강아지 한 마리
[앙 쉬앙 아도하블르]

un collier élégant 우아한 목걸이 하나
[앙 꼴리에 엘레겅]

Jour 11

억양과 박자

학습 시작 20

프랑스어 문장 읽기

오늘의 미션
- ☑ 프랑스어의 억양과 박자를 마스터해요.

MP3 전체 듣기

전체 강의 | 질문게시판 | MP3

1 Intonation 이란?

intonation [앙또나씨옹] : 1. 음정 2. 어조 3. 억양

TIP 기본적으로 문장의 끝에서와 할 말이 끝났을 때는 끝을 내려↘ 말한다.

2 기본 억양

Je m'appelle Zoé.   제 이름은 조에입니다.
[쥬 마뻴르 조에↘]

Je t'aime.   나는 널 좋아해.
[쥬 뗌므↘]

Tu m'aimes ?   너 나 좋아하니?
[뛰 멤므↗]

3 끝이 올라가는 경우

1) 질문/제안할 때

Vous êtes français ?   당신은 프랑스 사람인가요?
[v부 젯뜨 f프헝쎄↗]

Vous voulez un macaron ?
[v부 v불레 앙 마꺄홍↗]

당신은 마카롱 하나를 원하시나요?

Ça va ?
[싸 v바↗]

괜찮으세요?

Ça va.
[싸 v바↘]

괜찮아요.

2) 할 말이 남았을 때

Bonjour, je suis Zoé.
[봉쥬흐↗ 쥬 쒸 조에↘]

안녕하세요, 저는 조에입니다.

Je vais bien, merci.
[쥬 v베 비앙↗ 메흐씨↘]

저는 잘 지내요, 감사합니다.

3) 실전 회화 발음하기

Lucas : Bonjour, je m'appelle Lucas.
[봉쥬흐↗ 쥬 마뻴 뤼꺄↘]

안녕하세요, 제 이름은 Lucas(뤼꺄)예요.

Sylvie : Ah oui, je suis Sylvie.
[아 위↗ 쥬 쒸 씰v비↘]

아 네, 전 Sylvie(실비)예요.

Lucas : Vous êtes française ?
[v부 젯뜨 f프헝쎄즈↗]

당신은 프랑스 사람인가요?

Sylvie : Non, je suis coréenne.
[농↗ 쥬 쒸 꼬헤엔느↘]

아뇨. 저는 한국인이에요.

Lucas : Moi, je suis français.
[모아↗ 쥬 쒸 f프헝쎄↘]

저는 프랑스인이에요.

Sylvie : Enchantée, Lucas.
[엉셩떼↗ 뤼꺄↘]

만나서 반가워요, Lucas.

Lucas : Bonne journée, Sylvie.
[본느 쥬흐네↗ 씰v비↘]

좋은 하루 되세요, Sylvie.

Sylvie : Au revoir.
[오 흐v부아흐↘]

다음에 또 봬요.

오늘의 Mission MP3를 들으며 오늘 배운 내용을 여러 번 따라 읽어 보세요.

학습 종료

진짜학습지

프랑스어 진짜학습지 첫걸음 부록

성취도평가

프랑스어 진짜학습지 첫걸음 부록 성취도평가

여러분의 프랑스어 실력을 점검할 수 있도록, **프랑스어 진짜학습지 첫걸음 교재**의 학습 진도율에 맞춰 총 4회분의 성취도평가를 제공합니다.

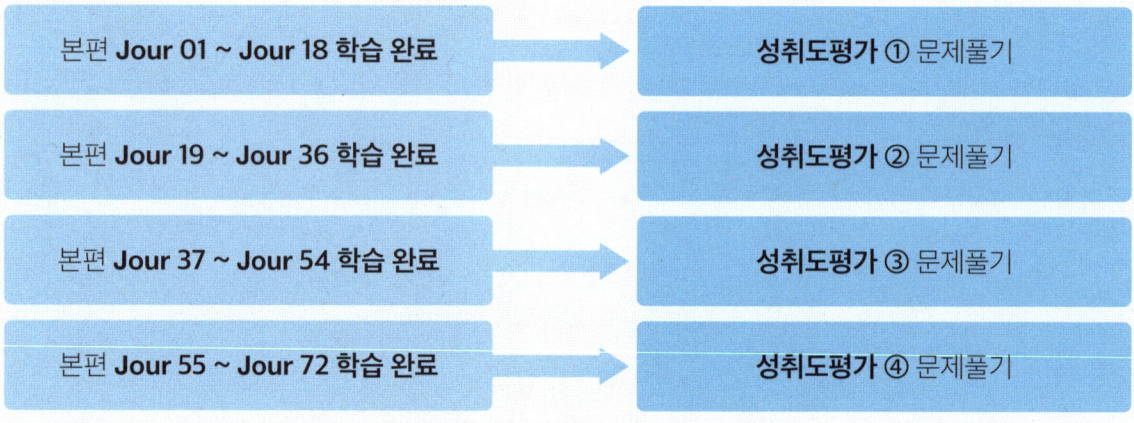

본편 Jour 01 ~ Jour 18 학습 완료	→	성취도평가 ① 문제풀기
본편 Jour 19 ~ Jour 36 학습 완료	→	성취도평가 ② 문제풀기
본편 Jour 37 ~ Jour 54 학습 완료	→	성취도평가 ③ 문제풀기
본편 Jour 55 ~ Jour 72 학습 완료	→	성취도평가 ④ 문제풀기

성취도평가 문제를 풀어 보면서
여러분의 프랑스어 실력을 마지막으로 확인해 보세요!

프랑스어 진짜학습지 첫걸음　　　　　　　　20　．　．

성취도평가 ①

나의 점수 　 / 20

평가 부분　본편 Jour 01 ~ Jour 18 학습 내용

1 être 동사의 현재 시제 변형이 <u>잘못된</u> 문장을 고르세요.

　① Je suis Camille.

　② Tu est Lucas.

　③ Vous êtes Manon.

　④ Ils sont Lucas et Noah.

2 국가명과 국적 형용사가 <u>잘못</u> 연결된 것을 고르세요.

　① Corée – coréen / coréenne

　② France – français / française

　③ Chine – chinoi / chinoie

　④ Espagne – espagnol / espagnole

3 다음 한국어 문장을 프랑스어로 올바르게 바꾼 문장을 고르세요.

　보기　　　　　　　　　너희는 일본인이야.

　① Ils sont japonais.

　② Je suis japonaise.

　③ Tu es japonais.

　④ Vous êtes japonais.

4 여성 명사만 나열된 선택지를 고르세요.

① pomme, idée, femme, chambre

② café, vin, garçon, chat

③ maison, fille, chien, policier

④ courage, chance, journée, soirée

5 성수일치가 잘못된 문장을 고르세요.

① Je suis jeune.

② Elle est beau.

③ Nous sommes grands.

④ Il est chic.

6 다음 질문의 대답으로 어울리지 않는 것을 고르세요.

| 보기 |

Es-tu Coréen?

① Non, je suis coréen.

② Non, je suis chinois.

③ Non, je ne suis pas coréen.

④ Non, je suis espagnol.

7 다음 질문의 대답으로 틀린 문장을 고르세요.

| 보기 |

Vous n'êtes pas coréens ?

① Non, nous ne sommes pas coréens.

② Oui, nous sommes coréens.

❸ Non, nous sommes japonais.

❹ Si, nous sommes coréens.

8 다음 한국어 문장을 프랑스어로 올바르게 바꾼 것을 고르세요.

> 보기
> 그녀들은 키가 크고 귀여워요.

❶ Elles sont grand et mignon.

❷ Elles sont grande et mignonne.

❸ Elles sont grands et mignons.

❹ Elles sont grandes et mignonnes.

9 다음 중 성격을 나타내는 형용사가 <u>아닌</u> 것을 고르세요.

❶ sympa

❷ calme

❸ gentil

❹ mince

10 다음 중 성수일치가 <u>잘못된</u> 문장을 고르세요.

❶ Il est triste.

❷ Elle est content.

❸ Ils sont déprimés.

❹ Vous êtes heureux.

11 다음 중 프랑스어 문장과 뜻이 잘못 짝지어진 문장을 고르세요.

① Ça va ? – 괜찮아요?

② Je vais bien. – 저는 괜찮아요. (잘 지내요.)

③ Elle est surprise. – 그녀는 화가 나요.

④ Tu es triste ? – 너는 슬프니?

12 다음 중 명사와 형용사의 성수일치가 잘못된 문장을 고르세요.

① grande maison

② vieux chien

③ bonne vin

④ jolie femme

13 다음 중 문법적으로 틀린 문장을 고르세요.

① Bon anniversaire !

② Bonne année !

③ Bonnes vacances !

④ Bonne courage !

14 다음 문장의 빈칸에 들어갈 수 없는 단어를 고르세요.

보기   Elle est _____ .

① malade

② épuisée

③ libre

④ gêné

15 다음 질문의 대답으로 틀린 문장을 고르세요.

> 보기
>
> C'est quoi ?

① C'est un cadeau.

② C'est une pomme.

③ C'est un vin.

④ C'est Camille.

16 다음 중 명사의 앞에서 꾸미는 형용사끼리 짝지어지지 않은 것을 고르세요.

① grand – petit

② bon – mauvais

③ beau – mignon

④ jeune – vieux

17 다음 한국어 문장을 프랑스어로 올바르게 바꾼 문장을 고르세요.

> 보기
>
> 저는 프랑스어를 조금 해요.

① Je parle très bien français.

② Je ne parle pas très bien français.

③ Je parle un peu français.

④ Je ne parle pas français.

18 habiter 동사의 현재 시제 변형이 잘못된 문장을 고르세요.

① Vous habitez où ?

② J'habites à Londres.

③ Nous habitons en France.

④ Elles habitent à Séoul.

19 다음 문장의 빈칸에 들어갈 수 없는 단어를 고르세요.

보기

Lucas est en _____.

① Mexique

② Corée

③ Italie

④ Allemagne

20 다음 문장의 틀린 부분들을 모두 맞게 고친 선택지를 고르세요.

보기

Elle travailles au Pays-Bas.

① Elle travaille au Pays-Bas.

② Elle travailles aux Pays-Bas.

③ Elle travaille aux Pays-Bas.

④ Elle travaillent aux Pays-Bas.

성취도평가 ①의 정답 및 해설은 28페이지를 확인하세요.

성취도평가 ②

나의 점수 ☐ / 20

평가 부분 본편 Jour 19 ~ Jour 36 학습 내용

1 정관사의 활용이 올바르지 않은 문장을 고르세요.

① Le garçon est vraiment drôle.

② Le homme est chic.

③ La maison est un peu petite.

④ C'est la tour Eiffel.

2 문법적으로 틀린 문장을 고르세요.

① Elle aime l'argent.

② Vous mangez de la coriandre ?

③ Je ne mange pas de la viande.

④ Je n'aime pas le chocolat.

3 다음 프랑스어 표현과 뜻이 잘못 짝지어진 것을 고르세요.

① J'adore les pêches. – 나는 복숭아를 매우 좋아해요.

② Pas de concombre, s'il vous plaît. – 양파는 빼 주세요.

③ Elle déteste les carottes. – 그녀는 당근을 정말 싫어해요.

④ Pas d'aubergine, s'il vous plaît. – 가지는 빼 주세요.

4 지시형용사가 잘못 쓰인 선택지를 고르세요.

① Ce vin est très bon.

② Cette jupe est un peu petite.

③ Cettes fleurs sont trop jolies !

④ Ces chats sont très mignons.

5 다음 중 빈칸에 들어갈 지시형용사의 성격이 다른 것을 골라 보세요.

① J'aime bien _____ pantalon.

② Elle adore _____ homme.

③ Tu n'aimes pas _____ film ?

④ Nous aimons bien _____ pull.

6 다음 한국어 문장을 프랑스어로 올바르게 바꾼 것을 고르세요.

> 보기
>
> 그녀가 싫어하는 게 뭔가요?

① Qu'est-ce que tu aimes ?

② Qu'est-ce qu'elle mange ?

③ Qu'est-ce qu'il n'aime pas ?

④ Qu'est-ce qu'elle déteste ?

7 질문과 대답이 어색한 것을 고르세요.

① C'est quoi ? – C'est du jus d'orange.

② C'est qui ? – C'est un acteur célèbre.

③ Tu aimes qui ? – C'est le téléphone de Zoé.

④ Qui est-ce ? – C'est Lucas.

8 avoir 동사의 형태가 올바르지 <u>않은</u> 것을 고르세요.

① J'ai un chien mignon.

② Tu a de l'argent ?

③ Vous avez du temps ?

④ Ils ont une voiture.

9 프랑스어 표현과 우리말 해석이 <u>어색하게</u> 짝지어진 것을 고르세요.

① J'ai trop faim. – 나는 너무 배가 고파요.

② Vous avez soif ? – 목이 마르신가요?

③ Il a sommeil. – 그는 졸려요.

④ Est-ce que tu as froid ? – 너 덥니?

10 다음 중 어색한 표현을 골라 보세요.

① Vous avez un stylo, s'il vous plaît ?

② Vous avez des mouchoirs, s'il vous plaît ?

③ Tu as de la monnaie, s'il te plaît ?

④ Est-ce que tu as un miroir, s'il vous plaît ?

11 다음 중 어순이 올바르지 <u>않은</u> 것을 골라 보세요.

① Il y a des fleurs partout.

② Il y n'a pas de place vide.

③ Est-ce qu'il y a de la place ?

④ Il n'y a pas de problème !

12 우리말 해석이 틀린 문장을 고르세요.

① Le téléphone est sur la table. – 휴대폰은 테이블 위에 있어요.

② Le chien est sous le lit. – 강아지는 침대 아래 있어요.

③ Les fleurs sont devant la fenêtre. – 꽃은 창문 안에 있어요.

④ Les toilettes sont derrière la porte. – 화장실은 문 뒤에 있어요.

13 다음 중 문법적으로 틀린 문장을 고르세요.

① Lucas est avec moi.

② Tu aimes qui ? Lui ou elle ?

③ Camille aime Noah, lui !

④ Je suis très fatigué, pas tu ?

14 숫자와 프랑스어 표기가 잘못 짝지어진 것을 고르세요.

① 4 – quatre

② 41 – quarante et un

③ 15 – cinq

④ 60 – soixante

15 다음 중 의문형용사의 형태가 틀린 것을 고르세요.

① Tu aimes quelle fromage ?

② Il a quelle voiture ?

③ Vous aimez quels livres ?

④ Tu parles quelles langues ?

16 다음 중 같은 의미의 표현이 <u>아닌</u> 것을 고르세요.

① Il est onze heures quinze – Il est onze heures et quart.

② Il est neuf heures trente. – Il est neuf heures et demie.

③ Il est midi. – Il est douze heures.

④ Il est minuit. – Il est vingt heures.

17 다음 질문에 대한 대답으로 <u>부적절한</u> 것을 고르세요.

> 보기
>
> Ça coûte combien ?

① Trois euros et vingt centimes.

② Ça coûte trente-cinq euros.

③ C'est une euro.

④ Trois euros vingt.

18 문법적으로 <u>틀린</u> 표현을 고르세요.

① mon père

② son voiture

③ votre nom

④ leur profession

19 다음 서수 표현 중 <u>잘못된</u> 것을 고르세요.

① premier

② quatrième

③ cinqème

④ neuvième

20 다음 한국어 문장을 프랑스어로 올바르게 바꾼 것을 고르세요.

> 보기
>
> 네가 가장 좋아하는 음악은 뭐야?

① Quel est ta musique préférée ?

② Quelle est sa musique préférée ?

③ Quel est ta musique préféré ?

④ Quelle est ta musique préférée ?

성취도평가 ②의 정답 및 해설은 29페이지를 확인하세요.

프랑스어 진짜학습지 첫걸음   20 . . .

성취도평가 ③

나의 점수 ☐ / 20

평가 부분 본편 Jour 37 ~ Jour 54 학습 내용

1 프랑스어 단어와 뜻이 잘못 짝지어진 것을 고르세요.

① mardi – 화요일

② dimanche – 일요일

③ mercredi – 금요일

④ jeudi – 목요일

2 다음 중 문법적으로 틀린 표현을 고르세요.

① 200 – deux cents

② 150 – cent cinquante

③ 1000 – mille

④ 2000 – deux milles

3 다음 한국어 문장을 프랑스어로 올바르게 바꾼 것을 고르세요.

보기 오늘은 4월 1일입니다.

① On est l'un mars.

② Nous sommes le premier janvier.

③ C'est le avril premier.

④ Aujourd'hui, on est le premier avril.

4 프랑스어 단어와 뜻이 잘못 연결된 공휴일을 고르세요.

① Jour de l'an – 신년

② Pâques – 만성절

③ Fête du travail – 노동절

④ Noël – 크리스마스

5 aller 동사의 현재 시제 동사 변형이 틀린 것을 고르세요.

① je – vais

② nous – avons

③ tu – vas

④ ells – vont

6 다음 빈칸에 들어갈 축약관사가 다른 하나를 고르세요.

① Il va _____ jardin.

② Elle va _____ restaurant.

③ Il va _____ pharmacie.

④ Elle va _____ café.

7 다음 한국어 문장을 프랑스어로 올바르게 바꾼 것을 고르세요.

> 보기
> 나는 돈이 좀 필요해요.

① J'ai envie de l'argent.

② J'ai besoin des argents.

③ J'ai besoin de l'argent.

④ J'ai besoin d'argent.

8 다음 빈칸에 들어갈 수 없는 단어를 고르세요.

> 보기
>
> J'ai mal aux _____.

① pieds

② genoux

③ jambes

④ têtes

9 다음 중 관계가 없는 단어끼리 짝지어진 것을 고르세요.

① sel – salé

② sucre – sucré

③ poivre – épicé

④ vinaigre – dur

10 다음 중 문법적으로 틀린 문장을 고르세요.

① Je suis allergique au pollen.

② Elle est allergique à les fruits de mer.

③ Il est allergique au lait.

④ Tu es allergique aux noix ?

11 다음 한국어 문장을 프랑스어로 올바르게 바꾼 것을 고르세요.

> 보기
>
> 화장실은 가게 안쪽에 있어요.

① Les toilettes sont à gauche du magasin.

② Les toilettes sont au fond du magasin.

③ Les toilettes sont à côté du magasin.

④ Les toilettes sont autour du magasin.

12 다음 질문에 알맞은 대답을 고르세요.

> 보기
>
> Comment est-ce que tu rentres chez toi ?

① Je vais au travail en métro.

② C'est choquant !

③ Il rentre à pied.

④ En bus.

13 다음 빈칸에 들어갈 수 없는 단어를 고르세요.

> 보기
>
> Elle vient de _____.

① Corée

② Londres

③ Japon

④ Paris

14 다음 빈칸에 들어갈 수 있는 pouvoir 동사의 올바른 시제 변형을 고르세요.

> 보기
> Est-ce que je _____ demander quelque chose ?

① peut

② peux

③ pouvoir

④ peuvent

15 다음 중 문법적으로 틀린 문장을 고르세요.

① Je dois partir tout de suite.

② On ne devons pas parler ici.

③ Ils doivent travailler dur.

④ Vous ne devez pas manger trop tard.

16 질문과 대답이 어색하게 짝지어진 것을 고르세요.

① Pourquoi tu es en retard ? – Parce que j'ai mal aux jambes.

② Pourquoi est-ce qu'elle aime Noah ? – Parce qu'il est beau et gentil.

③ Pourquoi partez-vous très tôt ? – Parce que je dois aller au travail.

④ Pourquoi il va à Paris ? – Il doit être malade.

17 다음 중 명사의 성이 다른 하나를 골라 보세요.

① mille-feuille

② chou à la crème

③ cannelé

④ brioche

18 다음 중 문법적으로 틀린 문장을 고르세요.

① Qu'est-ce que vous avez comme entrée ?

② Je voudrais un escargot, s'il vous plaît.

③ Je voudrais un carafe d'eau, s'il vous plaît.

④ Vous pouvez recommander un vin pour aller avec ?

19 다음 중 문법적으로 틀린 문장을 고르세요.

① Il a trop d'ami.

② Tu as assez d'argent.

③ Il y a beaucoup de pêches ici.

④ Encore un peu de café ?

20 다음 중 종류가 다른 것끼리 짝지어진 것을 고르세요.

① poulet, bœuf

② porc, canard

③ saumon, bar

④ dorade, cheval

성취도평가 ③의 정답 및 해설은 30페이지를 확인하세요.

프랑스어 진짜학습지 첫걸음   20 . .

성취도평가 ④

나의 점수 ☐ / 20

평가 부분 본편 Jour 55 ~ Jour 72 학습 내용

1 다음 중 문법적으로 <u>틀린</u> 문장을 고르세요.

① Qu'est-ce que vous envoyer ?

② Je vais nettoyer plus tard.

③ Je paye l'addition.

④ En espèces, s'il vous plaît.

2 다음 중 우리말 해석이 적절하지 <u>않은</u> 것을 고르세요.

① Regardons un film d'amour. – 로맨스 영화를 보자.

② Mange cette baguette. – 이 바게트를 먹어.

③ Finissez le travail à 14 h. – 14시까지 일을 끝내자.

④ Allez-y. – 가세요.

3 다음 한국어 문장을 프랑스어로 올바르게 바꾼 것을 고르세요.

> **보기**
>
> 당신은 음악을 듣는 중인가요?

① Vous écoutez la musique ?

② Vous êtes en train de écouter la musique ?

③ Vous êtes en train de écouter de la musique ?

④ Vous êtes en train d'écouter de la musique ?

4 빈칸에 동시에 들어갈 수 있는 동사 형태를 고르세요.

> 보기
>
> Je ne _____ pas conduire.
>
> Tu _____ comment nager ?

① sais

② dis

③ sait

④ dit

5 다음 중 우리말 해석이 적절하지 <u>않은</u> 것을 고르세요.

① Allez tout droit jusqu'à la banque. – 은행까지 쭉 직진하세요.

② C'est loin d'ici ? – 여기서 가까이 있나요?

③ C'est à 14 heures en avion. – 비행기로 14시간 거리예요.

④ Je suis perdue. – 길을 잃어버렸습니다.

6 다음 질문에 대한 대답으로 적절한 것을 고르세요.

> 보기
>
> Tu vas faire quoi aujourd'hui ?

① J'aime bien faire du ski.

② Nous faisons le ménage.

③ Elle adore faire de la guitare.

④ Je vais faire du shopping.

7 테니스를 가장 자주 치는 사람을 설명한 문장을 고르세요.

① Lucas fait du tennis une fois par jour.

❷ Zoé fait du tennis deux fois par semaine.

❸ Manon fait du tennis trois fois par mois.

❹ James fait du tennis douze fois par an.

8 문법적으로 틀린 문장을 고르세요.

❶ Je suis accro à la téléphone.

❷ J'apprends le pilates maintenant.

❸ Je vais sur les réseaux sociaux.

❹ Je regarde Youtube.

9 다음 질문의 대답으로 어울리지 않는 문장을 고르세요.

보기
Quel temps fait-il ?

❶ Il fait très mauvais.

❷ Il fait des nuages.

❸ Il fait beau.

❹ Il fait les courses.

10 다음 중 우리말 해석이 적절하지 않은 것을 고르세요.

❶ On va voir la semaine prochaine. – 우리는 다음 주에 보자.

❷ Elle va venir en Corée le mois prochain. – 그녀는 다음 달에 한국에 올 거예요.

❸ Il va arriver dans trois jours. – 그는 3일 뒤에 도착할 거예요.

❹ J'ai un rendez-vous après-demain. – 나는 내일 약속이 있어.

11 보기의 빈칸에 공통적으로 들어갈 수 있는 표현을 고르세요.

보기

Quelle pointure _____ -vous ?

Vous _____ quelle taille ?

① dites ② savez ③ faites ④ devez

12 다음 중 어색한 문장을 고르세요.

① Est-ce que c'est en solde ?

② Où est la cabine d'essayage ?

③ Tu as l'air mignonne avec cette robe !

④ Ça a l'air très délicieux.

13 다음 중 우리말 해석이 적절하지 않은 것을 고르세요.

① Je vais porter un pull jaune. – 나는 노란 스웨터를 입을래.

② Ça me plaît ! – 잘 어울리시네요!

③ Le rouge, ça te va très bien ! – 빨간색이 너한테 엄청 잘 어울려!

④ C'est le feu vert ! Allons-y ! – 초록불이야! 가자!

14 다음 빈칸에 공통적으로 들어갈 수 있는 표현을 고르세요.

보기

On _____ téléphone ?

Ils ne _____ voient plus.

① me ② te ③ se ④ nous

15 프랑스어 표현이 한국어 뜻과 <u>잘못</u> 연결된 것을 고르세요.

① s'aimer – 서로 좋아하다

② se parler – 서로 말하다(대화하다)

③ se quitter – 서로 싫어하다

④ se disputer – 말다툼하다

16 문법적으로 <u>틀린</u> 문장을 고르세요.

① Je me lève à 7 h 30.

② Pourquoi vous ne faites rien ?

③ Je veux se reposer chez moi.

④ Je n'ai plus faim.

17 다음 중 우리말 해석이 적절하지 <u>않은</u> 것을 고르세요.

① Je me réveille à 7 h. – 나는 7시에 잠에서 깬다.

② Elle ne se lave pas le week-end. – 그녀는 주말에는 씻지 않는다.

③ On se promène après le déjeuner. – 우리는 점심을 먹고 휴식을 취해요.

④ Il se douche presque tous les jours. – 그는 거의 매일 샤워를 한다.

18 문법적으로 <u>틀린</u> 문장을 고르세요.

① Tu aimes les baskets blancs ?

② Tu as un stylo rouge ?

③ Ce blouson, ça te va bien !

④ Je vais porter un pull jaune.

19 보기의 빈칸에 들어갈 표현으로 알맞은 것끼리 짝지어진 것을 고르세요.

> 보기
>
> Je fais _____ 37.
>
> Vous avez ce pull _____ M ?

① de la, au

② du, au

③ du, en

④ en, du

20 다음 한국어 문장을 프랑스어로 올바르게 바꾼 것을 고르세요.

> 보기
>
> 우리는 더 이상 서로 사랑하지 않아.

① Ils s'aime pas.

② Nous ne nous aimons pas.

③ Je n'aime plus.

④ On ne s'aime plus.

성취도평가 ④의 정답 및 해설은 31페이지를 확인하세요.

정답 및 해설

성취도평가 ① 정답 및 해설

정답

1. ❷ 2. ❸ 3. ❹ 4. ❶ 5. ❷ 6. ❶ 7. ❷ 8. ❹ 9. ❹ 10. ❷
11. ❸ 12. ❸ 13. ❹ 14. ❹ 15. ❹ 16. ❹ 17. ❸ 18. ❷ 19. ❶ 20. ❸

해설

1. être 동사의 2인칭 단수 변화형은 'es'예요. 'est'는 3인칭 단수 변화형이죠.
2. '중국(인)의'라는 의미의 국적 형용사는 chinois/chinoise입니다.
3. '너희'에 해당하는 주격 인칭 대명사는 vous, 그에 맞는 être 동사 변형은 êtes입니다.
4. ❷번은 전부 남성 명사, ❸번은 chien과 policier가 남성 명사, ❹번은 courage가 남성 명사입니다.
5. beau의 여성형은 belle입니다.
6. 주어진 질문은 '너는 한국인이니?'라는 의미의 문장이죠. ❶번은 '아니, 나 한국인이야.'라는 문장으로 질문에 맞지 않는 대답입니다.
7. 주어진 질문은 '너희들은 한국인이니?'라는 의미의 문장이죠. 질문이 부정형일 때 긍정 대답이면 si, 부정 대답이면 non으로 대답합니다.
8. '그녀들'은 여성 복수 형태이므로 형용사도 여성 복수형에 성수일치하여 grandes, mignonnes로 씁니다.
9. 'mince(날씬한)'는 외모를 나타내는 형용사입니다.
10. 주격 인칭 대명사가 Elle(그녀)이므로 주어에 성수일치하여 contente로 써야 합니다.
11. surpris(e)는 '놀란'이라는 뜻의 형용사죠. '화가 난'을 뜻하는 단어는 fâché(e) 또는 en colère입니다.
12. 와인을 의미하는 vin은 남성 명사이므로 형용사는 bon이 되어야 합니다.
13. courage는 남성 명사이므로 형용사는 bon이 되어야 해요. 'Bon courage !'가 옳은 문장이에요.
14. 주어 elle에 맞추어 여성 단수형 형용사를 써야 해요. gêné의 여성 단수형은 gênée입니다.
15. 주어진 질문은 '이게 뭐야?'라는 의미로 사물을 물어보는 표현이에요. ❹번은 사람 이름으로 대답했으므로 적절하지 않아요. ❹번은 'C'est qui ? (이 사람은 누구인가요?)'라는 질문에 대한 대답이에요.
16. mignon은 명사의 뒤에서 꾸며 주는 형용사예요.
17. '조금'은 프랑스어로 un peu라고 표현합니다.
18. habiter 동사의 1인칭 단수형은 habite입니다. habites는 2인칭 단수형에 해당해요.
19. 멕시코는 e로 끝나지만 예외적으로 남성 국가였죠? 전치사 au와 함께 사용합니다.
20. travailler 동사의 3인칭 단수 형태는 travaille이고, 네덜란드는 복수 국가이기 때문에 전치사 aux를 사용해요.

성취도평가 ② 정답 및 해설

정답

| 1. ② | 2. ③ | 3. ② | 4. ③ | 5. ② | 6. ④ | 7. ③ | 8. ② | 9. ④ | 10. ④ |
| 11. ② | 12. ③ | 13. ④ | 14. ③ | 15. ① | 16. ④ | 17. ③ | 18. ② | 19. ③ | 20. ④ |

해설

1. 정관사의 남성 단수 형태인 le는 모음이나 무음 h로 시작되는 단어가 오면 l' 형태로 축약해야 해요.

2. pas 뒤에 오는 부정관사와 부분관사는 항상 de로 바뀝니다. 이걸 '부정의 de'라고 했죠. 'Je ne mange pas de viande.'가 옳은 문장이에요.

3. concombre는 오이를 뜻하는 단어입니다. 양파는 oignon이었죠.

4. 지시형용사의 복수형은 남성형과 여성형 모두 ces입니다.

5. 다른 보기들은 모두 지시형용사 ce를 사용하지만 ②번은 cet를 사용합니다. homme처럼 모음이나 무음 h로 시작하는 남성 단수 명사 앞에서는 ce 대신 cet를 썼던 것 기억하죠?

6. '싫어하다'는 의미의 단어는 détester입니다.

7. '넌 누구를 좋아하니?'라는 질문에 '이건 조에의 핸드폰이야.'라고 답했으므로 적절하지 않습니다.

8. avoir 동사의 2인칭 단수형은 'as'입니다. 'a'는 3인칭 단수형이었죠.

9. avoir froid는 '춥다'라는 표현입니다. '덥다'는 avoir chaud로 표현합니다.

10. 상대를 tu라고 지칭할 때는 s'il te plaît라고 말합니다.

11. il y a 구문의 부정문은 il n'y a pas로 씁니다. 'Il n'y a pas de place vide.'가 옳은 문장입니다.

12. devant은 '~앞에'라는 의미의 전치사입니다. '꽃은 창문 앞에 있어요.'라고 해석해야 합니다.

13. pas 뒤에는 강세형 인칭 대명사가 옵니다. 'pas toi ?'가 되어야겠죠.

14. 15는 quinze라고 씁니다. cinq는 5를 의미하죠.

15. fromage는 남성 명사이므로 남성 단수형 quel로 써야 합니다.

16. minuit는 자정을 의미합니다. 'Il est vingt heures.'는 '20시(저녁 8시)입니다.'라는 의미의 문장이죠.

17. euro는 남성 명사이므로 un euro로 써야 합니다.

18. voiture는 여성 명사이므로 sa voiture가 올바른 표현입니다.

19. ①번은 첫 번째, ②번은 네 번째, ④번은 아홉 번째를 의미하는 서수 표현입니다. '다섯 번째'는 예외적인 형태라고 했죠? cinquième가 올바른 표현입니다.

20. musique가 여성 명사이므로 quelle, ta, préférée 모두 여성 단수형으로 사용해야 합니다.

성취도평가 ③ 정답 및 해설

정답

| 1. ③ | 2. ④ | 3. ④ | 4. ② | 5. ② | 6. ③ | 7. ④ | 8. ④ | 9. ④ | 10. ② |
| 11. ② | 12. ④ | 13. ③ | 14. ② | 15. ② | 16. ② | 17. ④ | 18. ③ | 19. ① | 20. ④ |

해설

1. 금요일은 vendredi입니다. mercredi는 수요일을 의미하는 단어죠.
2. 1000을 나타내는 mille은 불변입니다. 복수형이어도 -s가 붙지 않아요.
3. 4월을 뜻하는 단어는 'avril'이에요. 날짜를 말할 때는 정관사 le와 함께 일, 월, 년 순으로 말하고, 매달 1일은 기수가 아닌 서수(premier)를 써야 한답니다.
4. Pâques는 부활절이에요. 만성절은 'Toussaint'입니다.
5. 'avons'은 avoir 동사의 nous 동사 변형입니다. nous allons이 맞는 표현이죠.
6. pharmacie는 여성 명사이므로 축약되지 않고 à la로 씁니다.
7. '~이 필요하다'는 표현은 'avoir besoin de'로 씁니다. 이때 avoir besoin de 뒤에 부분관사(du, de la) 또는 부정관사(des)가 오면 관사를 생략하고 바로 사용해요.
8. aux 다음에는 복수형 명사가 와야 하는데,' 머리'를 의미하는 tête는 단수형으로 사용합니다.
9. 기본 향신료와 그 향신료의 맛을 의미하는 단어끼리 짝지어져 있어요. ④번의 vinaigre는 '식초', dur는 '딱딱한'을 의미하는 단어입니다. dur보다는 '신'을 의미하는 단어 aigre가 와야 적절하겠죠.
10. 전치사 à와 정관사 les가 합쳐지면 축약관사 aux가 와야 해요. à les는 틀린 형태입니다.
11. '~의 안쪽에/깊은 곳에'라는 표현은 au fond de입니다.
12. 주어진 질문은 '너는 집에 어떻게 돌아가?'라는 의미의 문장입니다. ①번은 '나는 지하철로 출근해.'라는 의미이므로 적절하지 않습니다. ③번은 '나(Je)'가 아니라 '그(Il)'라고 답했기 때문에 틀린 대답입니다.
13. 출신지를 말할 때 도시 앞에서는 관사를 쓰지 않아요. 또 여성 국가와 모음으로 시작하는 국가 앞에서도 관사를 생략하고 venir de 형태로 사용해요. Japon은 남성 국가이므로 venir du를 사용해야 한답니다.
14. 'Je'에 알맞는 pouvoir 동사의 변화형은 'peux'입니다.
15. 주어 'On'은 회화에서 'nous'처럼 '우리'라는 뜻으로 사용되지만 동사는 il, elle과 같이 3인칭 단수형으로 써야 한다는 것 기억나죠? devons이 아니라 doit가 되어야 해요.
16. '그는 왜 파리에 가나요?'라는 질문에 '그는 아픈 게 틀림없다.'라고 답하는 건 어색하죠.
17. 'brioche 브리오슈'만 여성 명사, 나머지는 모두 남성 명사입니다.
18. 수돗물을 의미하는 carafe d'eau는 여성 명사예요. une carafe d'eau라고 써야 합니다.
19. 수량을 나타내는 표현 뒤에 셀 수 있는 명사가 오면 복수형으로 써야 합니다. 'Il a trop d'amis.'가 되어야겠죠.
20. ①번과 ②번은 육류(viande)를 나타내는 단어끼리, ③번은 어류(poisson)을 나타내는 단어끼리 짝지어져 있어요. ④번의 dorade는 '도미', cheval은 '말고기'를 의미하므로 서로 종류가 다릅니다.

성취도평가 ④ 정답 및 해설

정답

1. ① 2. ③ 3. ④ 4. ① 5. ② 6. ④ 7. ① 8. ① 9. ④ 10. ④
11. ③ 12. ④ 13. ② 14. ③ 15. ② 16. ③ 17. ③ 18. ① 19. ③ 20. ④

해설

1. envoyer 동사의 'vous' 동사 변형 형태는 'envoyez'입니다.
2. 'Finissez'는 주어를 vous로 가지는 명령문이므로 '일을 끝내세요.'라고 해석됩니다. '끝내자'가 되려면 nous를 주어로 하는 'finissons'이 되어야 합니다.
3. 현재 진행형은 'être en train de + 동사원형' 형태로 사용합니다. 이때 뒤에 오는 동사원형이 모음이나 무음 h로 시작하면 축약해 주어야겠죠. 그리고 '음악을 듣다'라는 표현은 'écouter de la musique'로 씁니다.
4. '저는 운전할 줄 몰라요.', '너는 수영할 줄 아니?'라는 문장입니다. '~할 줄 알다'를 뜻하는 동사는 savoir 동사고, savoir 동사의 Je 변화형과 Tu 변화형은 'sais'로 형태가 동일합니다.
5. 'loin de'는 '~에서 멀리'라는 의미의 표현입니다. '~에서 가까이'는 près de로 사용합니다.
6. '너는 오늘 무엇을 할 거니?'라는 질문에 적절한 대답은 ④번입니다.
7. Lucas는 하루에 한 번, Zoé는 일주일에 두 번, Manon은 한 달에 세 번, James는 일 년에 12번 테니스를 치므로, 테니스를 가장 자주 치는 사람은 Lucas입니다.
8. téléphone은 남성 명사이므로 'Je suis accro au téléphone.'이 되어야 합니다.
9. '날씨가 어떠니?'라는 질문에 '그는 장을 봅니다.'라는 대답은 적절하지 않아요.
10. après-demain은 '모레'를 의미합니다.
11. 옷과 신발 사이즈를 표현할 때는 faire 동사를 사용합니다. faire 동사의 vous 변화형은 faites입니다.
12. délicieux는 이미 '매우 맛있다'라는 의미를 가진 형용사이므로 강조할 때는 très 대신 vraiment을 사용해요.
13. 'Ça me plaît.'는 '내 마음에 든다.'라는 의미입니다. '잘 어울리시네요!'는 'Ça vous va bien !'으로 표현해요.
14. 주격 인칭 대명사 on과 ils은 재귀대명사로 se를 씁니다.
15. se quitter는 헤어지다(서로가 떠나다)라는 의미입니다. '서로 싫어하다'는 'se détester'로 씁니다.
16. vouloir 동사 뒤에 동사 원형으로 se reposer를 써야 할 때 재귀대명사는 주어에 일치시켜 주어야 해요. me reposer로 써야 옳은 문장이 됩니다.
17. se promener는 '산책하다'라는 의미의 대명동사입니다. '휴식을 취하다'는 se reposer로 씁니다.
18. baskets은 여성 복수 명사예요. blanc의 여성 복수형 blanches로 성수일치시켜 주어야 합니다.
19. 사이즈를 말할 때는 'faire du + 사이즈'를 씁니다. 다른 사이즈가 있는지 물을 때는 전치사 en을 사용해요.
20. '서로 사랑하다'라는 의미의 대명동사 s'aimer를 '더 이상 ~하지 않는다'라는 ne plus 부정문으로 써야 해요. 대명동사의 부정문에서는 재귀대명사까지 동사에 포함된다는 사실 잊지 마세요!

진짜학습지

프랑스어 진짜학습지 첫걸음 부록

정답 및 모범답안

Bonne journée !
좋은 하루 되세요!

프랑스어 진짜 써먹기 정답

① 1. d 2. c 3. b 4. a
② 1. 실례합니다.
   2. 감사합니다.
   3. 좋은 저녁 되세요!
③ 1. madame 2. beaucoup 3. revoir

오늘의 Mission 모범답안

1. Bonjour ! Ça va ?
   안녕하세요! 잘 지내시나요? (낮에)
2. Bonsoir ! Ça va ?
   안녕하세요! 잘 지내시나요? (저녁에)
3. Salut !
   안녕! (엘리베이터에서 아이들에게)

 Salut, je suis Manon !
안녕, 나는 마농이야!

프랑스어 진짜 써먹기 정답

① 1. b 2. c 3. a
② 1. suis 2. es 3. êtes
③ 1. Je m'appelle Lucas.
   2. Vous êtes Amélie !
   3. Tu es Jean.
   4. Enchanté(e), Manon.

오늘의 Mission 모범답안

1. Je suis Zoé.
   나는 조에야.
2. Tu es Lucas.
   너는 뤼꺄야.
3. Vous êtes Camille.
   당신은 까미유입니다.

 Nous sommes coréens.
우리는 한국인이에요.

프랑스어 진짜 써먹기 정답

① 1. c 2. b 3. a
② 1. américaine 2. chinois 3. française
③ 1. Elle est japonaise.
   2. Ils sont italiens.
   3. Il est anglais !
   4. Je suis coréen(ne).

오늘의 Mission 모범답안

1. Manon est coréenne.
   마농은 한국인이야.
2. Louis est anglais.
   루이는 영국인이야.
3. Amélie est française.
   아멜리는 프랑스인이야.

 Il est étudiant.
그는 학생이에요.

프랑스어 진짜 써먹기 정답

① 1. acteur 2. boulangère 3. étudiante 4. chanteuse
② 1. Elle est étudiante.
   2. Ils sont salariés.
   3. Tu es professeur !
③ 1. Nous sommes professeurs.
   2. Elles sont médecins.
   3. Ils sont acteurs.

오늘의 Mission 모범답안

1. Je suis étudiant(e).
   저는 학생이에요.
2. Elle est employée.
   그녀는 회사원이에요.
3. Il est boulanger.
   그는 제빵사예요.

Jour 05 Vous êtes Lucas ?
당신은 뤼꺄인가요?

프랑스어 진짜 써먹기 정답

① 1. Tu es coréen(ne) ?
   2. Vous êtes chinois(e) ?
   3. Est-ce qu'il est médecin ?
   4. Tu es acteur/actrice ?
② 1. b 2. c 3. a
③ 1. Elles sont coréennes ?
   2. Est-ce qu'elles sont coréennes ?
   3. Sont-elles coréennes ?

오늘의 Mission 모범답안

1. Vous êtes français ?
   당신은 프랑스인이신가요?
2. Est-ce que tu es acteur ?
   너는 배우니?
3. Vous vous appelez comment ?
   이름이 어떻게 되세요?

Jour 06 Exercice ①
연습 문제

연습 문제 정답

① 1. ② 2. ③ 3. ② 4. ③ 5. ①
② 1. suis 2. es 3. est 4. sommes 5. êtes 6. sont
③ 1. américains 2. coréenne 3. chinois 4. italiennes
④ 1. acteur 2. cuisinier 3. pâtissière 4. médecin
   5. étudiante
⑤ 1. b 2. c 3. a 4. d
⑥ 1. Tu t'appelles comment ?
   2. Tu es médecin ? / Est-ce que tu es médecin ? /
      Es-tu médecin ?
   3. Ils sont français.
   4. Je suis salarié(e).
⑦ 1. Est-ce que vous êtes française ?
   2. Êtes-vous française ?

오늘의 Mission 모범답안

1. Bonjour ! Je m'appelle Zoé. Je suis coréenne. Je suis professeur.
   안녕하세요! 제 이름은 조에입니다. 저는 한국인이에요. 저는 선생님입니다.

2. Bonjour. Je suis Camille. Je suis française. Je suis pâtissière.
   안녕하세요. 저는 꺄미유입니다. 저는 프랑스인입니다. 저는 파티셰예요.
3. Salut ! Je suis Lucas. Je suis américain. Je suis employé.
   안녕! 나는 뤼꺄야. 나는 미국인이야. 나는 회사원이야.

Jour 07 Je ne suis pas japonais.
저는 일본인이 아니에요.

프랑스어 진짜 써먹기 정답

① 1. 너는 (남)가수가 아니야?
   2. 그들은 한국인이 아니에요.
   3. 너는 (여)학생이지, 그렇지 않니?
② 1. Je ne suis pas japonaise.
   2. Nous ne sommes pas chinois.
   3. Il n'est pas policier.
   4. Elle n'est pas cuisinière.
③ 1. b – Non
   2. a – Non
   3. c – Si

오늘의 Mission 모범답안

1. Il est français ? – Non, il n'est pas français.
   그는 프랑스인인가요? – 아니요, 그는 프랑스인이 아니에요.
2. Vous n'êtes pas chinoise ? – Non, je suis coréenne.
   당신은 중국인이 아니신가요? – 네, 저는 한국인이에요.
3. Elle n'est pas écrivain ? – Si, elle est écrivain.
   그녀는 작가가 아닌가요? – 아뇨, 그녀는 작가예요.

Jour 08 Noah est grand et beau.
노아는 키가 크고 잘생겼어요.

프랑스어 진짜 써먹기 정답

① 1. d 2. a 3. b 4. c
② 1. jolie 2. charmant 3. vieille 4. mince
③ 1. Elle est un peu petite et très mignonne.
   2. Il est trop beau et très charmant.

오늘의 Mission 모범답안

1. Je suis petit(e) et mignon(nne).
   저는 작고 귀여워요.
2. Je suis joli(e) et charmant(e).
   저는 예쁘고 매력 있어요.

3. Je suis chic et cool.
저는 시크하고 멋있어요.

 Camille est méchante !
까미유는 못됐어요!

프랑스어 진짜 써먹기 정답

❶ 1. d 2. a 3. b 4. c
❷ 1. mauvaise 나쁜, 못된
   2. gentil 친절한
   3. intelligent 똑똑한
   4. active 능동적인, 활동적인
❸ 1. Elle est vraiment méchante/mauvaise et égoïste !
   2. Il est timide mais gentil.

오늘의 Mission 모범답안

1. Je suis gentil(le) et calme.
   저는 친절하고 차분해요.
2. Je suis méchant(e) et égoïste.
   저는 못되고 이기적이에요.
3. Je suis drôle et sociable.
   저는 웃기고 사교적이에요.

 Je suis énervé !
나는 짜증이 나!

프랑스어 진짜 써먹기 정답

❶ 1. b 2. a 3. d 4. c
❷ 1. heureuse 행복한
   2. déprimé 우울한
   3. surpris 놀란
   4. énervée 짜증난
❸ 1. Elle est déprimée et énervée.
   2. Il est content et heureux.

오늘의 Mission 모범답안

1. Je suis content(e) et heureux(se) !
   나는 기쁘고 행복해!
2. Je suis déprimé(e) et inquiet(ète).
   나는 우울하고 불안해.
3. Je suis énervé(e) et fâché(e).
   나는 짜증나고 화나.

 Je suis trop fatigué.
나는 너무 피곤해요.

프랑스어 진짜 써먹기 정답

❶ 1. b 2. c 3. a 4. d
❷ 1. Bon courage !
   2. Bon anniversaire !
   3. Bonnes vacances !
   4. Bonne chance !
❸ 1. 그녀는 한가하고 지루해요.
   2. 우리는 매우 바빠요.

오늘의 Mission 모범답안

1. Je suis fatigué(e). / Je ne suis pas fatigué(e).
   나는 피곤해. / 나는 피곤하지 않아.
2. Je suis en forme. / Je ne suis pas en forme.
   나는 컨디션이 좋아. / 나는 컨디션이 좋지 않아.
3. Je suis stressé(e). / Je ne suis pas stressé(e).
   나는 스트레스 받아. / 나는 스트레스 안 받아.

 Exercice ②
연습 문제

연습 문제 정답

❶ 1. d 2. c 3. e 4. a 5. b
❷ 1. (남) mignon (여) mignonne
   2. (남) charmant (여) charmante
   3. (남) gentil (여) gentille
   4. (남) énervé (여) énervée
   5. (남) jaloux (여) jalouse
❸ 1. Elle n'est pas étudiante.
   2. Il est très grand et beau.
   3. Elle est mauvaise.
   4. Nous sommes sociables.
   5. Elles sont intelligentes.
❹ 1. 매우 2. 너무 3. 조금 4. 정말 5. 아주
❺ 1. Oui, je vais bien.
   2. Non, il n'est pas libre.
   3. Si, je suis très occupée.
   4. Non, elle n'est pas sociable.
   5. Non, je ne suis pas chinois.
❻ 1. Je ne suis pas chinois(e).
   2. Il est vraiment(très/vachement) charmant.

3. Nous sommes timides.
4. Je suis fâché(e). / Je suis en colère.
5. Vous êtes triste ? / Est-ce que vous êtes triste ? / Êtes-vous triste ?

❷ 1. une jeune fille
   2. une grande maison
   3. un vieux chien
   4. un bon vin
❸ 1. Ce sont de beaux garçons !
   2. Ce sont Noah et Manon.

오늘의 Mission 모범답안

1. Je vais bien.
   잘 지내요.
2. Ça va.
   좋아요.
3. Je suis déprimé(e).
   나는 우울해요.

오늘의 Mission 모범답안

1. Ce sont des Français !
   프랑스인들이야!
2. Ce sont de mauvais garçons.
   나쁜 남자들이야.
3. Ce sont de jolies filles !
   예쁜 여자들이야!

Jour 13 C'est génial !
대박인데!

프랑스어 진짜 써먹기 정답

❶ 1. un 2. des 3. un 4. une
❷ 1. Ce n'est pas cool. / C'est pas cool.
   2. C'est super.
   3. C'est gentil.
   4. C'est génial !
❸ 1. 좋은 생각이야!
   2. 나쁘지 않은걸!

오늘의 Mission 모범답안

1. C'est une gomme !
   이건 지우개야!
2. C'est un collier !
   이건 목걸이야!
3. C'est une bague !
   이건 반지야!

Jour 15 Vous parlez français ?
프랑스어 할 줄 아세요?

프랑스어 진짜 써먹기 정답

❶ 1. parle 2. parlons 3. parlent 4. parlez
❷ 1. C'est trop cool !
   2. C'est très bon !
   3. Tu vas bien ?
❸ 1. Je parle un peu français.
   2. Il ne parle pas bien français.
   3. On ne parle pas français. / Nous ne parlons pas français.

오늘의 Mission 모범답안

1. Oui, je parle français.
   네, 저는 프랑스어를 해요.
2. Oui, je parle un peu français.
   네, 저는 프랑스어를 조금 해요.
3. Oui, je parle très bien français !
   네, 저 프랑스어 잘해요.

Jour 16 J'habite à Paris.
나는 파리에 살아요.

Jour 14 Ce sont de beaux garçons !
잘생긴 남자들이다!

프랑스어 진짜 써먹기 정답

❶ 1. un chat noir
   2. un mauvais garçon
   3. un chocolat chaud
   4. une petite chambre

프랑스어 진짜 써먹기 정답

❶ 1. J'habite 2. habite 3. habites 4. habitez
❷ 1. Où est-ce qu'elle habite ?

2. Je suis à Berlin maintenant.
3. Est-ce que tu habites à Londres ?
③ 1. Vous habitez où ?
2. Où est-ce que vous habitez ?
3. Où habitez-vous ?

오늘의 Mission 모범답안

1. J'habite à Séoul.
   저는 서울에 살아요.
2. J'habite à Londres.
   저는 런던에 살아요.
3. J'habite à Rome.
   저는 로마에 살아요.

 Elle travaille en France !
그녀는 프랑스에서 일해요!

프랑스어 진짜 써먹기 정답

① 1. travailles 2. travaillez 3. travaillent 4. travaillons
② 1. en 2. en 3. aux 4. au
③ 1. Je travaille en Allemagne en ce moment.
   2. Il est au Canada maintenant.

오늘의 Mission 모범답안

1. Je travaille en France.
   저는 프랑스에서 일해요.
2. Je travaille en Corée.
   저는 한국에서 일해요.
3. Je travaille aux États-Unis.
   저는 미국에서 일해요.

 Exercice ③
연습 문제

연습 문제 정답

① 1. travaille 2. parles 3. habitons 4. travaillent 5. habite
② 1. français 2. anglais 3. coréen 4. allemand 5. japonais
③ 1. ② 2. ④ 3. ③ 4. ① 5. ②
④ 1. un beau garçon
   2. un bon vin
   3. un chat noir
   4. un vieux chien

⑤ 1. C'est gentil !
   2. Ce sont de bons croissants.
   3. C'est Noah.
⑥ 1. C'est une jolie/belle maison !
   2. Ce sont Noah et Manon.
   3. Je parle très bien français.
   4. Il est à Rome maintenant.
   5. Elle ne travaille pas en Chine.
⑦ 1. C'est une bonne idée !
   2. Ce sont de beaux garçons !
   3. Vous parlez français ? / Est-ce que vous parlez français ? / Parlez-vous français ?

오늘의 Mission 모범답안

1. Bonjour, je suis Zoé. Je suis coréenne. Je parle anglais, coréen et français. J'habite à Séoul maintenant.
   안녕하세요, 저는 조에입니다. 한국인이에요. 저는 영어, 한국어, 프랑스어를 해요. 저는 지금 서울에서 살고 있습니다.
2. Bonjour, je m'appelle Camille. Je parle français et anglais. J'habite à Paris.
   안녕하세요, 제 이름은 꺄미유입니다. 저는 프랑스어와 영어를 해요. 저는 파리에 살아요.
3. Bonjour, je suis Manon. Je suis coréenne mais j'habite à Paris maintenant. Je parle français.
   안녕하세요, 저는 마농입니다. 저는 한국인이지만 지금 파리에 살아요. 저는 프랑스어를 합니다.

 Tu aimes le chocolat ?
너는 초콜릿을 좋아하니?

프랑스어 진짜 써먹기 정답

① 1. aimes 2. aimez 3. aiment 4. aimons
② 1. La France 2. L'histoire
   3. Les chats 4. L'homme
③ 1. Le garçon est vraiment drôle.
   2. La maison est un peu petite.

오늘의 Mission 모범답안

1. J'aime les films fantastiques.
   나는 판타지 영화를 좋아해.
2. J'aime les bananes.
   나는 바나나를 좋아해.
3. J'aime les fleurs.
   나는 꽃을 좋아해.

Jour 20 — Je ne mange pas de poisson.
저는 생선을 안 먹어요.

프랑스어 진짜 써먹기 정답
① 1. mange 2. mangeons 3. mangez 4. mangent
② 1. du 2. de l' 3. du 4. de la
③ 1. 저는 고수를 먹지 않아요.
   2. 당신은 야채를 좋아하시나요?

오늘의 Mission 모범답안
1. Je ne mange pas d'œufs.
   저는 달걀을 먹지 않아요.
2. Je ne mange pas de tofu.
   저는 두부를 먹지 않아요.
3. Je ne mange pas de pêches.
   저는 복숭아를 먹지 않아요.

Jour 21 — Je déteste les carottes !
나는 당근이 싫어요!

프랑스어 진짜 써먹기 정답
① 1. J'adore 2. détestons 3. adorez 4. détestes
② 1. d 2. c 3. a 4. b
③ 1. Pas de coriandre, s'il vous plaît.
   2. Je déteste les carottes.

오늘의 Mission 모범답안
1. Pas de concombre, s'il vous plaît.
   오이는 빼 주세요.
2. Pas de coriandre, s'il vous plaît.
   고수는 빼 주세요.
3. Pas d'aubergine, s'il vous plaît.
   가지는 빼 주세요.

Jour 22 — J'aime bien ce film.
이 영화 마음에 들어.

프랑스어 진짜 써먹기 정답
① 1. ce 2. ces 3. ce 4. cet
② 1. a 2. c 3. b 4. d

③ 1. Ce vin est très bon ! / Ce vin est vraiment bon !
   2. Ces chats sont très mignons. /
      Ces chats sont vraiment mignons.

오늘의 Mission 모범답안
1. J'aime bien cette bague.
   난 이 반지가 좋아.
2. Ce pantalon est un peu petit.
   이 바지는 조금 작아요.
3. Ces chaussettes sont trop mignonnes !
   이 양말 너무 귀엽다!

Jour 23 — C'est quoi ? C'est qui ?
이게 뭐야? 이건 누구야?

프랑스어 진짜 써먹기 정답
① 1. Qui 2. quoi 3. Qui
② 1. b 2. a 3. c 4. d
③ 1. Qu'est-ce que vous aimez ?
   2. Qu'est-ce qu'ils mangent ?
   3. Qu'est-ce qu'elle déteste ?

오늘의 Mission 모범답안
1. C'est quoi ? – C'est du dentifrice.
   이게 뭐야? – 이건 치약이야.
2. C'est quoi ? – C'est une brosse à dents.
   이게 뭐야? – 이건 칫솔이야.
3. C'est qui ? – C'est un acteur coréen.
   누구야? – 한국인 배우야.

Jour 24 — Exercice ④
연습 문제

연습 문제 정답
① 1. J'aime 2. manges 3. détestons 4. adorent
② 1. fruit (m.) 2. vent (m.) 3. jupe (f.) 4. chanson (f.)
   5. jus (m.)
③ 1. ③ 2. ④ 3. ④ 4. ② 5. ③
④ 1. d 2. c 3. e 4. b 5. a
⑤ 1. ce 2. pull 3. rouge 4. ça 5. cette
⑥ 1. c 2. d 3. a 4. b
⑦ 1. Pas de concombre, s'il vous plaît.
   2. Je ne mange pas de viande.

오늘의 Mission 모범답안

1. J'adore l'exercice. Je déteste les légumes.
   저는 운동을 사랑해요. 저는 채소를 싫어해요.
2. J'aime beaucoup les chiens. Je ne mange pas de viande.
   저는 강아지를 많이 좋아해요. 저는 고기를 먹지 않아요.
3. Je n'aime pas les pommes. J'aime les cerises.
   저는 사과를 좋아하지 않아요. 저는 체리를 좋아해요.

Jour 25 J'ai trop faim !
나는 너무 배가 고파요!

프랑스어 진짜 써먹기 정답

❶ 1. J'ai un petit ami.
   ➡ 나는 남자친구가 있다.
   2. Elle a un joli chat.
   ➡ 그녀는 예쁜 고양이 한 마리를 가지고 있다.
   3. Nous avons de l'argent.
   ➡ 우리는 돈을 좀 가지고 있다.
   4. Ils ont une maison.
   ➡ 그들은 집을 하나 가지고 있다.
❷ 1. b 2. c 3. a 4. d
❸ 1. Vous avez un stylo, s'il vous plaît ?
   2. Tu as des mouchoirs, s'il te plaît ?

오늘의 Mission 모범답안

1. Tu as un stylo noir, s'il te plaît ?
   검은 펜 있으면 빌려줄래?
2. Tu as de la monnaie, s'il te plaît ?
   동전 있으면 빌려줄래?
3. Vous avez un parapluie, s'il vous plaît ?
   우산 있으면 빌려주실래요?

Jour 26 Il y a des toilettes ici ?
여기 화장실 있나요?

프랑스어 진짜 써먹기 정답

❶ 1. 자리 (f.) 2. 창문 (f.) 3. 문 (f.)
❷ 1. c 2. d 3. a 4. b
❸ 1. Qu'est-ce qu'il y a
   2. Il y a des toilettes / Est-ce qu'il y a des toilettes
   3. (il n'y a) pas de toilettes

오늘의 Mission 모범답안

1. La tasse est sur la table.
   머그컵은 테이블 위에 있어요.
2. Le chat est sur le lit.
   고양이는 침대 위에 있어요.
3. Le téléphone est sous la chaise.
   휴대폰은 의자 밑에 있어요.

Jour 27 C'est à qui ?
이건 누구의 것일까?

프랑스어 진짜 써먹기 정답

❶ 1. elle 2. lui 3. elles 4. eux 5. eux
❷ 1. Elle 2. vous 3. toi 4. Moi 5. toi

오늘의 Mission 모범답안

1. Ce telephone, c'est à moi.
   이 휴대폰은 내 거야.
2. Ce portefeuille, c'est à moi.
   이 지갑은 내 거야.
3. Cet argent, c'est à moi.
   이 돈은 내 거야.

Jour 28 Vous êtes combien ?
몇 분이신가요?

프랑스어 진짜 써먹기 정답

❶ 1. cinq 2. seize 3. deux 4. vingt 5. quinze
❷ 1. d 2. c 3. c
❸ 1. Tu as combien d'argent ?
   2. Une personne. / Tout(e) seul(e).

오늘의 Mission 모범답안

1. Tout(e) seul(e).
   혼자 왔어요.
2. On est trois.
   세 명이에요.
3. Une personne.
   한 명이에요.

Jour 29 · Tu as quel âge ?
너는 몇 살이니?

프랑스어 진짜 써먹기 정답

① 1. vingt et un 2. quarante 3. trente-neuf
   4. vingt-cinq 5. trente et un
② 1. a 2. b 3. d
③ 1. Vous avez quel âge ? / Quel âge avez-vous ?
   2. J'ai vingt-cinq ans.

오늘의 Mission 모범답안

1. Minjeong, elle a quel âge ? – Elle a vingt-cinq ans.
   민정이는 몇 살이야? – 그녀는 25살이야.
2. Vous avez quel âge ? – J'ai trente ans.
   나이가 어떻게 되세요? – 저는 30세입니다.
3. Tu as quel âge ? – J'ai vingt-huit ans.
   너는 몇 살이니? – 나는 28살이야.

Jour 30 · Exercice ⑤
연습 문제

연습 문제 정답

① 1. cinq 2. quinze 3. vingt et un 4. trente-neuf 5. seize
② 1. J'ai trop faim.
   2. Tu as soif ?
   3. Nous avons un peu froid.
   4. Il a sommeil maintenant.
③ 1. c 2. a 3. d 4. e 5. b
④ 1. ④ 2. ③ 3. ② 4. ① 5. ③
⑤ 1. b 2. a 3. d 4. c
⑥ 1. Qu'est-ce qu'il y a
   2. Il y a des toilettes / Est-ce qu'il y a des toilettes
   3. Les toilettes
   4. devant la porte
⑦ 1. Il y a des toilettes ici ? / Est-ce qu'il y a des toilettes ici ?
   2. C'est à qui cette valise ?
   3. Tu as combien d'ami(e)s ? / Combien d'ami(e)s as-tu ?

오늘의 Mission 모범답안

1. Vous êtes combien ? – On est deux.
   몇 분이신가요? – 두 명이에요.
2. Vous mangez du concombre ? – Pas de concombre, s'il vous plaît.
   오이 드시나요? – 오이 빼 주세요.

3. Est-ce qu'il y a des toilettes ici ? – Les toilettes sont devant la porte !
   여기 화장실 있나요? – 화장실은 문 앞에 있어요!

Jour 31 · Il est midi et demi.
지금 12시 반이에요.

프랑스어 진짜 써먹기 정답

① 1. quarante et un 2. soixante
   3. cinquante-cinq 4. quarante-huit
② 1. d 2. a 3. b 4. c
③ 1. J'ai un cours à neuf heures vingt.
   2. Il est onze heures quinze. / Il est onze heures et quart.

오늘의 Mission 모범답안

1. Il est midi et demi.
   12시 반이에요.
2. Il est treize heures vingt.
   13시 20분이에요.
3. Il est dix-sept heures trente-six.
   17시 36분이에요.

Jour 32 · Ça coûte combien ?
얼마인가요?

프랑스어 진짜 써먹기 정답

① 1. soixante et un
   2. quatre-vingts
   3. soixante-quatorze
   4. quatre-vingt-dix-neuf
   5. cent
② 1. quatre-vingts
   2. soixante et onze
③ 1. dix-neuf euros vingt
   2. dix-neuf euros et vingt centimes
   3. dix-neuf vingt

오늘의 Mission 모범답안

1. Ça coûte combien ?
   이거 얼마인가요?
2. Ça fait vingt euros dix.
   다 합해서 20유로 10상팀입니다.
3. C'est cinq euros ?
   이건 5유로인가요?

Jour 33 Voici mon petit ami.
이쪽은 내 남자친구야.

프랑스어 진짜 써먹기 정답

① 1. b 2. d 3. c 4. a
② 1. mon téléphone
   2. son stylo
   3. sa voiture
   4. ton adresse
   5. leur chat
③ Voici mon petit ami.

오늘의 Mission 모범답안

1. Voici mon petit ami.
   이쪽은 내 남자친구야.
2. Voici ma petite amie.
   이쪽은 내 여자친구야.
3. Voici mes amis.
   이쪽은 내 친구들이야.

Jour 34 Tu es mon premier amour.
너는 내 첫사랑이야.

프랑스어 진짜 써먹기 정답

① 1. d 2. c 3. a 4. b
② 1. Le restaurant est au deuxième étage.
   2. Ma chambre est au sixième étage.
   3. Tu es mon premier amour.
   4. C'est ma première amie française.
③ 1. C'est au cinquième étage.
   2. C'est ma première visite à Paris.

오늘의 Mission 모범답안

premier / première
deuxième
troisième
quatrième
cinquième
sixième
septième
huitième
neuvième
dixième

Jour 35 C'est ma chanson préférée.
이건 내가 가장 좋아하는 노래야.

프랑스어 진짜 써먹기 정답

① 1. préférée 2. préférés 3. préféré 4. préféré
② 1. d 2. c 3. a 4. b
③ 1. C'est mon dessert préféré.
   2. C'est ma fleur préférée.

오늘의 Mission 모범답안

1. C'est ma chanson préférée.
   이거 내가 가장 좋아하는 노래야.
2. Le kebab, c'est mon plat préféré !
   케밥은 내가 가장 좋아하는 음식이야!
3. La rose, c'est ma fleur préférée !
   장미는 내가 가장 좋아하는 꽃이야!

Jour 36 Exercice ⑥
연습 문제

연습 문제 정답

① 1. quarante et un
   2. soixante
   3. quatre-vingt-un
   4. quatre-vingt-dix-neuf
② 1. cinq heures trente / cinq heures et demie
   2. dix-huit heures
   3. douze heures vingt / midi vingt
   4. vingt-deux heures quinze / vingt-deux heures et quart
   5. minuit
③ 1. quarante-neuf euros
   2. trois euros et dix centimes / trois euros dix / trois dix
   3. un euro
   4. quatre-vingt-un euros et quinze centimes / quatre-vingt-un euros quinze / quatre-vingt-un quinze
④ 1. mon amie
   2. notre maison
   3. votre profession
   4. son père
   5. tes vêtements
⑤ 1. premier 2. deuxième 3. cinquième 4. troisième
⑥ 1. ② 2. ③ 3. ④
⑦ 1. ta 2. première 3. sixième

❽ 1. Je suis ici pour la première fois.
2. C'est ma chanson préférée.

오늘의 Mission 모범답안

1. 2980
   vingt-neuf (29), quatre-vingts (80)
2. 7739
   soixante-dix-sept (77), trente-neuf (39)
3. 9996
   quatre-vingt-dix-neuf (99), quatre-vingt-seize (96)

 Jour 37 On est quel jour ?
오늘이 무슨 요일이지?

프랑스어 진짜 써먹기 정답

❶ 1. 목요일마다
   2. 목요일에 봐!
   3. 이번 주 목요일(에)
   4. 이번 주 주말(에)
❷ 1. c 2. d 3. a 4. b
❸ 1. Nous sommes / On est
   2. samedi (aujourd'hui)

오늘의 Mission 모범답안

1. Je travaille le lundi.
   나는 월요일마다 일해요.
2. Je regarde un film le samedi.
   나는 토요일마다 영화를 봐요.
3. Je suis libre le dimanche.
   나는 일요일마다 한가해요.

 Jour 38 On est le 7 mars.
오늘은 3월 7일이야.

프랑스어 진짜 써먹기 정답

❶ 1. Joyeux Noël !
   2. Nous sommes en mars.
   3. Bonne année !
❷ 1. b 2. c 3. d 4. a
❸ 1. Nous sommes le dimanche 25 décembre.
   2. On est le dimanche 25 décembre.
   3. C'est le dimanche 25 décembre.

오늘의 Mission 모범답안

1. Je suis né(e) le huit janvier.
   나는 1월 8일 생이다.
2. Je suis né(e) le trente octobre.
   나는 10월 30일 생이다.
3. Je suis né(e) le premier juin.
   나는 6월 1일 생이다.

 Jour 39 Lucas, tu vas où ?
뤼꺄, 너 어디 가?

프랑스어 진짜 써먹기 정답

❶ 1. va 2. vont 3. allons 4. allez
❷ 1. c 2. b 3. c 4. c
❸ 1. Je vais boire du thé.
   2. Vous allez où ? / Où allez-vous ? / Où est-ce que vous allez ?

오늘의 Mission 모범답안

1. Aujourd'hui, je vais au café mignon.
   오늘 나는 귀여운 카페에 간다.
2. Aujourd'hui, je vais au restaurant italien.
   오늘 나는 이탈리안 레스토랑에 간다.
3. Aujourd'hui, je vais à la pharmacie.
   오늘 나는 약국에 간다.

 Jour 40 Aïe ! J'ai mal aux pieds.
아야! 나 발이 아파.

프랑스어 진짜 써먹기 정답

❶ 1. c 2. d 3. b 4. a
❷ 1. à la 2. aux 3. à la 4. au
❸ 1. J'ai besoin d'argent.
   2. Elle a envie d'aller à la banque.

오늘의 Mission 모범답안

1. J'ai mal aux pieds.
   나는 발이 아파요.
2. J'ai mal au ventre.
   나는 배가 아파요.
3. J'ai mal aux genoux.
   나는 무릎이 아파요.

Je suis allergique.
저는 알레르기가 있어요.

프랑스어 진짜 써먹기 정답

① 1. b   2. d   3. a   4. c
② 1. Noah est allergique au lait.
   2. Manon est allergique aux noix.
   3. Camille est allergique au pollen.
   4. Lucas est allergique aux fruits de mer.
③ 1. C'est sans sucre ?
   2. C'est trop dur.

오늘의 Mission 모범답안

1. Les bonbons, c'est sucré.
   사탕은 달아요.
2. La pizza, c'est salé.
   피자는 짜요.
3. La tarte, c'est croquant !
   타르트는 바삭바삭해요!

Exercice ⑦
연습 문제

연습 문제 정답

① 1. mercredi   2. dimanche   3. vendredi   4. mardi
② 1. janvier   2. mars   3. juin   4. août   5. décembre
③ Nous sommes le jeudi 25(vingt-cinq) juillet 2024.(deux mille vingt-quatre) / C'est le jeudi 25 juillet 2024. / On est le jeudi 25 juillet 2024.
④ 1. d   2. a   3. b   4. e   5. c
⑤ 1. 지금은 3월입니다.
   2. 메리 크리스마스!
   3. 그는 잘 지내나요?
⑥ 1. c   2. d   3. a   4. b
⑦ 1. ④   2. ②   3. ②
⑧ 1. Tu vas où maintenant ?
   2. On a besoin de vacances.
   3. Vous avez envie de quoi ?
   4. Sans cacahouète, s'il vous plaît.
   5. Nous sommes quel jour ?

오늘의 Mission 모범답안

1. J'ai mal aux jambes. Je suis allergique aux fruits de mer.
   나는 다리가 아파요. 나는 해산물 알레르기가 있어요.
2. Je regarde un film romantique le week-end. Je n'aime pas les plats épicés.
   나는 주말마다 로맨스 영화를 봐요. 나는 매운 음식을 좋아하지 않아요.
3. Je vais au café le samedi. J'aime les tartes croquantes.
   나는 토요일마다 카페에 가요. 나는 바삭바삭한 타르트를 좋아해요.

Je vais à Paris en avion.
나는 비행기를 타고 파리에 가요.

프랑스어 진짜 써먹기 정답

① 1. c   2. a   3. d   4. b
② 1. en   2. à   3. à   4. en   5. en
③ Comment est-ce qu'il est ?

오늘의 Mission 모범답안

1. Je pars en France en avion.
   나는 비행기를 타고 프랑스에 가요.
2. Je vais en Italie en train.
   나는 기차를 타고 이탈리아에 가요.
3. Je vais en Espagne en bateau.
   나는 배를 타고 스페인에 가요.

Où est le musée du Louvre ?
루브르 박물관은 어디인가요?

프랑스어 진짜 써먹기 정답

① 1. c   2. d   3. d   4. d
② 1. d   2. a   3. b   4. c
③ 1. Où sont les toilettes ?
   2. Où est la station de métro ?

오늘의 Mission 모범답안

Où sont les toilettes ?
화장실은 어디에 있나요?

Jour 45 — Vous venez d'où ?
당신은 어디 출신인가요?

프랑스어 진짜 써먹기 정답

① 1. viens 2. venez 3. viennent 4. venons
② 1. d 2. d 3. b 4. c 5. c
③ Quand est-ce qu'il vient ?

오늘의 Mission 모범답안

1. Je viens de Corée.
   나는 한국 출신이야.
2. Je viens des États-unis.
   나는 미국 출신이야.
3. Je viens d'Angleterre.
   나는 영국 출신이야.

Jour 46 — Je ne veux pas travailler !
나는 일하기 싫어요!

프랑스어 진짜 써먹기 정답

① 1. voulez 2. peuvent 3. veux 4. peux
② 1. peux parler 2. C'est étonnant
   3. très difficile 4. veux juste parler
③ 1. Qu'est-ce que tu veux manger ?
   2. Je peux demander quelque chose ?

오늘의 Mission 모범답안

1. Je veux une glace !
   나는 아이스크림을 원해요!
2. Je ne veux pas travailler !
   나는 일하기 싫어요!
3. Je veux manger un croissant !
   나는 크루아상이 먹고 싶어요!

Jour 47 — Pourquoi tu es en retard ?
너 왜 늦었어?

프랑스어 진짜 써먹기 정답

① 1. dois partir
   2. doit être

3. ne dois pas
4. doivent
5. ne devez pas

② 1. c 2. d 3. b 4. a
③ Pourquoi vous partez très tôt ?
   ➡ 당신은 왜 그렇게 일찍 떠나세요?

오늘의 Mission 모범답안

1. Parce que j'adore la France !
   왜냐하면 프랑스를 사랑해서!
2. Parce que je veux partir à Paris !
   왜냐하면 파리로 떠나고 싶어서!
3. Parce que j'aime un acteur français !
   왜냐하면 프랑스인 배우를 좋아해서!

Jour 48 — Exercice ⑧
연습 문제

연습 문제 정답

① 1. en bateau 2. à cheval 3. à trottinette
   4. en avion 5. en tram
② 1. c 2. a 3. e 4. b 5. d
③ 1. Camille vient de France.
   2. Lucas vient des États-Unis.
   3. Noah vient d'Angleterre.
   4. Manon vient de Corée.
④ 1. Quand 2. Comment 3. Où 4. Pourquoi
   5. Qu'est-ce que
⑤ 1. 그는 프랑스에 살고 싶지 않아요.
   2. 제가 뭘 좀 물어봐도 될까요?
   3. 너무 늦게 먹으면 안 돼요.
⑥ 1. Le supermarché est à gauche de la mairie.
   2. J'habite en face du musée.
   3. La boulangerie est à droite de la mairie.
   4. Il y a des fleurs autour du jardin.
   5. La mairie est entre le supermarché et la boulangerie.
⑦ 1. Je ne veux pas être ici.
   2. Ils ne peuvent pas regarder ce film.
   3. Tu dois être malade !

오늘의 Mission 모범답안

1. Je veux partir à Paris ce week-end.
   나는 이번 주에 파리로 떠나고 싶어요.
2. Je veux manger un pain au chocolat en France.
   나는 프랑스에서 뺑오쇼콜라를 먹고 싶어요.

3. Je veux parler très bien français !
  나는 프랑스어를 진짜 잘하고 싶어요!

2. Je voudrais un magret de canard, s'il vous plaît.
  오리 스테이크 하나 주세요.
3. Je voudrais un escargot, s'il vous plaît.
  에스카르고 하나 주세요.

Jour 49 · Je prends une baguette !
바게트 하나 할게요!

프랑스어 진짜 써먹기 정답

 1. viennoiserie 2. boulangerie 3. viennoiserie
  4. pâtisserie 5. pâtisserie

② 1. Je vais prendre le bus.
  ➡ 타다
  2. Vous voulez prendre un croissant ?
  ➡ 먹다
  3. Elle ne prend pas de café.
  ➡ 마시다
  4. Tu dois prendre ton parapluie.
  ➡ 챙기다

③ Je vais prendre un éclair et un mille-feuille, s'il vous plaît. /
  Je prends un éclair et un mille-feuille, s'il vous plaît.

오늘의 Mission 모범답안

1. Bonjour ! Je prends une baguette, s'il vous plaît.
  안녕하세요! 바게트 하나 주세요.
2. Bonjour ! Je vais prendre un croissant, s'il vous plaît.
  안녕하세요! 크루아상 하나 주세요.
3. Bonjour ! Je prends une tarte aux pommes, s'il vous plaît.
  안녕하세요! 사과 타르트 하나 주세요.

Jour 50 · Je voudrais une ratatouille, s'il vous plaît.
라따뚜이 하나 주세요.

프랑스어 진짜 써먹기 정답

 1. c 2. b 3. d 4. a
② 1. Qu'est-ce que vous avez comme plat du jour ?
  2. Je voudrais un steak frites, s'il vous plaît.
  3. Quelle cuisson pour la viande ?
  4. Saignant, s'il vous plaît.
  5. Qu'est-ce que vous prenez comme entrée ?
③ Je voudrais une ratatouille comme plat (principal).

오늘의 Mission 모범답안

1. Je voudrais un bœuf bourguignon, s'il vous plaît.
  뵈프 부르기뇽 하나 주세요.

Jour 51 · Vous pouvez recommander un vin rouge ?
레드 와인 하나 추천해 주실래요?

프랑스어 진짜 써먹기 정답

 1. c 2. d 3. a 4. b 5. e
② 1. Qu'est-ce que vous prenez comme boisson ?
  2. Je voudrais une bouteille de vin blanc, s'il vous plaît.
  3. Je voudrais un verre de vin rouge, s'il vous plaît.
  4. Je voudrais un demi, s'il vous plaît.
③ Je voudrais un jus de raisin et une carafe d'eau, s'il vous plaît.

오늘의 Mission 모범답안

1. Vous pouvez recommander un vin rouge pour aller avec ?
  잘 어울릴 만한 레드 와인 하나 추천해 주실 수 있으세요?
2. Vous pouvez recommander un vin blanc pour aller avec ?
  잘 어울릴 만한 화이트 와인 하나 추천해 주실 수 있으세요?
3. Vous pouvez recommander un vin rosé pour aller avec ?
  잘 어울릴 만한 로제 와인 하나 추천해 주실 수 있으세요?

Jour 52 · J'ai beaucoup d'amis.
나는 친구가 많아요.

프랑스어 진짜 써먹기 정답

 1. J'ai beaucoup de travail.
  2. On va acheter un peu de fraises.
  3. Tu as assez d'argent ?
  4. Tu manges trop de sucre !
② 1. besoin 2. beaucoup de 3. assez de 4. pourri
  5. dégueu
③ Il y a peu de lait.

오늘의 Mission 모범답안

1. J'ai beaucoup d'amis.
  나는 친구가 많아요.
2. J'ai assez d'amis.
  나는 친구가 충분해요.
3. J'ai un peu d'amis.
  나는 친구가 조금 있어요.

Jour 53 — Je voudrais un kilo de poulet.
닭고기 1킬로 주세요.

프랑스어 진짜 써먹기 정답
① 1. c 2. e 3. d 4. b 5. a
② 1. c 2. e 3. a 4. d 5. b

오늘의 Mission 모범답안
1. Je voudrais un kilo de porc, s'il vous plaît.
   돼지고기 1킬로 주세요.
2. Je prends un kilo de porc, s'il vous plaît.
   돼지고기 1킬로 주세요.
3. Je vais prendre un kilo de porc, s'il vous plaît.
   돼지고기 1킬로 주세요.

Jour 54 — Exercice ⑨
연습 문제

연습 문제 정답
① 1
② 1. c 2. b 3. a 4. e 5. d
③ 1. un litre de jus
   2. un kilo de poulet
   3. un verre de vin
   4. une tasse de thé
   5. une boîte de thon
④ 1. 그게 전부인가요?
   2. 미디엄으로 부탁합니다.
   3. 무엇이 필요하신가요?
   4. 이건 상했어요!
⑤ 1. désirez
   2. tranches de
   3. avec ceci
   4. tomates
   5. morceau
⑥ 1. Qu'est-ce que vous prenez comme boisson ?
   2. Je vais prendre l'avion.
   3. Quelle cuisson pour la viande ?
   4. Vous mangez du canard ?
   5. Il a trop d'amis.
⑦ 1. Tu as assez d'argent ?
   2. Je voudrais cent grammes de porc.

⑧ 1. Vous pouvez recommander un vin pour aller avec ?
   2. Je voudrais une carafe d'eau, s'il vous plaît.
   3. Tu manges trop de sucre.

오늘의 Mission 모범답안
1. Ce film, c'est horrible.
   이 영화 지독하게 별로야.
2. Ce pantalon, c'est la cata.
   이 바지 대참사다.
3. Ce poisson est pourri ! C'est dégueu.
   이 생선 상했는걸! 구역질 나.

Jour 55 — Vous payez comment ?
결제는 어떻게 하시겠어요?

프랑스어 진짜 써먹기 정답
① 1. J'envoie un colis en Corée.
   2. Tu essayes/essaies ce pull ?
   3. Je paye/paie l'addition.
   4. Tu ne nettoies pas ta chambre ?
② 1. Qu'est-ce que vous envoyez ?
   2. Vous payez comment ?
   3. Par carte, s'il vous plaît.
   4. Par chèque, s'il vous plaît.
   5. En liquide, s'il vous plaît. / En espèces, s'il vous plaît.
③ Je peux essayer ce pantalon ?

오늘의 Mission 모범답안
1. Je vais payer par carte.
   카드로 결제할게요.
2. Par carte, s'il vous plaît.
   카드로 결제할게요.
3. Je paie/paye par carte, s'il vous plaît.
   카드로 결제할게요.

Jour 56 Je suis en train d'appeler la police.
저 경찰 부르는 중이에요.

프랑스어 진짜 써먹기 정답

① 1. J'achète 2. préfères 3. appelons 4. Achètent
② 1. Elle achète toujours des vêtements similaires.
   2. Nous sommes en train d'appeler un taxi.
   3. Vous préférez quel parfum ?
   4. Je suis en train d'écouter de la musique.
   5. On appelle ça l'amour.
③ Je suis en train de prendre le déjeuner.

오늘의 Mission 모범답안

Je suis en train d'étudier.
저는 지금 공부하는 중이에요.

 Jour 57 Écoute cette chanson !
이 노래 좀 들어 봐!

프랑스어 진짜 써먹기 정답

① 1. choisis 2. finissent 3. choisissons 4. finissez
② 1. Écoutez 2. Allons 3. Choisissez 4. Finis 5. Prenez
③ Regarde ici ! / Tu regardes ici !

오늘의 Mission 모범답안

Amélie ! Écoute cette chanson !
아멜리! 이 노래 좀 들어 봐!

 Jour 58 Ne dramatise pas trop.
너무 나쁘게 생각하지 마.

프랑스어 진짜 써먹기 정답

① 1. sais 2. Dis 3. dire 4. savez
② 1. J'ai un film à regarder.
   2. Ne dramatise pas trop.
   3. Tu sais quand partir ?
   4. Il a un travail à finir aujourd'hui.
   5. Ne parlez pas comme ça.
③ Ne bouge pas !

오늘의 Mission 모범답안

1. Ne mange pas trop !
   너무 많이 먹지 마!
2. Ne dis pas les gros mots !
   나쁜 말 하지 마! (dire : 말하다)
3. N'achète pas ça !
   그거 사지 마!

 Jour 59 Allez tout droit.
쭉 직진하세요.

프랑스어 진짜 써먹기 정답

① 1. Tournez 2. Prenez 3. Allez 4. Traversez
② 1. je cherche 2. gauche avant
   3. loin 4. quinze / 15 5. à pied
③ C'est à 30 minutes en bus.

오늘의 Mission 모범답안

1. Allez tout droit.
   쭉 직진하세요.
2. Prenez cette rue.
   이 길로 들어가세요.
3. Traversez le pont.
   다리를 건너세요.

 Jour 60 Exercice ⑩
연습 문제

연습 문제 정답

① 1. c 2. b 3. a 4. b
② 1. d 2. b 3. e 4. c 5. a
③ 1. cherche 2. après 3. pont 4. jusqu'au
   5. droite 6. en face de
④ 1. Nous appelons ça l'amour.
   2. J'envoie un colis en Corée.
   3. Vous payez comment ?
   4. Tu essayes ce pull ?
   5. Il achète toujours des vêtements similaires.
⑤ 1. Il est en train de travailler.
   2. On est en train de prendre le déjeuner.
   3. Je suis en train de dormir dans la chambre.

    4. Tu es en train d'écouter de la musique ?

❻ 1. Mange 2. Goûtez 3. Regardons

❼ 1. Je ne sais pas où aller.
    2. C'est à quinze minutes à pied.
    3. Ne dramatise pas trop.

🔵 오늘의 Mission 모범답안

1. Je dois aller tout droit et tourner à gauche.
나는 쭉 직진하고 왼쪽으로 돌아야 해.
2. Je dois traverser le pont.
나는 다리를 건너야 해.
3. Je dois prendre la rue à droite.
나는 오른쪽에 있는 길로 들어가야 해.

Jour 61 · Quels sont tes loisirs ?
네 취미는 뭐야?

🔵 프랑스어 진짜 써먹기 정답

❶ 1. c 2. a 3. b 4. e 5. d
❷ 1. fait de la peinture
    2. fait du ski
    3. fait de la guitare
    4. fait de la natation
❸ Quels sont tes loisirs ?

🔵 오늘의 Mission 모범답안

1. J'aime faire de la natation.
저는 수영하는 걸 좋아해요.
2. Je fais souvent du shopping.
저는 쇼핑을 자주 해요.
3. Je fais de la guitare.
저는 기타를 쳐요.

Jour 62 · Je fais de la gym deux fois par semaine.
저는 일주일에 두 번 헬스를 해요.

🔵 프랑스어 진짜 써먹기 정답

❶ 1. b 2. e 3. d 4. c 5. a
❷ 3 – 1 – 4 – 2
❸ Je fais de la gym deux fois par semaine.

🔵 오늘의 Mission 모범답안

1. Je fais de la gym tous les jours.
저는 매일 헬스를 해요.
2. Je fais de l'exercice deux fois par semaine.
저는 일주일에 두 번 운동을 해요.
3. Trois fois par semaine.
일주일에 세 번이요.

Jour 63 · J'apprends le pilates maintenant.
나 요즘 필라테스 배워.

🔵 프랑스어 진짜 써먹기 정답

❶ 1. c 2. a 3. b 4. d
❷ 1. J'apprends le pilates maintenant.
    2. Tu es complètement accro au travail !
    3. J'apprends à conduire.
    4. Je vais sur les réseaux sociaux.
    5. Qu'est-ce que tu fais dans ton temps libre ?
    6. Je sors avec mes amis.

🔵 오늘의 Mission 모범답안

1. J'apprends le pilates maintenant.
나는 지금 필라테스를 배우고 있어.
2. J'apprends le français.
나는 프랑스어를 배워요.
3. J'apprends à conduire.
나는 운전하는 법을 배우고 있어요.

Jour 64 · Il fait très chaud !
날씨가 엄청 덥다!

🔵 프랑스어 진짜 써먹기 정답

❶ 1. en – b
    2. en – d
    3. au – a
    4. en – c
❷ 1. Il fait des nuages.
    2. Il fait mauvais.
    3. Il fait gris.
    4. Il neige ce soir ?
    5. Il fait du vent.
❸ Quel temps fait-il aujourd'hui ?

오늘의 Mission 모범답안

1. Il fait vraiment chaud !
   날씨가 정말 더워요!
2. Il fait trop froid.
   날씨가 너무 추워요.
3. Il fait du vent.
   바람이 불어요.

Jour 65 — Je viens d'arriver.
나도 방금 막 도착했어.

프랑스어 진짜 써먹기 정답

① 1. d 2. c 3. b 4. a
② 1. Le bus va partir !
   2. On vient de prendre le petit-déjeuner.
   3. Je vais aller au concert ce soir.
   4. On va faire un pique-nique demain.
   5. Il va arriver dans trois jours.
③ Je viens d'arriver.

오늘의 Mission 모범답안

1. Je vais aller à la mer la semaine prochaine.
   나는 다음 주에 바다에 가요.
2. Je vais aller au concert la semaine prochaine.
   나는 다음 주에 콘서트에 가요.
3. Je vais sortir avec mes amis la semaine prochaine.
   나는 다음 주에 친구들이랑 놀러 가요.

Jour 66 — Exercice ⑪
연습 문제

연습 문제 정답

① 1. d 2. e 3. c 4. a 5. b
② 1. 그녀는 종종 콘서트에 간다.
   2. 나는 거의 걷지 않는다.
   3. 여기는 항상 눈이 온다.
   4. 나는 때때로 산에 간다.
   ➡ 3 – 1 – 4 – 2
③ 1. 하루 종일   2. 매일
   3. 일주일 내내 4. 매주
   5. 한달 내내   6. 매달

④ 1. Quatre fois par mois.
   2. Elle fait de la natation.
   3. Une fois par semaine.
   4. Elle fait du tennis.
⑤ 1. Je viens de prendre le petit-déjeuner.
   2. Elle vient de sortir avec son petit ami.
   3. Je vais aller au concert ce soir.
   4. Je ne vais pas dîner avec toi.
⑥ 1. J'apprends le pilates maintenant.
   2. Tu es complètement accro au téléphone !
   3. On fait un bonhomme de neige en hiver.
   4. Je vais sur les réseaux sociaux.
⑦ 1. Quel temps fait-il (aujourd'hui) ?
   2. Il fait froid.
   3. Il fait du vent.

오늘의 Mission 모범답안

1. Je viens de manger du gimbab.
   나 방금 막 김밥 먹었는데.
2. Je vais arriver après-demain.
   나 모레 도착해.
3. Je vais visiter Paris le mois prochain.
   나는 다음 달에 파리를 방문한다.

Jour 67 — Ce jean a l'air très chic.
그 청바지 완전 시크해 보여.

프랑스어 진짜 써먹기 정답

① 1. e 2. c 3. a 4. b 5. d
② 1. Il n'y a pas de réduction ?
   2. Je vais réfléchir.
   3. Ce n'est pas donné.
   4. Tu as l'air mignonne avec cette robe !
③ (Est-ce que) Cette jupe est en solde ? / (Est-ce que) Cette jupe est en promo ?

오늘의 Mission 모범답안

1. J'ai cinq pantalons.
   나는 바지가 5개 있다.
2. Il y a trois chemises dans l'armoire.
   옷장에 셔츠가 3개 있다.
3. Je n'ai pas de doudoune.
   나는 패딩이 없어.

 Jour 68 Quelle taille faites-vous ?
옷 사이즈가 어떻게 되세요?

프랑스어 진짜 써먹기 정답

① 1. c 2. e 3. d 4. a 5. b
② 1. Quelle taille faites-vous ?
   2. Quelle pointure faites-vous ?
   3. Vous avez ce pull en M ?
   4. Je porte/fais du M.
③ C'est épuisé.

오늘의 Mission 모범답안

1. Je fais du 36.
   저는 36 사이즈를 입어요/신어요.
2. Je porte du M.
   저는 M 사이즈를 입어요.
3. Je fais du L.
   저는 L 사이즈를 입어요.

 Jour 69 Le rouge, ça te va bien.
너는 빨간색이 잘 어울려.

프랑스어 진짜 써먹기 정답

① 1. d 2. a 3. b 4. c 5. e
② 1. C'est le feu vert ! Allons-y !
   2. Le noir, ça me va bien ?
   3. Le jaune, ça me plaît beaucoup.
   4. Ça ne me va pas bien.
③ Ça ne me plaît pas.

오늘의 Mission 모범답안

1. Le rouge, ça me va bien.
   나는 빨간색이 어울려요.
2. Le vert, ça me va très bien.
   초록색이 나한테 엄청 잘 어울려요.
3. Le noir, ça ne me va pas bien.
   검은색은 나한테 잘 안 어울려요.

 Jour 70 On ne s'aime plus.
우리는 더 이상 서로 사랑하지 않아.

프랑스어 진짜 써먹기 정답

① 1. 대화하다
   2. 만나다
   3. 서로 싫어하다
   4. 통화하다
   5. 서로 사랑하다
② 1. se quitter
   2. Pas question
   3. ne s'aime plus
   4. se dispute
③ Je n'ai plus faim.

오늘의 Mission 모범답안

1. On ne s'aime plus !
   우리는 더 이상 서로 사랑하지 않아!
2. On ne se téléphone plus !
   우린 더 이상 서로 통화도 안 해!
3. On va se quitter.
   우리 헤어지자.

 Jour 71 Je me lève à 7 h tous les jours.
나는 매일 7시에 일어나요.

프랑스어 진짜 써먹기 정답

① 1. (잠에서) 깨다
   2. 자다, 눕다
   3. 산책하다
   4. 샤워하다
   5. (침대에서) 일어나다
② 1. Je ne veux rien manger.
   2. Elle ne se lave pas le week-end.
   3. On se promène après le déjeuner.
   4. Je me lève à 7 h 30.
③ Je veux me reposer chez moi.

오늘의 Mission 모범답안

1. Je me lève à 8 h.
   저는 8시에 일어나요.
2. Je me couche à 23 h.
   저는 23시에 침대에 누워요.

3. Je me promène après le déjeuner.
   저는 점심 식사 후 산책을 해요.

 **Exercice ⑫**
연습 문제

연습 문제 정답

❶ 1. c 2. d 3. e 4. a 5. b
❷ 1. c 2. d 3. a 4. b 5. e
❸ 1. Je fais du trente-six et demi.
   2. Je fais/porte du trente-huit.
   3. J'aime le bleu.
   4. Je fais/porte du M.
❹ 1. Je vais me laver !
   2. Il se lève à 8 h.
   3. Tu n'as plus d'argent ?
   4. On se promène après le déjeuner.
   5. Je vais porter un pull blanc.
❺ 1. Je ne veux rien manger.
   2. Je me réveille à 7 h.
   3. Nous ne nous aimons plus.
   4. C'est épuisé.
❻ 1. Ça ne me va pas bien.
   2. Ça ne vous plaît pas ?
   3. On ne se dispute pas beaucoup.
   4. Il n'y a pas de réduction ?
❼ 1. Je regarde juste.
   2. Je vais réfléchir.
   3. Tu as l'air fatigué(e).

오늘의 Mission 모범답안

1. Je n'ai plus faim. Je ne veux rien manger.
   나는 배불러. 아무것도 먹고 싶지 않아.
2. Je veux me reposer chez moi. Je ne veux rien faire.
   난 집에서 쉬고 싶어요. 나는 아무것도 하고 싶지 않아요.
3. Cette robe, ça me va bien ! Ça me plaît. Ça a l'air très chic.
   이 원피스는 나에게 잘 어울려! 나는 이게 마음에 들어. 엄청 시크해 보여.

MEMO

MEMO

MEMO